コミュニティ経済と地域通貨

栗田健一

専修大学出版局

はしがき

　本書は、地域通貨の意義と可能性を論じることを目的としている。今から 20 年ほど前に起きた日本での地域通貨のブームはすでに過ぎ去って沈静化した、と思う読者もいるかもしれない。だが、ここ数年の間に地域通貨に対する期待が再び高まるようになった。地域通貨は時代遅れの古めかしい取り組みでは決してない。人々はその可能性に改めて目を向け始めている。いまや地域通貨の新たな取り組みが次々と生まれている。ここでは、主に 2 つの注目すべき出来事について述べておきたい。まず、地域通貨の取り組みが多様化してきたことに注目して欲しい。地域通貨はこれまで、住民同士の助け合いや商店街活性化のためのツールとして活用されてきた。が、ここ数年の状況を詳しく観察してみると、子どもの経済教育、森林資源の利活用や移住者コミュニティの活性化等を目的とした新しいタイプの地域通貨が登場してきたことがわかる。こういった地域通貨の取り組みは、一過性で終わってしまうものではなく地道に発展してきた。そして、それぞれのコミュニティに定着してうまく機能しているのである。次に、地域通貨の電子化という現象に注目して欲しい。スマートフォンやタブレット等の電子媒体に専用のアプリケーションソフトをダウンロードして地域通貨を活用する仕組みが、急速に広まりを見せつつある。例えば、世界では、英国の紙幣・電子併用型地域通貨「ブリストル・ポンド（Bristol Pound）」が有名である。ホームページを参照すると、ブリストル・ポンドがイギリスでもっとも成功を収めた地域通貨であるということがわかる。このサイトの情報によれば、これまで 500 万ポンド以上のブリストル・ポンドが使われ、8 万以上もの取引がおこなわれたという（Bristol Pound）。日本では、飛騨信用組合が発行している「さるぼぼコイン」が注目に値する。この地域通貨は主に地域経済活性化を目的として発行され、高山市・飛騨市・白川村の加盟店で使うことができる（飛騨信用組合）。

消費者が現金でさるぼぼコインをチャージし、加盟店の二次元コードを読み取り決済をする仕組みが使われている。誰でも簡単に利用可能な新しいかたちの電子地域通貨が誕生したと言ってよいだろう。また、感謝の循環によるコミュニティ経済の創出と活性化を目指す「PEACE COIN」という興味深い試みも開始された（PEACE COIN）。これは、これまで十分に評価されることのなかった家事労働や地域コミュニティにおける活動を適切に評価する仕組みづくりを目指す。こうした電子技術をうまく活用した地域通貨は、今後さらに広まりを見せていくに違いない。地域通貨は新たな展開を見せ始めつつある、と言ってもよいのではないだろうか。地域通貨の可能性を改めて考えるためにも、これまでの研究を総括しつつ新しい研究を進めていく意義は十分にあると考える。

　本書は以上のような動向を念頭に置きつつ、地域通貨の意義と可能性を考察していく。私は、この問題に取り組むために社会科学の様々な手法を駆使してゆく。経済思想史、社会学、社会心理学、開発学や教育学等の知見を取り入れた学融合的なアプローチから地域通貨の可能性に迫っていきたいと思う。本書が特に力を入れたことは、地域通貨の意義や課題が一体どこにあるのかということを実際に確かめて、その可能性を探っていく点である。そのために、本書では地域通貨の仕組みを紹介することだけにとどまらず、利用者の意識・行動の変容にも目を向けている。なぜなら、地域通貨の意義や課題を認識できるのは、利用者自身に他ならないからである。私が経済学だけでなく人間を扱う様々な隣接学問の成果も取り入れつつ研究を進めてきた理由はそこにある。そういうわけで、本書は地域通貨のマニュアル本ではないということがわかるだろう。マニュアル本であれば、「こうすれば地域通貨の事業をスムーズに立ち上げることができる」、「こうすれば地域通貨は成功する」、「こうすると地域通貨は停滞してしまう」等について説明がなされるに違いない。だが、本書はこういったことについてはあまり深く論じない。本書は、読者の皆さんと一緒に地域通貨の意義や可能性について考えていくための本である。

　では、本書の内容と構成についてざっと述べておこう。本書は、私の博士論文と既出の共著論文を見直して大幅な加筆・修正を加えて書いたもの

である。とはいえ、以下で紹介するように、本書は書下ろしの章が半分以上を占めるために、いくつかの論文を単に寄せ集めたものではない。この本は様々な観点から地域通貨について論じた一冊の本である、と理解していただけると嬉しい。本章は8章と終章から構成される。以下に初出の一覧を示しておく。

第1章　書下ろし

第2章　Miyazaki, Y. and Kurita, K.（2018b）"The Diversity and Evolutionary Process of Modern Community Currencies in Japan," *International Journal of Community Currency Research 22*, pp.120-131.

第3章　北海道大学大学院経済学研究科博士学位請求論文「地域通貨プロジェクトの効果と課題——学際的アプローチに基づく地域コミュニティ活性化の評価と考察」

Kurita, K., Miyazaki, Y. and Nishibe, M.（2012）"CC Coupon Circulation and Shopkeepers' Behaviour: A Case Study of the City of Musashino, Tokyo, Japan," *International Journal of Community Currency Research 16*, pp.136-145.

第4章　書下ろし

第5章　北海道大学大学院経済学研究科博士学位請求論文「地域通貨プロジェクトの効果と課題——学際的アプローチに基づく地域コミュニティ活性化の評価と考察」

第6章　書下ろし

第7章　Miyazaki, Y. and Kurita, K.（2018a）"Community currency and sustainable development in hilly and mountainous areas: a case study of forest volunteer activities in Japan," In Gómez, G.M.（ed.）*Monetary Plurality in Local, Regional and Global Economies*, Routledge, pp.188-201.

第8章　書下ろし

終　章　書下ろし

既出の論文を見てもらえるとわかるように、私のこれまでの研究は共同によるものが多い。そのため、本書は共著論文の成果を一度再検討して、自分なりの新たな視点・論点をたっぷりと加えて論じることとした。本書の特徴は、どの章も基本的には個別の内容を扱うのでどこから読んでも問題はない、という点にある。ただし、章によっては他の章と関連性を持つこともある。例えば、3章から5章まではコミュニティ・ドックを活用した地域通貨の研究について論じている。それゆえ、3章から5章までは合わせて読むと理解がより進むであろう。

　各章の内容を簡単に述べておこう。1章は、経済、コミュニティと地域通貨の定義をおこない、コミュニティ経済のヴィジョンについて論じる。この章は、私が考える地域通貨の可能性について述べることになる。2章は、地域通貨の歴史と展開について紹介していく。地域通貨はなぜ生まれ、どのように発展してきたのか、ということについて経済思想史や実践の歴史を調べながら詳しく論じてみたい。3章は、コミュニティ・ドックを活用した地域通貨の実証分析をおこなう。むチューという商品券型地域通貨の効果と課題について詳細な分析を試みる。4章では、既存の研究成果を活用しながら地域通貨の経済効果について論じていく。社会心理学という観点から地域通貨の意義を論じるのが5章となる。この章では、報酬意識という新しい概念を使って考察を深めてみたい。6章は、子どもの経済教育のための地域通貨を取り上げる。ここでは、教育効果という観点から地域通貨について詳しく論じていこう。7章では、森林資源の利活用を目的とする地域通貨に注目する。この章は、中山間地域の活性化という観点から地域通貨の可能性を探っていく。8章は、移住者コミュニティの経済を共創し活性化する地域通貨 LETS を取り上げる。旧藤野町で実践されている地域通貨のフィールドスタディの成果を詳しく紹介したい。終章では各章の分析の成果を簡単にまとめ、地域通貨の可能性をとらえ直す。

　このように、本書では様々な方法を使っていろいろな視点から地域通貨について論じていく。それゆえ、この本の専門領域をはっきりと言い切ることは難しいであろう。だが、貨幣革新を目指す地域通貨を論じるためには、これまでの社会科学の成果をいろいろと活用する分野横断的な視点が

どうしても必要になる、と私は考えている。そうすることによって、地域通貨の意義と可能性について深く考え未来を展望できるようになるのではないか。

2020 年 2 月

栗田　健一

目　　次

第1章 ┃ いま問われるべきコミュニティ経済のヴィジョンと地域通貨の役割

1-1 はじめに

　本章は、コミュニティ経済の重要性について論じ、地域通貨の意義を改めて考えていく。そのために、まずは、それぞれの概念の意味内容をきちんと整理しておきたい。「コミュニティ」、「経済」そして「地域通貨」とは一体何を意味しているのだろうか。実は、この問いに答えることはそう簡単ではない。なぜなら、それらを論じる者によってその意味が大きく異なるためだ。経済をモノ・サービスの生産・消費・分配という意味で理解する人もいれば、それを効率的な生産や利潤最大化を追求していく企業活動全般という意味で用いている人もいるであろう。伝統的・保守的な地域社会のことをコミュニティと論じる人もいれば、何か革新的なことを進めている特別な集団のことをコミュニティと語る人もいるかもしれない。地域通貨が論じられているとき、それが近隣集団の内部で流通する通貨を指している場合もあれば、もっと大きな圏域、例えば地方自治体の中で流通する通貨を意味していることもあるかもしれない。こうして、コミュニティ、経済そして地域通貨について語る人のヴィジョンは、それぞれ違ったものとなる。だから、本章で掲げたタイトル「コミュニティ経済と地域通貨」が意味する内容についても、読者が抱くイメージは大きく異なるのではないか。そこで、本章では本書で語るコミュニティ経済のヴィジョンを明確にして、地域通貨の機能とそれが果たす貢献について詳しく論じたい。そうすることで、地域通貨に対する本書の見方や展望を提示できる。

　本章の構成は次の通りである。まず、2節では経済という概念をはっきりと定義する。ここでは、経済という概念の持つ意味をカール・ポランニーの思想をもとに考えてみたい。3節では、市場と国家による経済調整の成

果と課題についてやや詳しく論じていく。ここでは物質的な豊かさの達成と心の豊かさという視点から、経済調整の問題を検討していく。4節では、コミュニティという概念を定義し、本書が考えるコミュニティ経済を提示する。5節では、地域通貨の目的と機能について説明をおこない、それがコミュニティ経済の共創のための手段になり得るということを述べる。6節では、本書が考える地域通貨を活用したコミュニティ経済のヴィジョンについて試論を展開したい。7節は、本書で取り上げる地域通貨の事例を分類化して、本書の特徴と読み方についてざっと解説をする。コラム①では、日本銀行券や硬貨という法定通貨に比べて利便性では劣った地域通貨が倫理的な価値を実現できる機能を持つとすれば、人々は地域通貨を積極的に受け入れるだろうか、という興味深い問題に取り組んでいる。このコラムは、本章の6節で展開する内容を補完するものである。

1-2 経済とは何か？

　コミュニティ経済の重要性について考えていくために、最初に経済という概念を定義しておきたい。ポランニーによれば、経済という概念に対する見方には2つの方向性があると言う（Polanyi 1957、1977）。一つが形式的（formal）な捉え方で、もう一つが実体的（substantive）な捉え方である。形式的な見方に立つと、経済とは、世界の稀少な資源を効率的に利用するための人間の選択行動とその帰結を意味する。ここでは、個人・組織は限られた資源を自分の満足の達成に向け効率的に利用していくために、合理的かつ利己的にふるまう。この見方は、あらゆる個人・組織が各自の目的に合わせて不足する手段を合理的に利用するはずだ、と考えていく。それゆえ、ここで述べられる経済とは、効率化、節約化や最大化等という意味での経済化（economizing）あるいは経済性（economical）を達成しようとする状況や状態を指していると言ってもよい。一方、実体的な見方に立つと、経済とは人間同士及び人間と自然環境の制度化された相互作用を通じて、物質的欲求を満たす過程を意味する。この見方は、人間の生活を支える物質供給の仕組みこそが経済である、と考えるのだ。よって、

ここでの考察の焦点は個人・組織の合理的・利己的な行動にはなく、生存、生産、真の富や暮らしという面にある。以下のポランニーの説明は、経済が人間の生存や暮らしの在り方に関わる概念であることを教えてくれる。

> 実体的＝実在的な意味は、要するに、人間が生活のために自然および彼の仲間たちに明白に依存するということに由来する。人間は、自分自身と自然環境のあいだの制度化された相互作用のおかげで生き永らえる。この過程が経済なのである。それは人間に物質的欲求を満たす手段を提供する（Polanyi 1977、p.20、訳 59）

　こうして経済という概念について改めて考えてみると、全く異なった 2 つの見方があるということに気づく。そして、2 つの見方には共通する点が全くないということが特徴的だ。形式的な経済は稀少な資源の効率的な配分を問題とするのに対して、実体的な経済は人類の物質代謝過程の制度化に注目する。だから、経済という言葉を使う場合には、一体どちらの意味で用いているのかを決めておく必要があるだろう。本書は、経済という概念を実体的な意味として理解する立場を取りたい。物質的欲求を満たす生産・消費・分配の基本的な在り方が存在しなければ、誰一人として生きていくことができなくなってしまう。その意味で、実体的な見方は形式的な方向性に比べると、より普遍的な視点から経済という概念を定義していることになる。理想とする暮らしや富のあるべき姿について展望していくためには、こうした普遍的な観点から経済という概念を用いる必要があるのではないか。それゆえ、本書で論じるコミュニティ経済とその共創とは、実体的な意味として理解される経済を、コミュニティによって創り上げていく過程を意味しているのである。コミュニティについては、後で詳しく論じることにしよう。

　さて、経済を調整する役割を果たすものは何か。その役割を果たす中心的な制度が、市場と国家である。この 2 つの制度が相互補完的に機能しながら人類の生活を物質的に豊かなものにしてきた。また、物質的な豊かさの享受は心の安定化にも寄与してきたことであろう。さらに、市場と国家

による経済調整は政治の安定化にも寄与し、民主主義の重要性を世界中に広める役割も果たしてきた。それゆえ、これら2つの制度は人類の進歩にとって欠かせないものとして考えられてきたと言えよう。ところが、市場と国家の相互補完的な経済の調整は万能ではない、ということが徐々に認識され始めている。そのことが、コミュニティ経済に注目してみたい理由となる。次節ではこのことについて詳しく論じてみることにしよう。

1-3 市場と国家による富の豊かさの実現と限界

　市場と国家の相互補完的な経済調整について考えるために、それぞれの制度の利点及び欠点についてまず整理してみたい。ここでは、この問題に焦点を当てて論じてきたボウルズとギンタスの考察を参考にしながら、ざっと整理してみよう（Bowles 1998、Bowles and Gintis 1996）。彼らによれば、市場は消費者による正確な選好の顕示と、競争による企業の生産性効率の促進を可能にすることを利点として有している。それが可能となる理由は、市場では消費・生産活動の方向性の正しさを判断する価格という情報を活用できるからである。例えば、消費者は価格情報を参考にしながら欲しいモノ・サービスの内容や量を自由に示して購買することができるであろうし、生産者は価格情報を考慮しながら生産性の効率化を図っていくだろう。その結果、市場では低価格であるのにもかかわらず高品質なモノ・サービスが次々と生産され販売されるようになる。よって、効率的な生産方法によってモノ・サービスを増加させて消費活動を積極的に促していく制度が市場である、ということになる。それは、物的な富を増大させ優れたサービスを生み出すことによって世界の経済成長に大きく貢献してきたと言ってよい。ところが、市場には欠点もある。いわゆる市場の失敗（market failure）と言われる現象が生じる。市場の失敗の事例は、モノの生産過程において生じる自然環境破壊や公害等に代表される。市場が生産者に対して要求するのは、消費者への販売を通じて得られる利益の確保だけである。だから、自然環境破壊による損失や公害によって生じる被害を生産コストに組み入れないまま野放図な開発活動を繰り広げていく企

業も出現することだろう。さらに、市場は富の集中化という経済的な不平等を助長することもある。市場が期待することは経済成長の促進であるため、富める者はさらに富み、貧しい者はさらに貧しくなるという悪循環が生じたとしても放置されたままとなる。こうした問題を解決する役目を果たすのが国家である。国家は法を制定し行使できるという利点を有している。国家はこの権力を使って、企業の生産活動をある程度はコントロールできる。例えば、自然環境破壊や公害をもたらす企業に対して罰金を課すというルールは有効に機能するだろう。さらに、国家は税金を国民から徴収する権力も持つ。国家は、この税金を国防や社会保障制度の維持に充てていく。こうして、国家は市場では提供されない安全保障のようなサービスを供給し、経済的な不平等を是正していく。だが、国家にも欠点はある。例えば、民意を十分には反映しない選挙制度や官僚機構の腐敗という問題がある。こうした問題が生じることを回避するため、国家の意思決定において競争原理や価格情報を有効活用することもおこなわれる。

　市場と国家は相互補完的に機能しながら経済を調整してきた。そして、第二次大戦終結後から1970年代末頃までは、この調整様式は機能してきたと言ってよい。G7のような主要先進国を中心として飛躍的な経済成長が達成され、それに伴い心も豊かになっていった。国家は、経済成長の過程で生じた自然環境破壊や富の不平等に対してもある程度の対応策を講じてきた。物質的欲求を満たして心の豊かさを享受することこそが幸福を意味するならば、主要先進国の人間は市場と国家による経済調整によってある程度までは幸せになった、と言ってもよかろう。

　ところが、ここ40年近くの間で状況が変わりつつある。1970年代末から80年代初頭にかけて、世界が模範とすべき経済政策が講じられてきた。この経済政策のごく大まかな特徴は、市場化戦略すなわち市場に重きを置いた経済調整の推進と、国家による大量の貨幣供給である。いずれの政策も更なる経済成長を追い求めるという考え方を基礎として実行されてきたと言える。まず、市場化戦略について簡単に説明しておこう。これを推し進めてきたのは、米国のレーガン政権（1981年大統領就任）と英国のサッチャー政権（1979年首相就任）である。これらの政権が講じた主な

経済政策は、規制緩和、減税による利益追求インセンティブの強化、労働組合の弱体化や国有企業の解体と民営化であった。この政策を推し進めていくことにより、市場による経済調整を促進して経済成長を達成しようとしてきたのである（Skidelsky and Skidelsky 2012、Wolf 2015）。レーガンそしてサッチャーは、1973 年と 79 年に生じたオイルショックを契機とする世界経済の後退に対処し、より高い経済成長の実現を目指そうとしていた。こうした市場化戦略は、それを実現するための重要な政策の柱となっていたのである。この戦略のもとでは市場による経済の調整が優先されたことから、国家は積極的な福祉政策や規制政策を次第に放棄するようになっていった。他の先進主要諸国も、程度の差はあれこうした経済政策の方向性を支持してきた。次に、国家による大量の貨幣供給という現象に焦点を当ててみたい。この問題を詳細に検討しているシュトレークによれば、1980 年代初頭以降、国家は金融の力を使って経済成長を促してきたと言う(Streeck 2013、2016)。彼は、国家が経済成長率鈍化の危機を防ぐために、意図的なインフレ政策、国家債務の拡大、民間信用市場の規制緩和、そして中央銀行との結託による量的緩和政策の推進という 4 つの貨幣供給の方法を時期に応じて使い分けてきた、と論じている。この傾向は、先進主要諸国では共通に観察されてきた事実である。国家はこうすることで市場に大量の貨幣を供給することに成功し、物価上昇とそれに伴う国民経済の規模の拡大を実現できる、と考えたのである。

　だが、経済成長を実現するための一連の経済・金融政策をこのまま継続していくべきなのか、という疑問が生じ始めている。経済成長率は下降傾向を示し、経済的な不平等が深刻なレベルにまで拡大し、そして心の豊かさも失われつつある。つまり、実体的な意味における経済の再生産に深刻な危機が生じ始めていると言ってもよいのではないか。それぞれの現象について、現状を簡単に観察してみたい。まず経済成長率の推移を簡単に観察してみよう。主要先進国である G7 の年間の経済成長率の平均値を 10 年刻み（最後の期間のみ 7 年間）で観察したところ、1971 年→1980 年が 3.47％、1981 年→1990 年が 2.96%、1991 年→2000 年が 2.26％、2001 年→2010 年が 1.18%、2011 年→2017 年が 1.47% という結果となっ

た（The World Bank Data）。この経済成長率の推移をみる限り、確かに市場重視の経済政策が開始された 1981 年から 1990 年にかけての 10 年間の数値は低くはないということがわかる。よって、市場化戦略は経済成長率の上昇に貢献してきたと言ってもよい。だが、この戦略が生み出してきた効果は長続きをしていない。その後の数値を追ってみると、経済成長率は次第に低下の傾向をたどっていることが理解できる[1]。市場化戦略と国家による大量の貨幣供給を推し進めていくことで、これまで以上の経済成長を果たして実現できるのか、という疑問が生じてくる。そして、国家が果たすべき富の再分配は十分に機能していない。経済成長が達成されてきたのにもかかわらず、経済的な不平等は拡大傾向を見せている。所得の不平等化は 1980 年代以降、北米、インド、ロシアそして中国において急速に進行してきた（World Inequality Report 2018）。また、ヨーロッパにおいてもこの現象は緩やかに進行している。World Inequlity Database を使って、所得の不平等度を示す国民所得に占める上位 1%のシェアを追ってみると、米国では 11.2%（1979 年）から 20.2%（2014 年）へ、英国では 6.6%（1981 年）から 11.7%（2016 年）へと大きく上昇していることがわかる（World Inequlity Database）。また、日本においてもこの指標数値は 1979 年の 8.4% から 2010 年の 10.4%へと高まっている[2]。さらに、こうした状況に合わせて心の感じ方も変化を見せ始めている。日本国民は経済成長についてどのように感じているのだろうか。内閣府の「世論調査報告書平成 30 年 6 月調査」（内閣府）の結果を用いて、このことについて考えてみよう。内閣府は、国民に対して「これからは心の豊かさか、まだ物の豊かさか」という選択問題を継続的に実施してきた。この質問からは、国民がまだ経済成長を求めているのか、それとも豊かな心を育むことを求めている

---

[1]　2008 年に米国で生じた金融危機の影響を強く受けた 2008 年と 2009 年の数値を除いて 2001 年→ 2010 年の経済成長率の平均値を計算してみたところ、2.01% という結果を得られた。この数値は経済的なショックの影響を除かずに計算した 1.18% という結果に比べると相当高いが、それ以前の期間と比べてみるとかなり低い。それゆえ、先進主要諸国の経済成長率は全般的に低下の傾向を見せ始めていると言ってよい。

[2]　World Inequlity Database を使って各国の直近の数値を整理した。

のか、を知ることができる。この質問に対して、「物質的にある程度豊かになったので、これからは心の豊かさやゆとりのある生活をすることに重きをおきたい」と回答した人の割合は、1972 年の 37.3% から 2018 年の61.4% へと大幅に上昇した。一方、「まだまだ物質的な面で生活を豊かにすることに重きをおきたい」と回答した人の割合は、1972 年の 40.0% から 2018 年の 30.2% へと 10 ポイント近くも減少している。日本は 1960年代の高度経済成長期を経て物の豊かさを十分に享受できるようになってきた。それにもかかわらず、多くの国民は毎日時間に追われながら心の余裕を無くしてしまっている。そして、過剰な生産活動を続けていくことを余儀なくされている。経済成長がモノの量を増やすことは間違いないが、それが心の豊かさももたらしてくれるとは限らない。多くの国民は、ある程度の富があれば十分であると感じ、もっと時間に余裕のある生活を過ごしたいと強く望んでいるのではないか。

　ここに挙げた事例は、1980 年代以降に広まってきた市場化戦略と国家による貨幣の大量供給がもたらしてきた帰結の一側面を示しているに過ぎない。こうした事例以外にも、深刻な自然環境破壊（Scheer 1999）、資本市場の自由化に伴う金融危機の発生（Helleiner 2000）、水や森林等の天然資源獲得のための乱開発（Shiva 2002）等が世界各地で生じてきた。ここでは全てを詳しく論じることはできないが、こうした現象が生じてきた背景には、経済成長を主要目標とする市場と国家による経済調整に対する盲目的な信奉がある。そして、現在においても、この考え方は正しいと信じられている。だが、この「大量の貨幣供給によるさらなる経済成長の実現」という方向性に根本的な問題があるとわかっていたとしても、この思考の枠組みを転換させる、あるいはそこから抜け出すということは容易ではない。だからと言って、このままこの考え方に染まりながら生活を送っていくことも問題ではないか。市場と国家による経済調整とは異なる方向を志向した経済を創る試みを構想することは無駄であろうか。私は決してそうは思わない。その試みは、盲目的な経済成長を目指すのではなく経済の持続可能性や再生産、すなわち実体的な意味における経済の創出を目指すことを目的とするはずだ。これまでの方法とは違った経済調整の在り方を考

え出していくことは、真の富と心の豊かさを考えていくための一歩となる
はずであり、無駄な試みであるとは決して言えないのではないか。ここで
は、この経済をコミュニティによって調整される経済、すなわちコミュニ
ティ経済と呼ぶことにしよう。では、コミュニティとは一体何か。そして、
コミュニティ経済とはどういった特徴を有しているのだろうか。次節にお
いて、コミュニティを定義して本書のコミュニティ経済のヴィジョンを明
確にしていきたいと思う。

1-4 コミュニティ経済とは何か？

　持続可能な生産・交換・消費の体系を通じて連帯を強めていく関係の在
り方を、ここでは互酬性と呼ぶ。そして、こうした関係性を創出し維持す
る人の集まりをコミュニティととらえ、コミュニティによって調整される
経済のことをコミュニティ経済とひとまず定義する。
　まず、互酬性について経済人類学の知見を参考にしつつ説明をしておこ
う。互酬性が成立する関係においては、贈与と返礼によって特別なモノの
交換がおこなわれる。この行為は、2者間の関係においても3者間以上の
関係においても観察される。この場合、贈り物と返礼品の有する価値は大
体において等しいのだが、その交換レートは曖昧なままである。特別な
モノに対する評価は、時と場合によって変動する可能性すらある。だが、
個別の交換レートの変化が非難を招くということはない（Sahlins 1972）。
また、贈与に対する返礼品が戻ってくる正確な期日も不明なままだ。贈り
手も受け手もそうしたことを全て前提とした上で、モノの交換をおこなっ
ている。交換される特別なモノの消費に対する見方も特徴的である。互酬
性においては、受け取ったモノを自分の集団内に所有し続けることは禁忌
となっている。特別なモノを所有し続けることは、呪いや穢れを受けるこ
とになるからだ（Mauss 1925）。それゆえ、贈与の受け手は特別なモノを
一定期間所有した後で、次の集団に渡すことを余儀なくされる。そうして、
贈与を受けた集団もその特別なモノを一定期間所有した後で、次の集団に
渡す。互酬性を形成する複数の集団においては、特別なモノをシェアする

という考え方が当然のように広まっている。

　モノの奇妙な交換がおこなわれる理由は何か。互酬性は、モノの交換を通じて自分の帰属集団とは異なる集団との争いを回避するために機能する。異なる価値観や行動規範を持つ集団とは、対立関係が生じる可能性が常にあるだろう。最悪の場合、こうした対立関係が集団間の戦闘に至ってしまうかもしれない。だから、集団同士の間に友好関係を形成しておく必要がある。贈与と返礼の慣行はそのための手段だ（Malinowski 1922、Mauss 1925）。まずモノを贈ることによって、異人との交流を深めていくのである。互酬性は集団の間につながりを創出する機能を果たす。このつながりが3者間以上に展開していく場合、集団同士の間に連帯が生み出されていくであろう。互酬性を形成する集団同士の間では、連帯の創出と維持が最優先の価値となっている。それゆえ、こうした関係性を崩壊させてしまうような生産・交換・消費の在り方は避けられる。例えば、モノがある集団に蓄積されることは、贈与と返礼のつながりを断絶させ連帯を弱めることになるので禁止される。互酬性の下では、不平等な富の蓄積は生じ得ないだろう。また、相手を出し抜いて不当な利得を得ようとする行為も禁止される。そうした行為が対立を引き起こして連帯を終結させてしまうかもしれないのだ。よって、互酬性を形成する集団同士の間には共存共栄という考え方が広まっているのである。コミュニティとはこうした関係性を創出し維持する人の集まりを指すと考えられる。家族・親族内でおこなわれている相互扶助も互酬性と考えられるので、それらの関係性もコミュニティの一つとして機能していると言えるかもしれない。だが、家族・親族間の関係は家政と理解したい。だから、ここではコミュニティとは別の調整方法としてみることにする。

　こう考えると、互酬性は効用満足のための消費を目的とするモノの交換とは大きく異なる、ということがわかる。効率性や損得といった経済的な利害関心が弱まり、連帯強化の実現を全面に押し出すモノの交換こそが互酬性である。それゆえ、コミュニティは市場や国家とは異なる方法によって経済を調整できる。市場は貨幣を介して価値の等しいモノ同士の交換を促すので互酬性と共有する部分を有するものの、取り交わされる関係性は

一時的で途切れる。国家は継続的な関係性の下で再分配を行うという点では互酬性に近い要素を含むのだが、権力に基づく支配的な関係性が強要される。いずれにおいても、連帯という要素が入り込む余地はない。

　さて、互酬性により形成される経済をコミュニティ経済と呼ぶとすれば、コミュニティ経済の創出には大まかに分けると二つの方向性があると考えられる。一つの方向性が村落共同体によって創られる経済であり、もう一つの方向性が革新的な集団によって創られる経済である。村落共同体と言うと、伝統的な農山村や漁村を思い浮かべられよう。村落共同体の特徴は、相互扶助と自然資源の共有管理をもとにしながら経済を持続可能な状態にすることである（多辺田 1990）。この場合のコミュニティ経済は、自給自足を基本としながらも物々交換も取り入れて、住民間の連帯を強化しながら経済を再生産していく方向性を目指す。こうしたコミュニティ経済は伝統や慣習の維持を最優先事項と考えるので、やや保守的な側面を持っていると言える。一方、革新的な集団により創出されるコミュニティ経済は、こうした方向性とは異なる志向を有している。こちらのコミュニティ経済は、伝統や慣習に囚われることなく新しい社会の在り方を構想し、その実現を目指す。この集団が描く構想は様々である。例えば、経済の持続可能性の追求、グローバリゼーションに対抗するための地域コミュニティのレジリエンスの強化、経済的不平等の解消、シェアエコノミーや感謝経済の推進等を挙げることができるだろう。いずれのコミュニティ経済も、経済成長の限界、地球環境問題の深刻化、都市化の加速とそれに伴う農山村の過疎化等を問題として捉え、生産・交換・消費の方法を根本から変革する方法を追求していくのである。こうしたコミュニティ経済は資本主義のもたらす不平等や搾取の解消に挑むために社会変革を目論む革新的な存在なのである（Delanty 2003）。それらは、過去の村落共同体に理想を追い求めることはせず、身近な資源を有効に活用してオルタナティブな経済の仕組みを構想する。革新的なコミュニティ経済は、ローカルに展開する場合もあれば、グローバルに展開する場合もあるだろう。例えば、里山への移住者を中心に新しい経済の在り方を模索する試みは、ローカルなコミュニティ経済の創出の一例だ。8 章で取り上げる旧藤野町における取り組みは、

そうしたコミュニティ経済の共創を示してくれる格好の事例となっている。グローバルなコミュニティ経済の事例としては、例えば、アウトドアウェアの製造販売メーカーパタゴニア社が進めている 1% 寄付プロジェクトを挙げることができるかもしれない（Patagonia）。このプロジェクトでは、自然環境の保護と再生を追求する企業が、売上金の 1 % を草の根の環境保護団体へと寄付をする。この取り組みに賛同する企業は連帯という関係性を築きながら、売上金の 1%を寄付していく。こうした連帯が一つのコミュニティ経済を創出している。このコミュニティ経済の中では、企業は寄付を通じてブランドマーケティングを展開できるであろうし、環境保護団体は寄付金を使って地域コミュニティにおける自然環境の保護活動を展開してゆける。贈り物と返礼という互酬的な関係性が、ここでは成立しているとみることもできる。このように、コミュニティ経済の規模は様々である。コミュニティとは閉鎖的な意味を想像させてしまう言葉であるが、もっと広い視野からコミュニティ経済をとらえていく必要があるのだ。

　では、コミュニティ経済の共創と活性化を進めていくための手段は何か。本書では、そのための手段こそ地域通貨であると考える。そして、地域通貨で革新的な集団のためのコミュニティ経済を創り出すことに大きな期待をかけてみたい。もちろん、村落共同体によるコミュニティ経済を創るためにも地域通貨を十分に活用できるだろう。ただ、現在の経済の在り方を変革していくということを最も重要視したいので、革新的な集団が地域通貨を使ってコミュニティ経済を創出していくことがより大切であると考えたい。では、地域通貨とは一体何か。なぜ、それはコミュニティ経済の創出に貢献するのだろうか。次節では、地域通貨について機能、発行目的と発行方式という観点から詳しく説明をして、地域通貨が連帯にもとづくコミュニティ経済を創るツールとなることをいくつかの事例を紹介しつつ確認してみよう。

1-5 地域通貨の機能、発行目的と発行方式

　地域通貨とは何か。こう問われたとき、多くの人は、ボランティア活動や相互扶助のお礼として受け渡す券、もしくは地域経済活性化のために発行される地域商品券であると答えるのではないだろうか。だが、地域通貨の種類を調べていくと、今ここで挙げた券は数多く存在する地域通貨の中の一部を占めるに過ぎない、ということが理解できる。地域通貨の種類はそれだけ多様化を遂げてきている。そこで、本節では、地域通貨を機能、発行目的と発行方式という観点から整理して、その種類の豊富さを改めて確認していきたいと思う。地域通貨の機能は、概ね以下の5つの点に整理できるだろう。

- 地域住民、特定の組織・団体や地方自治体等により発行され流通する。
- 利用に関する制限が設けられている。
- 特定の地域コミュニティや組織・団体の中で複数回流通する。
- 原則として法定通貨に換金できない。ただし、加盟店や地方自治体等限られたメンバーにのみ法定通貨への換金を認めることもある。
- 貯蓄や貸出しによって利子を得られない。通貨価値を減価させる場合もある。

　地域住民、市民団体や信用組合などの特定の組織・団体、地方自治体等が地域通貨を発行し流通させる。こうした集団は特定の地域コミュニティにおいて地域通貨を発行するが、居住地域が異なる人々もそれを発行することがある。この場合、共通の価値観を有した人々が特定の集団を形成して、その中で固有の地域通貨を発行し活用する。例えば、インターネット上で地域通貨を使って相互扶助の取引を行う仕組みがそれである。地域通貨を使う場合には条件が課せられる。それは、いつどこにおいても使えるというわけではない。地域通貨によっては使用期限が設けられていることもある。また、地域通貨でモノ・サービスを購入する場合には、あらかじ

め決められた加盟店での使用が条件とされる。それゆえ、地域通貨は利用制約の課せられた通貨と言える。

　地域通貨は利用者間を転々流通する。地域通貨は個人から個人へ、個人から商店へ、商店から商店へと言ったようにメンバーの間をぐるぐると回っていく。地域通貨が「通貨」である理由はここにある。だから、それは、利用後すぐに換金される地域商品券とは大きく異なるのである。原則として、地域通貨が法定通貨と関係性を持つ場合であっても、換金は認められていない。地域通貨の法定通貨への換金を簡単に認めてしまうと、受け取った地域通貨をより利便性の高い法定通貨と交換して、地域の外で買い物をする者も現れるかもしれない。そうなれば、地域経済やボランティア活動の活性化を目指す地域通貨を発行する意義は大きく損なわれてしまうであろう。ただし、地域外からの仕入れが必要な特定の登録事業者や実務上の処理が必要とされる登録団体が、定められた場所において換金することを認める場合もある。また、ボランティア労働の時間を取引の単位として用いる地域通貨は、法定通貨との関係性を一切持たないために換金はできない。住民同士の相互扶助活動を時間換算して、時間を価値として流通させる地域通貨がこれに該当する（鶴山 2013）。

　最後に、利子と地域通貨の関係性について論じておこう。預金や貸出しによって利子を得られる法定通貨とは違って、地域通貨には利子がつかない。それを貯めたり貸出したりすることによって利子を取得することは認められていない。一方、地域通貨の保有コストを高めるマイナスの利子という仕組みもある。この地域通貨は、時間の経過とともに価値を失っていく。例えば、1930 年代の米国において実践されたスタンプ・スクリップという地域通貨がその一例である。スタンプ・スクリップの額面価値は、毎月のスタンプ添付によって維持される。このスクリップの所有者は、額面価値を維持するためにスタンプ代金を毎月支払う必要がある。それゆえ、スクリップを所有し続けることで少しずつ損失を被っていく。マイナスの利子とは、地域通貨の所有がこのコスト負担を高めてしまうことを意味する。スタンプ・スクリップの詳しい説明は 2 章でおこなうことにしよう。

　地域通貨は以上の機能を使って、次に示す主な 6 つの目的を達成するこ

とを目指す。

- 地域経済の活性化
- ボランティア活動や市民活動の評価と活性化
- 子どもの経済教育の支援
- 相互扶助の評価と促進
- 農林業の活性化支援
- 貧困層の生活向上のための支援

　それぞれの目的をざっと論じてみよう。地域通貨は特定の地域で複数回流通する機能を持っているため、域外への消費や所得の漏出を防ぐ。そのため、特定の地域におけるモノ・サービスの取引が活発になり経済活性効果が生み出される。また、マイナスの利子を取り入れた地域通貨は通貨保有者の利用動機を強めるので、通貨流通速度を速めて経済活性化効果を創出する。地域通貨は、ボランティア活動や市民活動の成果を評価するという目的も持っている。こうした活動を法定通貨によって評価することは難しい。「私はお金のため活動しているのではない」、という心理的な抵抗感を持つ地域住民もいるであろう。そうした地域住民の活動を法定通貨によって評価することは望ましいは言えない。地域通貨は市民活動活性化のためにあえて利用用途を制限するという機能も有しているので、そうした心理的抵抗感を和らげることに貢献できるであろう。この地域通貨の機能を子どもの経済教育に応用する試みもある。子どもの地域コミュニティでの学びを促すために、経済体験や地域貢献の成果を地域通貨で評価する取り組みがそれである。この取り組みでは、子どもが起業体験やボランティア活動の成果を地域通貨で受け取り、それを地元の祭りや商店等で使う。子どもはこうした経験をすることによって、生きた経済を学ぶことができるようになる。詳しくは 6 章で説明したい。

　また、地域通貨は、日常の困りごとを解決するための助け合う仕組みにもなる。住民は他人が必要とする力を実は持っているかもしれない。だが、その能力は個人の中で眠ったままとなり十分に活用されていない可能性も

あるだろう。そうした個人の潜在的な能力を地域通貨で新たに評価して交換し合うのである。そうすれば、困りごとが生じても誰にも頼れないと言う不安感を払拭することができるようになるだろう。だから、地域通貨は、国や地方自治体による福祉サービスへの依存を少しでも減らすために貢献できるのだ。さらに、コミュニケーションを交わす道具として地域通貨が使われることもある。例えば、職場や価値を共有する集団の中で、互いの日々の関わりを地域通貨で評価する仕組みを挙げられよう。コミュニケーションが高まると、社員同士あるいはメンバー同士の間で新しいアイデアも生まれてくるかもしれない。その意味で、地域通貨は職場改善や組織の生産性向上にも寄与できる道具である。

　地域通貨はこうした経済活性化や人間同士の関係改善のためだけでなく、農林業の活性化のためにも活用されている。森林の保護や景観を維持するためには、多くの労力が必要とされる。こうした労力の提供を法定通貨で評価することももちろん可能だろう。だが、法定通貨は地元で消費されずに域外へと漏出していく可能性がある。それは、地域経済の活性化には十分に貢献しないかもしれない。そこで、地域通貨を労力の評価手段として使うのである。地域通貨は域外へと漏出せず、地場産品を扱う商店で使われるであろう。地域通貨は森林業の活性化と地域経済の活性化を同時に果たしていく。この取り組みについての詳しい説明は7章でおこなう。また、小規模農家による地場の農産品を地域通貨で評価する方法もある。例えば、色や形という面で市場の出荷基準に満たない農産品を、地域通貨で新たに価値を付けて流通させるという取り組みが考えられる。さらに、地元の小規模農家の農産品を取引するファーマーズマーケットを開催して、地域通貨を活用する方法もあるだろう。こういった取り組みを地道に続けていくことで、地元の小規模農家を応援していくことができる。

　経済的な不平等を緩和するための地域通貨もある。日本では、この目的を掲げる地域通貨を見かけることはない。だが、海外では別である。ブラジルでは、貧困層の生活改善のために地域通貨パルマを発行している。ブラジルのパルマス銀行は、銀行からの融資を十分に受けることのできない小売業や消費者に対して、低利で地域通貨を融資する。この地区の貧困層

はこの融資を受けることで生活を立て直すことができるであろうし、事業を起こせば自立した経済活動を営むことも可能になる。また、パルマス銀行は地域通貨による貸し付けだけでなく、様々なプロジェクトを起こすことによって地域内雇用を生み出すことに成功してきた（西部編著 2018）。

　地域通貨の目的を駆け足で述べてきた。地域通貨の多くは、複数の目的を掲げて活動している。例えば、「地域経済活性化×ボランティア活動活性化」や「地域経済活性化×子どもの経済教育」等のように、2 つの目的を同時に達成していくための地域通貨も多く見られる。このように、地域通貨は多様な広がりを見せていると言ってよい。

　地域通貨の発行方式についても説明しておこう。地域通貨の発行方式は、主に次の 4 つの種類に分けることができる。

- 紙幣方式
- 手形方式
- 口座方式
- 電子方式

　紙幣方式は、特定の地域や集団により定められた価値の単位を記した紙の地域通貨を用いる。色、形や大きさは地域通貨によって大きく異なる。手形方式は、発行主体の借用証書である手形を地域通貨として用いる。この方式の地域通貨は、譲渡者と譲受者の裏書によるサインによって流通する。こうして、一枚の手形が信用を得てまるで通貨のように流通するようになる。最後に、手形の発行人がモノ・サービスを提供して清算する（森野 2013）。口座方式の地域通貨は、LETS（Local Exchange Trading System）が有名である。LETS に参加するメンバーは、固有の通貨単位で取引をおこなう。取引が成立すると、モノ・サービスの売り手の口座の貸方にプラス＝黒字が記録され、買い手の口座の借方にマイナス＝赤字が記録される。この取引がオンライン上で行われる場合、成立した取引内容がコンピューターに記録されることになる。メンバーが紙の通帳を使って

LETS に取り組むケースもある[3]。そして、ここ数年の間に、電子方式の地域通貨が多数登場するようになった。例えば、飛騨信用組合が発行するさるぼぼコインやイギリスのブリストル・ポンド等を挙げることができよう。いずれもモバイル機器を使った電子決済システムを取り入れている点が特徴的と言える。また、これ以外にもブロックチェーン技術を使った地域通貨も現れている。今後数年の間に、こうした電子技術を使った地域通貨がさらに広まっていくことが予想される。説明してきた地域通貨の機能、目的と発行方法を表 1-1 のように整理しておく。

　以上のように、地域通貨はそれぞれの目的の達成を目指して世界各地で実践されている。ここまでの事例の紹介によって、ある価値を共有する者同士が地域通貨によってモノ・サービスの公正で平等な取引を促して経済を持続可能にしてゆく、ということがわかった。特別な価値の込められた通貨によって連帯が形成され、コミュニティ経済が創り出されてゆくのである。こうした取り組みは地域通貨の発行量や取引量という面においてはまだ大きな規模とは言えないが、さらなる前進を求めて日々活動している。では、地域通貨によるコミュニティ経済の共創をさらに進めていくことに成功したら、どういった経済が我々の前に立ち現れるであろうか。次節ではこれまでの議論を踏まえつつ、地域通貨によるコミュニティ経済の共創と活性化のヴィジョンをさらに深く考えてみたい。

1-6 地域通貨を活用したコミュニティ経済のヴィジョン

　我々の生活を支えている経済について簡単に振り返っておこう。3 節で詳しく論じたことは、現代が市場と国家による経済調整を推進する時代である、ということであった。国家は福祉の増進や不平等の是正という面において役割を縮小させつつあるものの、貨幣の大量供給によって市場の広がりを支えるという裏方での役割を増しつつある。そして、市場と国家による経済調整が目指すことは経済成長である、ということも述べた。この

---

[3]　LETS の仕組みや意義については 8 章でさらに詳しく論じる。

表 1-1 地域通貨の機能、目的と発行方式

機　能	目　的	発行方式
● 地域住民、特定の組織・団体や地方自治体等により発行され流通する。 ● 利用に関する制限が設けられている。 ● 特定の地域コミュニティや組織・団体の中で複数回流通する。 ● 原則として法定通貨に換金できない。ただし、加盟店や地方自治体等限られたメンバーにのみ法定通貨への換金を認めることもある。 ● 貯蓄や貸出しによって利子を得られない。通貨価値を減価させる場合もある。	● 地域経済の活性化 ● ボランティア活動や市民活動の評価と活性化 ● 子どもの経済教育の支援 ● 相互扶助の評価と促進 ● 農林業の活性化支援 ● 貧困層の生活向上のための支援	● 紙幣方式 ● 手形方式 ● 口座方式 ● 電子方式

経済においてはモノ・サービスの量の増大と質の向上が最優先の価値基準とされる。国及び中央銀行による法定通貨の発行と一元的な管理は、そのために必要とされる最適な手段となる。我々はこうした経済の調整方法が当たり前なことであると信じているが、果たしてそう考えて良いのだろうか。本当は、経済成長だけに囚われない多様な価値に合わせた経済と、その経済を創り出すための貨幣があっても良いのではないだろうか。つまり、様々な価値観に合わせた連帯の在り方に適応する貨幣の仕組みを考えてみても良いのではないか。その考えが目指すヴィジョンとは、様々な貨幣によって複数のコミュニティ経済を共創することにほかならないであろう。地域通貨はそうした貨幣の一つとして大いに貢献できる、と私は考える。

　地域通貨は様々な利用の条件が課せられた貨幣である。いつどこにおいても使えるわけではない。場合によっては価値が減っていくことさえある。その意味で、それは法定通貨に比べて不便な貨幣である。しかし、この条件を上手く活用することによってコミュニティ経済を創っていくこともできる。地域通貨は、利用上の条件を設けることによって流通に特別な意味を持たせられる、という利点を有する。地域通貨の利用者は、こうした条

件のおかげで流通経路やその成果についてある程度は把握できるだろう。例えば、社会貢献に積極的な小売店でのみ使える地域通貨や、中小企業間の産業連関を強固にして不況に対処するための地域通貨等については、流通経路のイメージとそれが持つ意味を想像しやすい。そのため、人々は地域通貨が目指す経済のヴィジョンを共有することが可能だ。そうすると、利用者は地域通貨を不便な手段としてではなく、何か特別な価値を実現する手段として認識するようになるであろう。こういう人々は、貨幣を単なるモノの入手手段として見るのではなく、望ましい経済を実現するための手段としてみなすに違いない。こうした発想を持つ利用者が少しずつ増えていけば、地域通貨は受け入れられ特別な意味を持つ貨幣として流通するようになる[4]。そして、地域通貨によってそれぞれのコミュニティの価値に適応した生産・交換・消費・投資を実現することが可能になるのである。つまり、地域通貨がコミュニティ経済を創る手段として活躍する。だが、法定通貨に比べて不便な地域通貨を敢えて受け取ろうとする人は増えるだろうか。こうした疑問を持つ読者は当然いると思われるが、様々な貨幣の中から良き経済を実現する貨幣を主体的に選択できる機会があるならば、地域通貨をその一つの手段として受け入れ始める者がいても不思議ではない。このような者は、法定通貨の利用を多少制限して地域通貨の利用割合を高めるかもしれない。最近の情報技術の日覚ましい発達は、コミュニティによる貨幣の創出を容易にしている。この現象がもっと広がっていくと、自分の望む経済に適応した貨幣を発見して利用するようになる人も当然現れてくるであろう。だから、不便であるからといって地域通貨が流通しないとは言えない。逆に、その不便さに特別な意味を与えられるのであれば、地域通貨が流通する可能性は多いにあると言ってよい。この点については、

---

[4] ゴメスの分析によると、地域通貨は革新的な通貨のアイデアとその実現に期待を寄せる人々との関係によって誕生するという（Gómez 2009、2018）。意識の変容が地域通貨の生成と発展に大きな影響を与えるのである。彼女の研究成果は、経済的な利害関心だけに囚われない価値観を持つ集団の中では、その集団に適応した地域通貨が普及する可能性があることを示してくれる。

[5] バーチも「価値」の込められた地域通貨こそが流通する、と指摘している。この価

コラム①でもう少し詳しく論じてみたいと思う。

　では、このようなことを実現しようとする社会の魅力は、一体どこにあるだろうか。貨幣を使った社会改革といった視点から改めて考えてみよう。貨幣を通じて良き経済を実現する考え方には、2つの方向性があると言ってよい。まず一つ目は、その使い道を選択するという方向性である。この考え方は法定通貨を経済的な投票権と捉える。貨幣の所有者は、基本的には消費先や投資先を自由に決定できる。安冨が述べるように、貨幣は「選択権の束」なのである（安冨 2008）。この選択権を行使して、法定通貨を良き経済の実現のために投票することは可能であろう。例えば、倫理的な生産や消費を目指す企業の製品を購入することを選択できる。また、そういった企業を成長させる投資ファンドに出資することも可能だ。こうして、貨幣の使い道を選択することで自分の望む良き経済を実現していくことは、重要な意義を有する。ただし、この場合、国による法定通貨の一元的管理と経済成長という大きな枠組みに翻弄されつつ、消費先や投資先を決めることになる。それゆえ、経済の環境次第では貨幣の自由な選択権の行使が難しくなり、倫理的な消費や投資へと向かう傾向が薄れてしまうかもしれない。

　もう一つは、良き経済を創るための貨幣を選ぶという方向性である。そうした選択可能な貨幣の中の一つに地域通貨を含めることができる。良き経済の状態は人々の価値観によって様々であろう。人々は、そうした多様なコミュニティの価値に合わせたモノ・サービスの生産・交換・消費・投資を実現するための手段として地域通貨を選べる。コミュニティ経済における活動を促す媒介的な役割として地域通貨があると言ってよい。地域通貨は法定通貨との関わりを切り離す、あるいはそれと関わりを持つ場合でも兌換や利用上の制約を受けるという性格を持っているので、地域通貨が創出するコミュニティ経済は一つの独自の経済の圏域を生み出していくこ

値はコミュニティにおいて大切にされるものである、と彼は説明している（Birch 2017）。地域通貨は価値を多元化するための手段にもなり得ることが理解できるだろう。

とになるだろう。革新的なコミュニティが地域通貨を使って経済の圏域を創り、人々がコミュニティ経済への帰属を選択できる世界は、どういった魅力を持つだろうか。まず、そうした世界は経済的なショックに対するレジリエンスを強めているに違いない。例えば、国家による法定通貨の発行と一元的な管理が問題を生じさせたときや、甚大な経済危機が発生したときにおいて、コミュニティ経済はそれらのショックを緩和させるために貢献するはずだ。法定通貨との関わりから切り離された地域通貨は、経済についての正確な情報をフィードバックする役目を果たすことで持続可能な生産構造を創出する（Jacobs 1984）。例えば、地域通貨の価値の下落は、その都市が魅力的な生産物を他の地域へと販売できていないことを示している。この都市はこうした地域通貨の為替レートの変動を知ることによって、他の地域へと販売可能な製品の生産を目指すようになるかもしれない。自分の地域通貨を持つ都市は、通貨価値の変動によって進むべき経済の方向性を知ることができるようになる。自立した都市の経済発展を望む人々は、地域通貨を活用した都市規模でのコミュニティ経済の発展に対して興味関心を抱くであろう。その結果、都市の地域通貨が普及し始め、生産構造の革新も進んでいくかもしれない。それは経済のレジリエンスを強化する。

　そして、コミュニティ経済の複数併存という状況は、人々の価値観を多様化することに貢献を果たすだろう。市場と国家による経済調整は、経済成長という価値観を最優先にし、それ以外の価値観の重要性を薄れさせてしまう。地域通貨を取り入れたコミュニティ経済への帰属が可能になれば、人々は経済成長至上主義から少し距離を置いた考え方で行動を取れるようになるかもしれない。この点を理解するために、減価する地域通貨を活用するコミュニティ経済を考えてみよう。この地域通貨を保有する人々は、貨幣価値の安定化を図ろうとする。そこで、地域通貨を安定した収益を確保できる事業、例えば植林計画や再生可能エネルギーの推進等の事業へと投資するようになるかもしれない（Lietaer 1999、Raworth 2017）。地域通貨はこれまで見向きもされてこなかった自然環境保護活動に対する積極的な投資を喚起するはずだ。このコミュニティ経済においては、一連の投

資事業が持続可能性を基準として評価されることになる。こうして、経済調整のバランスをコミュニティ経済の創出によって整えていくことは、人々の心身のバランス及び人と自然環境との関係性を整えていくことにもつながっていくのではないか。コミュニティ経済でのもう一つの暮らしを営むという選択肢の存在が、人間の生き方を多様化することに貢献する。8章においてこのことについてもう少し考えてみたい。

　地域通貨は一つの独自の経済圏域を創出する。それゆえ、それは伝統的な村落共同体を再興するための手段と理解されがちだ。だが、地域通貨を閉鎖的な集団を生み出す手段と理解してはならない。それは、経済の調整バランスを整えていくために用いる一つの手段と見た方がよい。経済を市場や国家だけでなくコミュニティによってもバランスよく調整していくことで、人間同士あるいは人間と自然環境との間の関係を良好に保つことができるはずだ。こうした大きな視点から地域通貨をとらえておくと、その意義を見失わないで済むであろう。本書でこれから取り上げる数々の事例は、コミュニティ経済を共創するために地域通貨を活用してきた。いずれの実践もアンバランスな現代経済の調整の在り方に対して疑問を持ってきたのである。次節では、3章以降で扱う地域通貨の事例を分類化し、本書の読み方をざっと解説しておきたい。

1-7 本書で扱う地域通貨の事例の特徴

　本書は、本章を含む全8章と終章から構成される。次の2章において地域通貨の思想史・実践史をざっと振り返った後で、4つの事例を取り上げて地域通貨の意義と可能性を細かに分析していく。それぞれの集団が活用する地域通貨と目指すコミュニティ経済のヴィジョンは大きく異なる。4つの事例を「地域通貨と法定通貨との関わり」と「目指すコミュニティ経済のヴィジョン」という2つの軸で整理すると、表1-2の通りになる。

　まず、商店会と市民団体が中心となって実践してきた①「むチュー」を3章で分析していく。むチューは法定通貨と換金が認められる地域通貨として発行され、商店の経済活性化とボランティア活動の活性化を目指すた

表 1-2 本書で取り上げる地域通貨の事例の分類

		目指すコミュニティ経済のヴィジョン	
		商業・ボランティア 活動の活性化	人間の潜在的能力 の利活用
地域通貨と 法定通貨と の関わり	あり	① むチュー （3 章〜5 章）	② オール （6 章）
	なし / 薄い	③ モリ券 （7 章）	④ よろづ屋 （8 章）

めに流通した。ここでは、コミュニティ・ドックという手法を使ってむ
チューの効果と課題を緻密に検証していく。4 章では、むチューの分析で
直接扱うことのできなかった経済効果の測定について論じる。5 章は、地
域通貨を活用してコミュニティ経済を創る上で重要な人間の心理について
検討を加えている。4 章と 5 章の内容は、3 章の内容とは基本的には切り
離して執筆されている。それゆえ、これら 2 つの章をそれぞれ個別に読む
ことも可能である。だが、これら 3 つの章を合わせて読むことによって、
法定通貨との関わりを持たせながら商業とボランティア活動を活性化する
地域通貨の意義と課題についてより深く理解できるようになると考える。
6 章では、②「オール」を扱う。これは、子どもが地域通貨を活用して経
済活動を体験する試みだ。オールはむチューと同じく法定通貨と換金が可
能な地域通貨であるが、子どもの教育活動を促すという点に特徴を持って
いる。ここでは、貨幣に対する意識が固まっていない子どもに注目するこ
とで、地域通貨の展開可能性を考えていきたい。7 章は、森林資源の利活
用と地場産業活性化を同時に目指す③「モリ券」を扱う。モリ券は、法定
通貨との関わりを薄くした独自の券として発行されている。モリ券はそう
した工夫を施すことによって、人間と森の持続可能なコミュニティ経済を
創る役割を果たしてきた。最後に 8 章において、④よろづ屋を取り上げる。
この地域通貨は、法定通貨との関わりを切り離して独自のコミュニティ経
済を創出するために機能している。それゆえ、地域通貨を活用したコミュ

ニティ経済の一つの理想的なかたちが、ここでは展開されていると考えたい。

　以上のように、本書は独立した事例分析により構成されているので、いずれの章から読んでも問題ない。ただし、章によっては似たような分析枠組みを用いて論じることもある。例えば、5 章と 6 章では報酬意識という分析枠組みを使っている。その場合は、本文において別に読むべき箇所を指示するよう配慮したいと思う。

1-8 結　論

　本章では、互酬性を通じて連帯を強める集団のことをコミュニティと定義し、コミュニティのメンバーによって創られる経済のことをコミュニティ経済と呼ぶことに決めた。コミュニティ経済の共創とは、コミュニティのメンバーが帰属してみたい経済の圏域を共に創っていくことを意味する。コミュニティ経済の活性化とは、そうした経済の圏域における取引が増えていき生活の在り方や価値観までもが変わってゆくことを意味すると言ってよい。地域通貨は、コミュニティ経済を共創するために活用できる最重要な手段である。それがあるおかげで、コミュニティの価値や理念の実現に貢献できる経済を一緒に創り上げることが可能になる。だから、地域通貨によって共創されるコミュニティ経済は、村落共同体のような閉じられた経済関係の再生産だけでなく、もっと大きな経済圏の創出も目指すことがある。コミュニティ経済を狭く解釈すべきではない。コミュニティの価値や理念に応じて、その規模は小さくも大きくもなり得るのだ。

　確かに地域通貨は不便な手段ではある。取引対象は制限されており、使用期限も設定されることがある。そのため法定通貨と同じように、広く流通させることは簡単ではない。だが、利便性を価値判断の最上位項目に置かない人々は、不便かもしれないが特別な価値の込められた地域通貨を受け入れる可能性が十分にある。好ましい貨幣の選択を可能にさせる技術革新がすでに起きている現代では、こういった価値観を共有するメンバー同士がお好みの地域通貨を選び、新たなコミュニティ経済の共創に参画して

いくこともますます増えていくのではないか。そうして我々の目の前に現れる様々なコミュニティ経済は、価値観の多様化やレジリエンスの強化に大きく貢献していくに違いないのだ[7]。

---

[6]　価値を共有する人々によってモノやサービスを生産し、流通させ、消費することは可能である。甲斐が、このことを調べるため様々なビジネスの現場を取材した成果をまとめている。彼女によれば、コアなファンつまり価値を共有してくれる人々が集えば、少量生産であっても十分な採算が取れてビジネスが成立すると言う（甲斐2019）。彼女の取材の成果は、共有価値に基づいた経済の圏域は創出できる、ということを教えてくれる。

[7]　本書では、地域コミュニティという用語を使うことが度々ある。地域コミュニティは本書では、自治会や町会を中心として形成される近隣社会のことを指すこととする。地域コミュニティは、本書で語る「コミュニティ」という概念よりも狭いものだ。

コラム① ‖‖
不便ではあるが倫理的な地域通貨は受け入れられるだろうか？

　このコラムでは、倫理的な理念の実現を目指す地域通貨は不便であって
も人々に受け入れられるのだろうか、という問題について少し考えてみた
い。私は、この問題を考察するために以下の少し工夫をしたアンケートを
使って調べてみることにした。このアンケートを使った調査を一般市民対
象におこなってみた。

Q1　今あなたは、一般企業で働き、自分の給料を<u>2種類の通貨</u>で受け取ることができると想像してください。
　　通貨Aは、日本全国どのお店でも使うことができます。通貨Bは、大型店や大企業のチェーン店では使うこと
　　ができません。通貨Bは、近所の商店街や個店でのみ使うことが可能です。通貨Bだけでも、生きていくため
　　に必要最低限の食料品、日用雑貨、衣料品はそろえることはできます。あなたは、2つの通貨をどのような割
　　合で受け取ろうと思いますか。<u>受け取る通貨A、通貨Bの割合の合計が10になるよう</u>、通貨Aと通貨Bに〇
　　をつけてください。
（記入例）

通貨A
0　1　2　3　4　5　6　7　8　⑨　10

通貨B
0　①　2　3　4　5　6　7　8　9　10

通貨A
0　1　2　3　4　5　6　7　8　9　10

通貨B
0　1　2　3　4　5　6　7　8　9　10

Q2　今あなたは、一般企業で働き、自分の給料を<u>2種類の通貨</u>で受け取ることができると想像してください。
　　通貨Aは、日本全国どのお店でも使うことができます。通貨Bは、大型店や大企業のチェーン店では使うこと
　　ができません。<u>ただし、通貨Bは環境保護を推進する企業の商品、人や動物の権利を大切にする企業の商品を
　　中心に販売する近所の商店街や個店でのみ使えます。</u>通貨Bだけでも、生きていくために必要最低限の食料品、
　　日用雑貨、衣料品はそろえることはできます。あなたは、2つの通貨をどのような割合で受け取ろうと思いま
　　すか。<u>受け取る通貨A、通貨Bの割合の合計が10になるよう</u>、通貨Aと通貨Bに〇をつけてください。

通貨A
0　1　2　3　4　5　6　7　8　9　10

通貨B
0　1　2　3　4　5　6　7　8　9　10

2つの質問は、給与の受け取りにおいて希望する法定通貨と地域通貨の取得割合について調べるものだ[8]。今、次のような状況を想像してみることにしよう。あなたが、自分の給与を2種類の通貨で受け取れることができる権利を有しているとする。1つ目は通貨Aである。この通貨は日本全国どのお店でも使えるため、法定通貨に相当すると考えてほしい。2つ目は通貨Bである。通貨Bは、利用範囲に制限をかけられた通貨であるので地域通貨であるとしよう。地域通貨だけでも必要最低限の食料品、日用雑貨や衣料品をそろえることができる。つまり、地域通貨だけでも生きていくことは可能だ。ただし、地域通貨の機能がQ1とQ2で異なる、という点には注意をしよう。Q1の通貨Bは、近隣の商店街や個店でのみ利用可能な地域通貨である。それゆえ、この通貨Bは、地域経済活性化を目的として発行される商品券型地域通貨であると言ってよい。一方、Q2の通貨Bは、倫理的な理念を有する企業によって生産された商品を積極的に取り扱う商店でのみ利用可能である。質問文中段の下線部が示すように、商店は環境保護や人・動物の権利を保護する企業が生産した商品をそろえる。これらの商品は倫理的な理念にもとづいて生産されたモノであると言える。地域通貨はこういった商品を取引するために使用される。倫理志向を有する企業や商店が通貨Bを活用しながら独自のコミュニティ経済を形成している状況を考えればよい。ここであなたは、給与の支払いにおいて通貨Aと通貨Bの取得割合を自由に決めることができる。通貨Aの割合を高め通貨Bの割合を低くすることやその逆もまた可能である。

　さて、倫理志向を有する個人は、利便性の高い法定通貨の割合を低めに設定し地域通貨の割合を高めるだろうか。このことを確かめるために、法

---

[8]　給与取得の電子化が進むと、通貨の選択も可能になっていくのではないか。そうした通貨の中には、グローバルな取引で活用される電子通貨も、ローカルをベースに発行される電子地域通貨も含まれるであろう。個人は気に入った決済制度を選択し、その中で使える通貨を取得するようになる。電子決済技術が日増しに進歩する中、近い将来、多くの個人がこうした通貨の選択をするようになる。そうして、各個人が有する価値観に合わせた経済を共に創出していくことができるようになる。それゆえ、ここで示した質問文の内容は荒唐無稽なものではないことが理解できるはずだ。

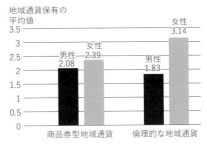

図 1-1 地域通貨の保有率の全体比較　　図 1-2 地域通貨の保有率の男女比較

出所：著者作成。

定通貨と Q1 の通貨 B（商品券型地域通貨）の取得割合、そして法定通貨と Q2 の通貨 B（倫理的な地域通貨）の取得割合を比較してみることにした。Q1 の通貨 B に比べ Q2 の通貨 B の取得割合が高まるとすれば、倫理的な要素を含む地域通貨がより高い評価を受けることに成功したとみてよい。Q2 の通貨 B をたくさん受け取ろうとする個人は果たして現れるだろうか。図 1-1 はその分析結果を示している。図中の黒色棒グラフが商品券型地域通貨の取得割合を示し、灰色棒グラフが倫理的な地域通貨の取得割合を示す。この図を観察すると、まず商品券型地域通貨の取得割合が 2 割強であることがわかる。多くの個人は、給与の 8 割弱を法定通貨で受け取って、残り 2 割強をこの地域通貨で受け取るという選択をしている。他方、倫理的な地域通貨の取得割合はこの結果よりも若干高い結果となった。それは、2 割半ばとなっている。この結果は、倫理的な理念を実現するコミュニティ経済を創るための手段として、地域通貨をあえて選択しようとする者がいる、ということを示している。

　次に、図 1-2 に目を移してみよう。これは、地域通貨の取得割合の違いを男女別に見たものである。これを見ると、男女差がみられることに気づくだろう。女性は、倫理的な地域通貨の取得割合を 2 割強から 3 割弱へとかなり高めている。そして、この違いは統計的に見て有意な結果であった（表 1-3）。これは、男性に比べて高い。この結果から、女性は自然環境を保護することや人間・動物の権利を保護することを目指す地域通貨と

表 1-3 各地域通貨の保有率の平均値と分散値の比較

社会グループ	商品券型地域通貨[a]		倫理的な地域通貨[a]			
	M	SD	M	SD	t 値	p 値
全体（n=52）	2.25	2.42	2.54	2.45	1.227	.226
男性（n=24）	2.08	2.47	1.83	2.37	.755	.458
女性（n=28）	2.39	2.41	3.14	2.40	2.409*	.023

[a]:M= 平均値、SD= 標準偏差、*:p<.05（両側検定）
出所：著者作成。

それによって創出されるコミュニティ経済に対して、好意的な反応を示していることがわかる。女性は、不便であっても倫理的な価値観を実現できそうな手段を積極的に受け入れそうである。もちろん、別の倫理的な理念を目指す地域通貨であれば、男性の方が受容する傾向を示すかもしれない。また、今回の分析では性差という視点から地域通貨に対する選好の違いを観察してみたが、職業、収入、学歴や家族構成等の社会属性の違いによっても倫理的な地域通貨に対する見方の違いが出てくるかもしれない。この分析によって、地域通貨は不便であるから受け入れられないとは言い切れないことがわかる。個人の有するそれぞれの価値観に適合する地域通貨は、たとえ不便であっても受け入れてもらえる可能性が十分にある。[9]

---

[9] サンプル数の少なさがこの調査の限界である点は確かに問題である。そのため今後は、こうした調査をさらに洗練させ広く実施してみることで、地域通貨の意義を証明していくことを目指したい。

第 2 章 ｜ 地域通貨の歴史と展開

2-1 はじめに

　本章では、経済思想史と実践史という観点から地域通貨を観察していき、その試みが現代においてどのような展開を遂げてきたのかを見ていく。本章の目的は、読者に地域通貨の多様な広がりを知ってもらい、地域通貨に対する興味や関心を持ってもらうことにある。地域通貨はなぜ生まれ、どのように発展してきたのだろうか。地域通貨は、最終的に何を実現しようとする取り組みなのだろうか。このような根本的な問いに取り組むためには、多少なりとも地域通貨の思想と実践の歴史を振り返っておく必要があるだろう。地域通貨の始まりとその後の展開を継承関係や関連性という観点から観察していけば、地域通貨のことをより深く知ることができ、その未来も展望できるようになるのではないか。ただし、本書は地域通貨の思想史や実践史を細かに描くことを目的としているわけではない。この章では先行研究を頼りにしながら、地域通貨の思想史と実践史の要点のみを論じていき、各事項間の関連性の大まかな見取り図を与えることにしたいと思う。

　本章は、次のような構成で進めていく。2 節では、地域通貨の誕生と展開を経済思想史と言う観点から見ていく。具体的に取り上げた思想と実践は次の通りである。[10] 19 世紀前半に活躍したロバート・オウエン（Robert Owen 英 1771-1858）の労働証券論とその実践、19 世紀末から 20 世紀前半にかけてオルタナティブな貨幣改革構想を提示したシルビオ・ゲゼル（Silvio Gesell 独 1862-1930）とクリフォード・ヒュー・ダグラス（Clifford

---

[10]　ここで挙げた思想家の生年と没年は、Boyle（2002）による説明をもとに表記している。

Hugh Douglas 英 1879-1952）の貨幣思想とそれに関連した実践、1970 年代に生じた激しいインフレーションに対抗するために新しい貨幣制度を着想したエドウイン・クラレンス・リーゲル（Edwin Clarence Riegel 米 1879-1954）とラルフ・ボルソディ（Ralph Borsodi 米 1888-1977）である。3 節では、5 人の論者が提唱した貨幣改革構想が、現代の地域通貨にどのように継承されているのかを論じていく。4 節では、日本の地域通貨の展開を見ていく。ここでは、地域通貨の数や種類の増加を定量的に把握してみる。その結果を踏まえて、日本の地域通貨の展開を具体的に観察していこう。日本の地域通貨はいくつかの段階を経て発展を遂げてきた。この発展の様子を 3 つの時期区分に分けて論じてみようと思う。コラム②では、地域通貨を経済人類学の貨幣観から論じてみたい。

2-2 地域通貨の思想と実践の歴史

本節では、地域通貨の誕生から発展に至る過程を思想史と実践史という観点から論じる。ここでは、地域通貨の歴史を語る上で注目すべき時代を大まかに 3 つに分けてみたい。最初にオウエンが取り組んだ労働証券（19 世紀前半）について検討し、次にゲゼルが提唱した減価する貨幣とダグラスの社会信用（19 世紀末〜 20 世紀前半）を取り上げる。最後に、リーゲルの決済貨幣とボルソディの商品準備地域通貨（20 世紀中頃〜後半）を見ていく。ここで 5 人の思想と実践に注目する理由は、彼らの構想がその後の地域通貨の発展に大きな影響を与えてきたからである。

2-2-1 労働証券（19 世紀前半）

オウエンが活躍した時代は、産業革命による機械の登場と人間の共存が関心事項となっていた。精巧な機械の登場によって労働力が過剰となり、労働者は賃金の大幅な低下を余儀なくされていた。また、労働者は機械への従属を強いられ、ひどい労働環境の下で働かざるを得なくなっていた。こうして、機械を所有する資本家と労働者の間の暮らしの格差が深刻化し始めていたのである。オウエンはこのような状況を改善するため、社会改

革構想を提唱して実践に取り組んだ。彼は、生産現場の改善を促すだけでなく、生産物の交換の仕組みを抜本的に変革しようとした。その試みが、労働時間を価値の標準とする労働証券である。オウエンはこの労働証券を使って産業の問題を一挙に解決しようとしたのであった。ここでは、「ラナーク州への報告」（Owen 1821）を頼りにオウエンの労働証券の構想と展開をざっと紹介していこう。

　オウエンが労働証券を考えるきっかけとなったのは、ナポレオン戦争終結によって生じた不況であった。英国ではこの戦争を巡る軍事特需による好況から一転して、生産物の売れ残りと過剰在庫が生じて不況が到来することになった（Beer 1940）。オウエンはこの不況が生じた原因を戦争だけでなく、機械の登場にも求めていた。産業革命によって登場した機械は生産性の飛躍的な向上をもたらし、大量の富の生産と供給を可能にした。だが、その一方では機械が労働力を不要にし、労働者の働き口を奪っていくことにもなった。その結果、労働者の賃金は著しく低下してしまい、消費支出が伸び悩むことになっていったのである。こうして、一方では富の過剰生産、他方では購買力の欠如という状況が生じてしまうことになり、不況がより一層深刻化していった。この問題を解決するための方法として、生産の抑制や賃金を上げるという対策を考えることができる。だが、オウエンは過剰な富を交換するための手段である貨幣を改革することを考えた。オウエンによれば、労働者が豊富な富を購買できない理由は、貨幣が不足しているからである。貨幣の不足をもたらしてきた制度こそが、金本位制であった。金本位制の下では、銀行券の発行者は一定の準備金を銀行に保管しておくことを義務付けられる。そのため貨幣供給量は銀行の金の保有量によって制限されてしまうだろう。貨幣供給量の減少は物価を低下させるので、不況をさらに悪化させてしまう。だから、オウエンは金本位制に代わる新しい貨幣発行の仕組みを構想する必要があると考えたのである。この構想が労働証券である。労働証券は、労働時間に基づいて生産物の価値を評価する。例えば、1 時間働いた結果として生産されたモノは 1 時間の価値を有していることを意味するようになる。労働証券はそうした労働者の勤労の成果を証明する証書なのである。オウエンの構想によると、

労働者は特定の場所において自分の生産物を提供し、その生産物の生産に要した時間を証明する証券を受け取る。労働者は、この証券を使って別の労働者の生産物を受け取るであろう。労働者は、労働時間を記録したこの証券を用いてお互いの生産物を交換することになる。この仕組みは、労働時間を正当に評価することで公正な交換を可能にする。よって、労働証券は過剰生産や過小消費といった現象を生み出すことはないであろう。価値標準を労働時間に変更することによって、国内における有効需要が生まれて全ての生産物の販売が実現されることになる。こうして、市場における需給ギャップはたちまち解消されてゆくであろう。

　では、労働証券は実際に成功を収めたのであろうか。オウエンやオウエン主義者は労働証券を様々な場所で実験してみたが、そうした試みの多くは失敗に終わった。有名な取り組みの一つが、1825 年に米国のニューハーモニーで開始された実験であった。この実験では、労働時間を帳簿に記録する帳簿方式と紙の労働証券を使って公正なコミュニティ経済を創出することを目指した（土方 2003、結城 2013）。だが、専門家の不適切な監視による不正確な労働時間の算定、労働時間を帳簿に記入する煩雑な手続き、労働生産性の違いによる公正な労働時間の評価の難しさ等の問題が噴出してしまい、実験は停止してしまった（結城 2013）。英国では、オウエン主義者が中心となり労働証券の実験を試みている。有名な事例が、1832 年に開始された労働公正交換所の取り組みである。この取り組みは英国各地で実験された。ここでも、労働時間を価値の標準とした労働証券を使って生産物が交換されていた。英国の協同組合の歴史を描いたコールによれば、労働公正交換所の取り組みは著しい成功を収めたと言う（Cole 1944）。彼は、バーミンガムの交換所が利潤を残すまでに成長を遂げたと述べている。だが、コールによると、この交換所を機能させる上で必要とされた労働組合や協同組合の運動が一時的に力を弱めたことによって、実験は崩壊してしまったのである。コールの説明は、地域通貨の仕組み自体は十分機能していたということを示している。

　結局、オウエンとオウエン主義者の労働証券の実験は、いずれも短命に終わってしまった。だが、その構想は現代の地域通貨に対して大きな影響

を与えてきた。例えば、労働時間を生産物の価値の標準とする考え方は、時間を尺度とするタイムバンキングの地域通貨に影響を与えてきた。また、日本でも最初の頃の地域通貨の中には、時間を計算単位とする試みも見られた。こうした現象を観察すると、労働証券を地域通貨の原点の一つとして再評価することは間違いではないことがわかる。確かに、労働証券には労働時間の正確な算定の難しさと言う課題がある。それでも、生産物の公正な交換を実現するという発想は魅力的であったので、現代においても注目を集めてきたのである。

2-2-2 減価する貨幣と社会信用（19 世紀末〜 20 世紀前半）

次に、19 世紀末から 20 世紀前半にかけて登場した地域通貨に関わる思想と実践について見ていくことにしよう。一つはゲゼルが考えた減価する貨幣で、もう一つはダグラスが主張した社会信用である。どちらも地域通貨について直接論じていたわけではないが、その後の地域通貨の実践に大きな影響を与えてきた。

ゲゼルはドイツ生まれの実業家であって、経済思想史で十分に語られるべき経済学者としてはみなされていない。しかし、ゲゼルが構想した価値の減少する貨幣の仕組みは、ケインズやフィッシャー といった著名な理論経済学者から高い評価を受けることになった。ここでは、まずゲゼルの経済思想を簡単に紹介しよう。ゲゼルが減価する貨幣を着想するきっかけとなったのは、自身の販売事業のために渡航したアルゼンチンでの経験であった。ゲゼルの事業は当初順調に進んでいたが、その後、深刻な不況が到来することとなり政府の金融政策さえも有効に機能しない状況が続くこととなっていた。ゲゼルはこうした状況を見て、不況の原因が貨幣の流通速度の停滞にある、と考えるに至った。では、ゲゼルは貨幣の本質的な特徴をどのように見ていたのだろうか。ゲゼルの主著「自由地と自由貨幣による自然的経済秩序」（Gesell 1920）をもとに簡潔にまとめてみたい。ゲ

11　ゲゼルの経済思想が生まれるきっかけとなった時代背景について詳しく知るためには、河邑厚徳＋グループ現代（2000）を参照されたい。

ゼルは、貨幣は「腐らない」ということが最大の問題であると論じた。ゲゼルが問題とした貨幣は金や銀等の金属貨幣である。商品は摩耗し農産物は腐っていく。だから、それらの物体の価値は日を追うごとに減少していくだろう。しかし、金属は決して腐ることがないので、価値を保つことができる。金や銀の価値は基本的には変わらないのである。こうして、貨幣の所有者は貨幣をいつでも使用できる特別な権利を手にする。この特別な権利が、貨幣を貯め込むことを可能にする。この特権は経済活動の安定性を脅かすに違いない。不況期において貨幣の貯め込みが生じると、貨幣の流通速度が停滞してしまうので不況がさらに悪化してしまう。一方、好況期においては、投資先を求める貨幣が市場へと一挙に殺到するので、過剰なブームが生じる。だから、貨幣所有者の特権こそが経済活動を不安定化させる要因となってしまうのだ。また、この特権は特別な対価を生み出す。いつまでも価値の変動しない貨幣を所有する者は、相応の金銭的対価を得なければ貨幣を手放そうとはしないであろう。ゲゼルは、この金銭的対価を得る権利が基本的な利子の源泉となると論じた。そして、基本的な利子が家屋、工場や船舶等の実物資本の形成を阻害する要因になる。貨幣の所有者は金属に備わった腐らないという特別な権利を有しているので、基本的な利子を必ず得ることができる。この者たちが実物資本に対する投資を行おうとする場合、基本的な利子を上回る投資からの利潤を得ようとするだろう。そうでないと、基本的な利子を得られる貨幣を手放してまで投資をする意味がない。ところが、基本的な利子の徴収が当然とされている社会においては、実物資本の供給が需要を下回る状態に維持されてしまう可能性が高い。つまり、投資が思うように進まない状況が生じてしまうかもしれない。なぜならば、実物資本の供給が需要を下回っていれば価格の上昇圧力が強まるので、実物資本の形成から得られる期待利潤が高まっていくからだ。こうして、基本的な利子を上回る投資の利潤の獲得が実現するであろう。しかし、このことは、十分な実物資本の形成を犠牲にすることによって実現されたのである。こうしてゲゼルは、貨幣の所有から得られる基本的な利子があることによって、実物資本の形成が意図的に制限され

てしまう可能性を指摘したのであった[12]。以上が、ゲゼルの貨幣に対する見方の大まかな要点だ。

　ゲゼルは貨幣所有者の特権に対処するため、腐る貨幣という考え方を提唱した。ゲゼルの考え方によると、時間の経過とともに価値が減少する貨幣は貯め込みと基本的な利子の獲得を困難にさせるという。この貨幣を所有する者は、貨幣の価値の消失が起きる前に使おうとするだろう。また、この貨幣の所有者は他人への貸し出しを急ぐために、借り手から十分な利子を得ることもできなくなるはずだ。ゲゼルが考えた減価する貨幣とは、貨幣の流通速度を上昇させることによって商品の取引を促すと同時に、利子の獲得で生活をする特権階級を消滅させるための手段であった。ゲゼルは、国家がこうした特殊な性質を有する貨幣を発行・管理することで不況を克服し、商人同士の公正な商品の交換を実現することに期待をかけたのだった。

　しかしながら、ゲゼルが期待したように、国家が減価する貨幣を発行することはなかった。この考え方を実際に実験してみたのは、地域コミュニティや地方政府であったのである。ゲゼルのアイデアを最初に実験したのは、ゲゼルの友人らによって 1929 年に設立されたヴェーラ交換協会（The Wära Exchnage Society）であった。この協会の発行した紙幣型の地域通貨ヴェーラは、ドイツ国内で広まりを見せた（Gómez and Von Prittwitz 2018）。ヴェーラの裏面には 24 個のマスがあり、利用者はそのマスに購入したスタンプを 2 週間ごとに貼っておかねばならなかった。スタンプの添付が確認できない地域通貨の受け入れは拒まれてしまうからだ。スタンプ 1 枚の費用は、ヴェーラの額面価値の 0.5% とされた。よって、地域通貨 1 枚あたり年間では、24 × 0.5=12.0% が減価してしまう。つまり、ヴェーラを 1 年間保有し続ける者は 12% の価値を失うことになる。この地域通貨はライヒスマルクにも換金できたが、換金手数料を 2% 課すこととした。

---

[12]　相田は基本的な利子と実物資本形成の関係を次のように簡潔にまとめている。「このようにゲゼルは、『基礎利子』が『実物資本（物的財）』の供給を規定する結果、後者の供給不足の状態が常態化すると理解したのである」（相田 2000, p.101）。

ライヒスマルクへの換金を可能にしたことで、ヴェーラの信用を増すことに成功した。1931 年までに、ヴェーラはドイツ国内中に広まり 1000 を数える店舗や中小企業で受け入れられた。ゲゼルのアイデアを活用した地域通貨が、地域経済活性化に大きな貢献を果たしたのである。その中でも有名な事例が、ドイツのバイエルンにある小さな炭坑町シュヴァーネンキルヘンの実験であった。シュヴァーネンキルヘンでは、世界大恐慌の影響を強く受けた鉱山会社の倒産が相次いでいた。鉱山労働者の多くは失業状態に陥り購買力が大幅に落ち込むことによって、近隣商店の売上高は大きく減少した。この状況を打開するために、鉱山技師とその仲間が石炭を担保にしたヴェーラを発行したのである。ヴェーラは炭坑労働者の給与として支払われ、炭坑労働者はそのヴェーラを近隣の小売店で使った。次に、小売店はヴェーラを卸売業者への支払いに利用し、卸売業者はそれを生産者への支払いとして使った。最後に、生産者は炭坑業者から石炭を購入するためにヴェーラを使った。こうして、地域の石炭を裏付けとする地域通貨が広まることで、地域経済活性化が生じたのである（室田 2004）。しかしながら、ドイツの中央銀行はヴェーラの発行と流通を禁止するようになった。中央銀行は、ヴェーラが広まることによってインフレーションが生じることを危惧したのである（Gómez and Von Prittwitz 2018）。そのため、新しい規制法の施行とともにヴェーラの実験は停止することになった。よって、ヴェーラの実験は地域通貨の仕組みの問題を理由として停止したわけではなく、政治的な介入によって強制的に終了させられたと言ってよい。

　ヴェーラの停止から 1 年後の 1932 年にオーストリアのヴェルグルという町で、ゲゼルのアイデアを取り入れた地域通貨が発行された。ヴェルグルは鉄道事業や観光産業で有名な都市であったが、世界大恐慌の煽りを受けて失業者が急増していた。そこで、町は地域通貨を発行して公共事業を進めていく計画を立てたのである（Gómez and Von Prittwitz 2018）。公務員は地域通貨で給与を受け取り、それを近隣の小売店や地域の中小企業への支払いに利用した。また、町は地方税の支払いとして地域通貨を使うことを認めた。この地域通貨は、月初めに額面価値の 1% のスタンプを添

付することを義務づけられ、地域通貨を法定通貨に換金する場合には 2% の換金手数料が課せられた。こうして、地域通貨は貯め込まれることなく町の中を転々流通したのである。地域通貨のおかげで、税収は伸び失業者の数も減少した。だが、ヴェルグルの地域通貨は成功を収めたのにもかかわらず、ヴェーラと同じようにオーストリアの中央銀行より発行停止の命令を受けることとなった。オーストリアの連邦法が中央銀行にのみ紙幣の発行権を与えていたからである（Mark 1938）。この事例においてもヴェーラと同様に、地域通貨の発行停止の理由が仕組みの問題にはなかったことを示している。いずれの地域通貨もコミュニティ経済の創出と活性化に寄与したが、政府が強制的に終了させてしまったのである。

　ゲゼルの減価する貨幣というアイデアはドイツとオーストリアで当初広まりを見せたが、その後アメリカでも実験された。大恐慌下にあったアメリカでは、様々なスクリップ（債務証書）が発行され緊急的な交換手段として利用された（宮﨑 2012）。その中でも特に注目を集めたものが、ゲゼルの着想に基づくスタンプ・スクリップであった。1932 年にアイオワ州のハワーデン（Hawarden）で開始されたスタンプ・スクリップの実験が最初とされている。この実験は成功を収めアメリカの各地でも試みられることになった。地方政府、地方の商工会議所や地元の協会等がスタンプ・スクリップの発行主体となった（Gómez and Von Prittwitz 2018）。それほどこの新しい地域通貨の実験は注目を集めたのである。また、著名な理論経済学者であるフィッシャーがゲゼルの減価する貨幣をアメリカで普及しようとしたことも、スタンプ・スクリップが注目される理由の一つとなった（Fisher 1933）。しかし、こうした地域通貨の実験は連邦政府に圧力を掛けられて終息していくことになった。当時のアメリカ大統領であったルーズヴェルトは、スタンプ・スクリップの経済効果を認めて政府規模での導入を考えていたようだが、結局、国家規模の財政・金融政策の発動によって不況を克服する道を志向したのであった（宮﨑 2012）。

　次は、ダグラスが論じた社会信用について見ていこう。ダグラスは、英国空軍の機械技師として活躍した軍人であり経済学者として語れることは少ない。彼が展開した経済思想は理論的な観点からみると相当未熟なもの

であったことから、当時の様々な経済学者から強い批判を受けてきた（栗田 2006）。また、ダグラスの使う主要概念の定義は主著の出版の度に変更や修正を繰り返すという性質を有している（Douglas 1919、1920、1922、1924）。そのため、彼の議論全般を理解することは骨の折れる作業となってしまう。ただし、彼の思想の根幹が変わってしまうというわけではなかった。彼が憂慮していたことは、有効需要の欠如に伴う過少消費であった。それが経済を不況に陥れ国民の生活を不安定化させている、と言うのである。ダグラスによれば、先人の科学的知識を使って考え出された発明や技術革新によって商品の大量生産が可能となった。こうした先人らが残してきた知識・技能と言った無形資産こそが現代社会を豊かにしてきたのである。それゆえ、国民がその富を享受する権利を有するはずである。ところが、富を十分に享受している国民はごくわずかである。その結果、有効需要の欠乏が生じてしまっている。ダグラスの解決方法は簡単である。それは、国家が購買力を国民へと直接的に給付するというものであった。そうすれば、国民の有効需要が増えて過少消費が解消されるに違いない。彼はそうした購買力を社会信用ととらえていた。[13] ダグラスの社会信用論は、二つの政策思想を有していた。経済政策という観点から見ると、それは、現金を社会配当として一般市民に平等に与えるという構想であった（Galbraith 1975）。ダグラスは、国民に対して購買力を直接給付して有効需要を増やすという戦略を考えていたのである。一方、社会政策という観点から見ると、それは、最低限度の生活を営める所得を保障するベーシックインカムを支持するものであった（Hutchinson 1998）。当時、国家が新たな貨幣を発行して基本的な所得を保障するという政策思想は非常に奇抜なものとして受け止められていた。そのため、経済学者のダグラスに対するこれまでの評価は決して高いものではなかったが、豊富の中の貧困といった問題にいち早く取り組み実践的な政策思想を展開した点は高く評価されてもよい。

---

[13] ダグラスの経済理論について深く知りたいのであれば、Hutchinson and Burkitt (1997) や Myers (1940) による考察がとても役に立つ。

　では、社会信用は地域通貨とどのような関わりを持っていたのだろうか。政治学者マクファーソンによると、ダグラスの社会信用論はカナダのアルバータ州において熱烈な支持を受け、1933 年から 35 年にかけて急速な広まりを見せたという（Macpherson 1962）。この現象が生じることによって、地域通貨の流通実験が開始されることとなったのである。世界大恐慌の影響を被っていたアルバータ州では、多くの州民が借金に苦しみ困窮を極めていた。それゆえ、基本的な所得の保障は魅力的な政策として州民に受け止められた（岩井 1941）。そこで、ダグラスの社会信用論に強い影響を受けていた牧師のエイバーハートという人物が、州政府による州民への購買力の直接給付という計画を提案したのである。社会信用の実現を目指す社会信用党は 1935 年の選挙で勝利を収め、ついに政権を担うこととなった。そして、エイバーハートがこの政権の首相に就任した。州政府は、ダグラスの社会信用政策を実現するために「繁栄証券（Prosperity Certificate）」という地域通貨を発行した。州政府はこの地域通貨をベーシックインカムとして最初に州民に給付する予定であったが、実際は公共事業で働く労働者への給与の一部として支払うことや救済金の一部として利用することにとどめてしまった。だから、社会信用を取り入れた地域通貨の流通は十分には実現されなかったのである。さらに、繁栄証券には減価する仕組みも備わっていた。そのため、繁栄証券はヴェーラやヴェルグルの仕組みを模倣した地域通貨であったと言ってよい。だが、ヴェーラやヴェルグルの実験とは違い、繁栄証券はあまり流通しなかった（Hutchinson and Burkitt 1997）。その理由の一つは、繁栄証券がいつでも償還可能であったことである（Myers 1940）。こうした措置を採用していたために、多くの繁栄証券はすぐに換金されてしまったようだ。

　ゲゼルもダグラスも、国家が新たな貨幣を発行・管理するべきという考え方を持っていた。彼らは実は地域通貨については何も語ってはいない。[14]

---

[14]　ダグラスは、地域コミュニティをベースとする生産者銀行について論じていた（栗田 2006）。彼は地域コミュニティと金融の関係にも目を向けていたのである。しかし、地域通貨について何か展望を示すことはなかった。生産者銀行について詳しく論じたものとして、ハチンソンらの考察も参照されたい（Hutchinson, Mellor and Olson

彼らの考え方を信奉する政治家や社会運動家が、貨幣革新のアイデアを地域コミュニティにおいて実験したのであった。そして、その試みは一時成功を収めた。それゆえ、減価する貨幣と社会信用論は、地域通貨を生み出すきっかけとなった思想であると理解できる。また、興味深い点は、ゲゼルの減価する貨幣に影響を受けて開始された地域通貨の流通実験の多くは成功を収めたのにもかかわらず、国家の圧力によって終焉を迎えたということだ。地域通貨の仕組みが悪かったから実験が停止したのではない、という事実を見逃してはならない。

2-2-3 決済貨幣と商品準備地域通貨コンスタント（20世紀中頃～後半）

　この章の締めくくりとして、20世紀中頃から後半にかけて活躍したリーゲルとボルソディについて論じていこう。彼らは、民間による自律分散的な貨幣発行・管理の仕組みが物価の安定化を実現し公正な取引を促すと考えた。こうした自律分散的な貨幣発行・管理という考え方は、その後の地域通貨の誕生と発展に対して大きな影響を与えてきた（Boyle 2002）。

　まずはリーゲルの決済貨幣を検討していこう。民間金融機関による貨幣発行の自由化を提唱したハイエクは、リーゲルの発想に注目していた。ハイエクは、リーゲルが提案した新しい決済貨幣の仕組みは経済理論という観点からみると過ちが見られるものの、かのフィッシャーが注目するぐらい優れた着想であったと評している（Hayek 1980）。では、リーゲルの決済貨幣の仕組みとはどういったものだったのか。ここではリーゲルの経済思想と新規な決済貨幣の仕組みが論じられている「自由に向けた新しいアプローチ（The New Approach to Freedom）」（Riegel 1976）と「インフレーションからの逃避——貨幣制度の代替案（Flight From Inflation: The Monetary Alternative）」（Riegel 1978）を参考にしながら、決済貨幣の考え方をまとめてみることとする。

　リーゲルは、現行の貨幣制度がインフレーションやデフレーションを定期的に生じさせ経済活動を不安定化させることを問題としていた。彼は、

2002)。

インフレーションを特に厄介な問題と認識していた。彼によると、インフレーションは自然現象として生じるのではなく、国家と銀行の結託関係によって人為的に引き起こされてしまう現象なのである。国家は国債発行という特別な方法を使って財政赤字を増やそうとする。銀行は信用創造機能を発揮してその国債を引き受ける。そうすれば銀行は無駄なく効率的に利子を稼ぐことができるからだ。こうして国家と銀行が結託関係を結ぶことによって、大量の貨幣が市中へと供給されるようになる。その結果、物価が上昇して経済活動の安定性が損なわれていく。リーゲルは、中央集権的な貨幣発行・管理の失敗によって生じる物価の不安定化こそ現代経済の最大の問題であると理解していた。リーゲルはこの問題を解決するために、民間事業者による自由な貨幣発行・管理の仕組みを考案した。それは、企業信用に似た仕組みを取り入れていたものであった。この仕組みに参加する事業者は、特別な銀行口座や独自の帳簿を使ってお互いの取引の成果を記録していく。例えば、商品を購入した場合はマイナス、商品を販売した場合はプラスを計上する。各事業者は、この取引記録の仕組みによって法定通貨を使わずに商品を自由に売買できるようになる。どの事業者も、商品の購入時に合わせて自由に貨幣を発行できる権利を持つようになるだろう。ただし、マイナスを記録し続ける事業者は信用を失うので参加を認められなくなる。取引ごとに各事業者の貨幣が増減する仕組みは、貨幣の過少・過剰発行を生じさせないはずなので、インフレーションやデフレーションを引き起こす心配のない理想的な経済環境を生み出すことに成功するであろう。

　以上がリーゲルの考えた決済貨幣のアイデアである[15]。リーゲルは、中央集権的な貨幣発行・管理の正当性を疑い、民間による自律分散的に活用される貨幣こそが公正で効率的な商業取引を可能にすると考えた。貨幣の経済思想史を追っていくと、民間による貨幣発行の意義と可能性について論じた経済学者はハイエクやフリーバンキング論者ぐらいしかいない。リーゲルは経済学者ではないためほとんど注目を集めないものの、先駆的な貨

---

[15] リーゲルの決済貨幣について詳しく知るには栗田（2007）を参照されたい。

幣革新の仕組みを考案した思想家として十分な評価を受けるに値すると言っても良い。そして、後に見るように、リーゲルのアイデアは地域通貨LETS の発展に対して影響を与えてきたのである。

　次に、ボルソディの商品準備地域通貨コンスタントを紹介しよう。主著「インフレーションと到来するケインジアンによる大惨事（Inflation and The Coming Keynesian Catastrophe）」（Borsodi 1989）を参考にしながらボルソディの地域通貨の思想と実験をまとめていく。読者のほとんどは、恐らくボルソディの思想や地域通貨の流通実験について知らないであろう。ボルソディは経済学者ではないため、経済思想史の中で彼について語られることはまずないからだ。だが、彼は 1930 年代の大恐慌時にフィッシャーと協働しながらスタンプ・スクリップのアイデアを練り上げることに貢献した（Boyle 2002）。だから、ボルソディを無視して地域通貨のことを語るわけにはいかない。では、ボルソディは貨幣をどのように改革しようとしたのだろうか。彼は、1970 年代前半に生じた激しいインフレーションに対処するためコンスタントを考案した。加速度的な物価上昇に対処するため、マネタリストは貨幣供給量を引き締めること、ケインズ派は緊縮財政を進めること、コストプッシュ・インフレ派は所得政策を講じること等の処方箋を提示した（Trevithick 1977）。だが、ボルソディはこうした政府主導の財政・金融政策に期待をかけることはなかった。彼は、ドルに代わり物価を安定させる新しい貨幣発行・管理の仕組みが必要と考えたのである。この仕組みは、①運営団体が価格の安定した複数の商品を購入する、②購入商品により構成されるバスケットを裏付けにした地域通貨が発行される、③地域住民はドルで地域通貨を購入する、というものであった。運営団体は地域住民のドルを原資として、取引市場において価格の安定した小麦、金、銅、コーヒー、ゴム等の商品を 30 種選び購入する。地域通貨は価格の安定した商品に裏付けられて発行されるので、ドルに比べ

---

[16] この商品バスケットには、金、米、トウモロコシ、毛糸、ピーナッツ、大豆、ライ麦、鉛、ニッケル、石油、小麦、セメント、ココア、銅、砂糖、オート麦、皮革、ジュート、硫黄、鉄、銀、綿花、大麦、コーヒー、ゴム、綿実、亜鉛、錫、コプラという 30 種の商品が含まれる（Borsodi 1989）。いずれの商品も価格が安定しているために選択されている。

て安定した価値標準として機能するようになる。それは、インフレーショ
ンによって減価することなく使われ続けると期待された。だが、30種の
商品を一度購入してしまうと、保管費用の負担や劣化・腐敗による損失と
いった問題が生じることになる。そこで、ボルソディは商品そのものを購
入してしまうのではなく、商品を取得できる権利を買う方法を考えた。こ
うすれば、商品を実際に倉庫に置いて管理する必要がなくなる。さらに、
ボルソディは商品取得権を別々の市場で売買することによって利鞘を得る
ことを提案した。彼は、商品の市場での取引価格の差を利用した鞘取り
（Arbitrage）から利益を得て、その収益を地域通貨の運営費に充てるとい
う計画を立てていたのである。米国のスタンプ・スクリップを研究してい
るガッチによると、ボルソディはコンスタントを使って途上国住民や農村
民を支援することも考えていたと言う（Gatch 2013）。この構想は、コン
スタント事業で得られた収益を農村に投資することやコンスタント建て低
利融資を組むこと等も視野に入れていたのである。それゆえ、コンスタン
トは物価安定だけでなく途上国開発も進めていくための地域通貨であっ
た。

　ボルソディは、この地域通貨の実験計画を人口約 9,000 人の米国の
ニューハンプシャー州エクセター町で 1972 年頃に実行した。この実験
の成果は果たしてどうだったのか。ボルソディの盟友スワン（Robert
Swann 米 1918-2003）は、町民がコンスタントを積極的に購入し地元の
商店で利用したと述べている（Swann 1989）。彼によると、多くの町民は
一度購入したコンスタントをドルに換金せずにそのまま使い続けた。また、
町は駐車違反の支払い代金としてコンスタントを使うことを認めた。米国
の二大雑誌「フォーブス」と「ニューズウイーク」がこうした現象に注目
した記事を発表している。こういった雑誌が注目するほど、コンスタント
は広く流通したのである（Witt 2017）。ボルソディはコンスタントの成功
を間近で見た感想として、「良貨が悪貨を駆逐する」現象が起きたと述べ
ている。つまり、物価を安定化させるグッドマネー＝コンスタントがイン

フレーションを引き起こすバッドマネー＝ドルを追い出したのであった[17]。

　その後、実験の成功を確信したボルソディは、コンスタントの発行を停止してしまった。ボルソディは地域通貨の成果を確かめるという目的を十分に達成してしまったから、コンスタントの流通実験を止めたのである。それゆえ、コンスタントは町民にきちんと定着した地域通貨であったと言ってもよい。この実験は、民間の発行する地域通貨も十分に機能できることを証明したと言う意味で画期的であった。

　リーゲルとボルソディが共通に持っていた考えは、民間が自律分散的に発行・管理する貨幣の仕組みが物価を安定化させ商業活動を促すということである。民間部門の一つであるコミュニティは、この自由な貨幣発行の仕組みを取り入れ活用していくことができる。こうした考え方は現代の地域通貨の発展に大きな影響を及ぼしてきた。次節で見るように、リーゲルの貨幣革新のアイデアは地域通貨 LETS の形成と発展に影響を与え、ボルソディの商品準備地域通貨コンスタントはバークシェアーズの誕生に貢献してきた。また、それは途上国開発を進めるという側面も持っているので、パルマス銀行の取り組みとも関連性を有している。

2-3 現代における地域通貨の展開（世界編）

　ここまで、貨幣革新を志した５人の思想家と実践を取り上げて論じてきた。歴史上の貨幣革新の実験はいずれも、新たなコミュニティ経済を創出することを目的としていた。どの試みも短い期間の中で終わってしまったが、地域通貨の仕組みを主な原因として停止した事例ばかりではない。政治・社会環境の影響によって停止を余儀なくされた事例も多く見られる。だから、地域通貨の実験は常に失敗に終わってきた、という見方は正しくはない。５人の思想家による貨幣革新のアイデアは、いずれも人類が望む

---

[17]　ボルソディは、厳密な商品準備方式に基づいてコンスタントを発行したのではなかった（Gatch 2013）。コンスタントの発行原資は、ボルソディの関わっていた法人組織 Independent Arbitrage International のファンドで賄っていたのである。

普遍的な理念の実現を目指すものであって、時代を超えた継承者を生み出している。この節では、これまでに論じてきた貨幣革新の思想と現代の地域通貨との関連性や継承関係について整理してみよう。特に、世界の地域通貨に焦点を当てて検討していこう。

　オウエンの労働証券のアイデアを継承したのが、タイムバンキングである。タイムバンキングは時間をお互いに交換する仕組みだ。タイムバンキングのメンバーは、コミュニティ活動やソーシャルケアに自分の時間を使うとその時間に応じたポイントを受け取ることができる。このポイントをタイムバンクに貯めておくと、必要な時に引き出して使える。メンバーの労働は 1 時間＝ 1 ポイントとして平等に評価される。お互いが時間を平等にやり取りすることで相互扶助を促進していく。タイムバンキングはアメリカ、イギリス、日本、スウェーデン、ニュージーランドといった様々な国で試みられてきた。これまで、およそ 41,000 人もの人がタイムバンキングに参加しておよそ 300 万時間を交換してきた（Timebanking UK）。こうしたデータを見ると、時間を価値標準とする地域通貨は広まりを見せつつあるということがわかる。公正なコミュニティ経済を創出しようとしたオウエンの労働証券と違い、タイムバンキングは時間を単位とする地域通貨を使って人々の潜在能力を引き出そうとしてきた。だから、両者の地域通貨の目的は異なる。しかし、いずれの試みも労働時間に価値の源泉を見出すという共通点を有しているのだ。それゆえ、オウエンの労働証券の仕組みは現代において再生されたと見たい。

　ゲゼルの貨幣革新のアイデアは、スイスのヴィア銀行の設立（1934 年）に大きな影響を与えた（Stodder 2009）。ヴィア銀行は、景気変動の影響を和らげるためには貨幣の仕組みに注目する必要があることをゲゼルから学んだのであった。ヴィア銀行で取引される地域通貨ヴィアは企業信用を拡張したものであり、中小企業の支援を目的としている。参加する中小企業は担保を置くことでヴィアの利用権を得られる（Douthwaite 1999）。中小企業はこのヴィアを使って商品・サービスの取引を行う。ヴィアを法定通貨であるスイスフランへと換金することは禁止されている。そのため、ヴィアで資金を借り受けた中小企業はヴィアで返済する必要がある。

こうして、スイスでは、ヴィアを活用する中小企業同士の巨大なネットワークが形成されている。スイスの名目 GDP 値の 0.17% を占める取引がヴィアを介しておこなわれている。40,000 ほどにも上る組織が地域通貨ヴィアを使っていて、貨幣の流通速度は約 1.3 となっている（Place et al. 2018）。ヴィアはゲゼルの減価する貨幣というアイデアを取り入れていない。だから、ゲゼルの思想的な影響は大きいものとは言えない。だが、ゲゼルが目論んでいた貨幣革新によって物価の安定と商業活動の活性化を目指す考え方は、ヴィア銀行によっても継承されている。それゆえ、両者の間には関連性がある。

　貨幣価値の減価により貨幣の流通速度を向上させて地域経済活性化を目指す取り組みは、ドイツの地域通貨キームガウアーの実験に受け継がれた。ゲゼルやシュタイナーの思想に影響を受けた地元のシュタイナー学園の教員と学生が、2003 年からキームガウアーの発行を始めた。キームガウアーはユーロをベースとして発行される減価する地域通貨である。その仕組みは、①消費者が 1 Ch ＝ 1 € という交換レートでキームガウアーを加盟店で購入する、②消費者はキームガウアーの額面価値を維持するために数カ月ごとにトークンを購入して添付する、③加盟店はキームガウアーをユーロに換金する場合、換金手数料 5 ％を取られる、④換金手数料の一部は消費者によって選択されたコミュニティ事業に寄付される、というものである（Thiel 2012）。キームガウアーはゲゼルの革新的な貨幣改革のアイデアを取り入れることによって、地域経済とコミュニティの活性化を同時に実現している。それゆえ、キームガウアーはゲゼルの思想を強く受け継いだプロジェクトである。

　最後に、リーゲルとボルソディによる貨幣革新のアイデアと現代の地域通貨の関連性について見ていこう。リーゲルの決済貨幣は LETS に継承された（栗田 2007）。リーゲルはこの仕組みを B to B の取引で活用しようと考えていたが、LETS は地域経済や地域コミュニティの活性化のためにもこの仕組みを使っている。そして、LETS はアメリカ、イギリス、フランス、ニュージーランド、日本等の世界各地で活用されてきたのである。また、リーゲルの自律分散的で自由な貨幣発行の仕組みによって商業の活

性化を目指す考え方は、英国で実験されているブリストル・ポンドにおいても継承されている。ブリストル・ポンドは、地域住民がグッドマネーを自由に発行して自由に使うことを理念に掲げている。そうして、現在では大きな経済圏を形成するまでに至っている。発行事務局の報告によると、ブリストル・ポンドはイギリスで最も成功した地域通貨で、誕生以来 500 万ポンド以上ものブリストル・ポンドが使われてきた。そして、モバイルアプリやオンライン銀行を介してなんと 8 万以上の取引がおこなわれてきたのだ（Bristol Pound）。また、トランジション・タウンを推し進めているブリクストン・ポンドも、地域コミュニティによる自律的な貨幣発行の思想を実践に移してきた。そこでは、地域経済のレジリエンスを強めるための地域通貨が使われている（Brixton Pound）。

　ボルソディのアイデアは、アメリカの地域通貨バークシェアーズに継承された。ボルソディと親交を深めていたスワンとシューマッハーソサイエティ（Schumacher Society）が中心となり、米国マサチューセッツ州南部のバークシャーで地域通貨の流通を開始したのである。それがバークシェアーズであった。消費者はバークシェアーズをドルで購入する際にプレミアムを受け取る。バークシェアーズを受け取った農家や小売店は、それを換金すると手数料を徴収される。バークシェアーズはこのプレミアムと換金手数料の仕組みを上手く組み合わせて地元の小売店や小規模農家を支援することを目指している。バークシェアーズは今のところ商品準備という仕組みを取り入れていないが、ボルソディの農村支援という思想を受け継ぐ地域通貨として機能していると言ってよい。[18] また、途上国支援や地域通貨による融資というボルソディのアイデアは、ブラジルのパルマス銀行の取り組みにおいて実現されている。パルマス銀行はマイクロクレジットと地域通貨を統合した新しい試みを実践してきた（西部編著 2018）。ボルソディとパルマス銀行の間には直接的な関係があるわけではないが、地域

---

[18]　シューマッハーソサイエティとバークシェアーズ , Inc. は、商品準備を基礎とした地域通貨をいずれ発行して、それを使ってローカルビジネスに直接融資する計画も構想しているようだ（Witt 2017）。地域通貨を活用することで低利の融資が可能になって、地元食材を使ったフードビジネスなどの事業を支援できるようになるだろう。

通貨コンスタントの有していた理念や発想は受け継がれているのである。

　地域通貨同士の関連性や継承関係を図2-1に整理してみよう。図中の点線は関連性を意味し、実線は継承関係を表している。例えば、オウエンの労働証券はタイムバンキングと関連性を有している。タイムバンキングは、オウエンの思想を復興させるために活動しているのではないため継承関係を築いてはいない。だが、両者は価値の単位として時間を活用するという考え方を共有しているのである。一方、キームガウアーは減価する貨幣のアイデアを取り入れているので、ゲゼルの思想を明確に受け継ぎ発展させている取り組みとして位置づけられる。この図を見ると、地域通貨の実践は歴史の中の特殊な現象ではないことがよくわかる。地域通貨は過去の仕組みをアップデートしつつ現在も発展し続けていると言ってもよい。そして、日本の地域通貨もこうした実践に大きな影響を受けて独自の展開を見せてきたのである。次節では日本の地域通貨の発展史を描いてみよう。

2-4 地域通貨の発展史（日本編）

　日本で地域通貨の普及に影響を及ぼした一つの出来事として、1999年に放送されたNHKのドキュメンタリー番組「エンデの遺言」の反響が挙げられる。この番組は、現行の貨幣制度が抱える問題を特集したものであり、法定通貨とは異なるオルタナティブな貨幣・金融の仕組みを考えるきっかけを生み出した。そうした仕組みの一つとして地域通貨に大きな期待がかけられた。日本の地域通貨ブームの火付け役としてNHKの放送が与えた影響は非常に大きかったが、1990年代後半から2000年代初頭にかけて生じた様々な出来事も地域通貨に対する人々の関心を高めることとなった。地域通貨に関連した出来事として、まず特定非営利活動促進法の成立（1998年）を挙げられる。この法律によって、日本の市民活動が活発化する土壌が形成された。2001年になると第1次小泉政権が誕生して、「改革なくして成長なし」を合言葉にした労働市場改革や公共部門の民営化を中心とする大胆な規制緩和政策が推し進められていくこととなった。民を押し広げ公を縮小させることがこの時代を象徴する政策となっていった。

図 2-1 地域通貨の思想・実践と現代の地域通貨との関連性及び継承関係

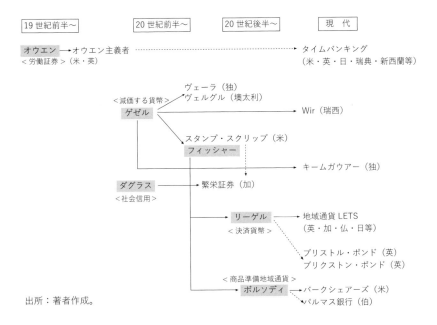

出所：著者作成。

　1997 年から 98 年にかけて起きたアジア通貨危機の発生は世界経済を不安
定化させた。これにより東アジア諸国の経済は不況に陥り、日本も少なか
らず影響を被った。人々は経済の不安定さを実体験することで、法定通貨
を投機的に売買する国際金融市場が時として日常の暮らしを破壊する可能
性もあることに気づいたのであった。こうした状況の中、私でも公でもな
く共の精神に基づく新たな貨幣の仕組み活用して健全な経済を創ろうとす
る試みが現れた。そうした試みの一つが地域通貨であった。日本で地域通
貨に注目が集まった時期は 20 年ほど前にもなると言える。では、日本の
地域通貨はその後どのような展開を見せたのだろうか。まずは、稼働数や
種類など定量的な観点から日本の地域通貨の動向を観察してみよう。次に、
日本の地域通貨の発展史を描いてみることにしよう。

2-4-1 量的調査が示す地域通貨の動向

　地域通貨の研究者であるリエターはかつて、日本が2003年以降600以上もの補完通貨が流通する世界で初めての国になるということを論じた（Lietaer 2004）。この頃より日本の地域通貨は増え始め、一大ブームを生み出した。ところが、地域通貨のブームは続くことなく終焉を迎えることとなった。この動向を数字で追ってみることにしよう。泉と中里の調査によれば、図2-2が示す通り、日本の地域通貨の稼働数は確かに2002年頃より増え始め、2005年頃にピークを迎えたことがわかる（泉・中里 2017）。だが、その後徐々に減っていく。ピーク時に比べると、100近い減少となっている[19]。

　では、なぜ地域通貨の多くは継続せず停止してしまったのか。発行停止の理由は地域通貨ごとに違うであろうが、共通した問題も多く見られた。例えば、地方自治体による補助金の打ち切りや運営資金の継続的な捻出の難しさ等の問題が生じた。また、地域通貨の運営を担う人材の不足という問題も生じた。地域通貨を運営するコアメンバーは2人から3人であることも少なくない。コアメンバーが後継者の登場を待たずに辞めてしまい、地域通貨もそのまま停止してしまうこともあった。しかし、長く続く地域通貨もある。泉と中里は地域通貨の継続性についても調査を進めている。この調査結果を表2-1に示そう。表中のゴシック体の文字は、新規に立ち上げられた地域通貨の稼働数を表す。例えば、「2002年4月新規」のすぐ横に示されている72と言う数字は、2001年5月から2002年4月の間に新しく立ち上げられ、2002年4月の時点でも稼働している地域通貨の数を表している。この数字を横に観察していくと、その後も継続している地域通貨の数を知ることができる。例えば、2002年4月時点で稼働中であった72の地域通貨の内、2016年12月においても稼働を続ける取り組みは16になったことが理解できる。だから、継続率はおよそ22％である。この結果を観察すると、地域通貨の継続率は高くないことに気づく。2年以

---

[19]　図中の点線は、2008年から2016年にかけての稼働数の動向が明らかでないことを表している（泉・中里 2017）。

図 2-2 地域通貨の稼働数

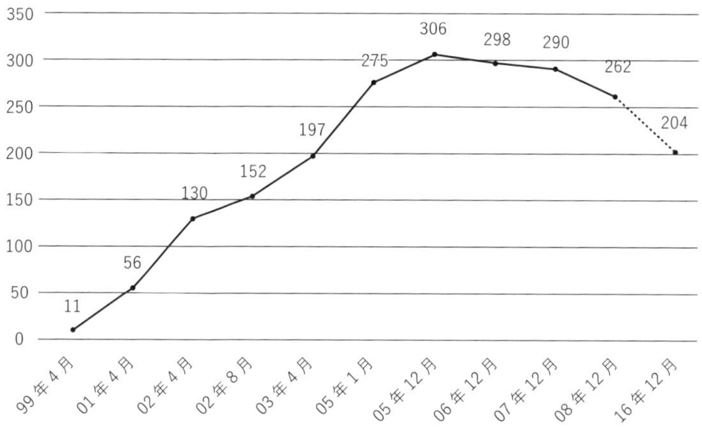

出所：泉・中里（2017）。

表 2-1 地域通貨の継続性

	02年4月	03年4月	05年1月	05年12月	06年12月	07年12月	08年12月	16年12月
02年4月新規	**72**	67 (93.1%)	44 (61.1%)	43 (59.7%)	36 (50.0%)	30 (41.7%)	29 (40.3%)	16 (22.2%)
03年4月新規		**74**	53 (71.6%)	43 (58.1%)	41 (55.4%)	32 (43.2%)	24 (32.4%)	13 (17.6%)
05年1月新規			**130**	108 (83.1%)	89 (68.5%)	78 (60.0%)	70 (53.8%)	24 (18.5%)
05年12月新規				**68**	51 (75.0%)	41 (60.3%)	33 (48.5%)	13 (19.1%)
06年12月新規					**45**	36 (80.0%)	29 (64.4%)	13 (28.9%)
07年12月新規						**37**	28 (75.7%)	10 (27.0%)
08年12月新規							**16**	6 (37.5%)

出所：泉・中里 (2017)。

内に活動を停止する地域通貨は 40％前後にも上るのだ。だが、この図を観察すればわかる通り、10 年以上にわたって継続している地域通貨もあ

る。だから、地域に根差して地道に活動を続けてきた地域通貨も確かにあるのである（泉・中里 2017）。継続的に稼働している地域通貨の例として、本書で注目するオール、モリ券やよろづ屋等を挙げることができよう。よろづ屋は 10 年近く、戸田オールとモリ券は 10 年以上にわたって運営を続けてきた。地域通貨の稼働数はブーム終了後に徐々に減ってきたものの、持続してきた地域通貨もあるのだ。

　次項から日本の地域通貨の発展史を具体的に見ていきたい。本書では 3 つの時期に分けて地域通貨の発展史を描いていく。第 1 期が相互扶助の促進、第 2 期が非商業取引と商業取引の統合、第 3 期が地域通貨の新たな展開である。各時期の特徴をざっとまとめていくとしよう。

2-4-2 第 1 期　相互扶助の促進（1970 年代〜）

　日本の地域通貨の始まりは 1970 年代にまで遡る。篤志家の水島照子が 1973 年に日本で最初の地域通貨的な相互扶助の仕組み「ボランティア労力銀行」を設立した。ボランティア労力銀行は，働く女性と専業主婦が育児や急病の際にお互いに支え合うことを目的として開始された。その仕組みは、お互いのボランティア労働を 1 時間＝ 1 点と換算して交換するというものであった。水島がボランティア労力銀行を考えるきっかけとなった出来事が、インフレーションであった。彼女はインフレーションを経験することで、価値の変動をもたらすお金への不信感を抱くようになった。だから、彼女はボランティア労力銀行を設立して新しい貨幣価値の単位を作ることを試みたのである。彼女は次のように述べている。

　　そのころの物価は、きょうのお米の値段と、きのうのお米の値段はちがいます。あしたまたちがうだろうというひどいインフレの時代ですから、お金があてにならぬということは身にしみています。どういうふうにしたらいいだろうか、どういう単位を考えたらいいだろうか、ずうっと考え続け、これは時間を単位にしたらいいというふうに結論を出しました。（水島 1983、p.62）

　驚くべきことに地域通貨的な発想はすでに 1970 年代の日本において登場していた。ボランティア労力銀行の開始から 20 年ほどが過ぎた頃、他の団体も同じような仕組みを始めた。その団体の一つが、1991 年に「さわやか福祉推進センター」として発足しその後財団となる「さわやか福祉財団」である。この財団は、ボランティア労力銀行の仕組みを継承したふれあい切符を発行した[20]。ふれあい切符の仕組みは、ボランティア労働の提供者が時間に応じたポイントを手に入れ、手にしたポイントを必要な時に使うというものであった。ふれあい切符は、ボランティア労力銀行と同じように、家事援助や介護等のケアサービスの相互扶助を目的としていた。ふれあい切符の発想は、現代においても広がりを見せている。同財団は「復興応援地域通貨」の発行と流通を支援してきた。2011 年に起きた東日本大震災からの復興を目指す地域コミュニティが、住民間相互扶助や地域経済活性化を目的として復興通貨を流通させている（泉・中里 2017）。復興通貨の仕組みはふれあい切符のものとは異なるが、住民間相互扶助の促進という共通の理念を有している。

　相互扶助の促進を目的とした地域通貨には、もう一つの流れが存在する。元通産省の加藤敏春氏が提唱したエコマネーである。彼は 1999 年に、エコマネーを推進するための組織「エコミュニティネットワーク」を設立した。参加者はまず地域ごとの特色を示す名前のついたエコマネーを入手する。エコマネーはここから流通を開始する。参加者は「できること」と「してほしいこと」を運営団体に示す。運営団体はその内容をリスト化し参加者に伝える。そして、参加者はこのリストを見て頼み事をするのである。こうして、エコマネーを介した助け合いの輪が広がることが期待された[21]。エコマネーとして注目を集めた取り組みが、2002 年に開始した北海道栗

---

[20]　ふれあい切符の歴史について詳しく知るには、Hayashi（2012）の論文を参照されたい。

[21]　加藤の考えたエコマネーは相互扶助の促進のみを目指したものではなく、エコライフを軸にした新しい経済の創出を展望するものであった。だが、実際のエコマネーの多くは、近隣の助け合いを進めていくためのツールとしてのみ機能していた。加藤のエコマネーについて詳しく知るには、加藤（1998、2001）を参照されたい。

山町の地域通貨「クリン」であった。当時、栗山町は政策課題として福祉のまちを推進することを掲げていた。町は高齢化社会の進展を前に、住民主導の福祉サービスを進めていくことの重要性に気づいていたのである。クリンはそうした状況の中で注目された一つの手段であったのだ（長谷川2013）。クリンは、住民同士のつながりを生み出し助け合いを促すために活用された。参加者は、第一次試験流通が256名、第二次試験流通が553名、第三次試験流通が766名程度となっており、クリンが広まりを見せてきたことがわかる。クリンの反響は非常に大きく、全国でも地域通貨を活用した新たな福祉モデルを創り出す動きが加速していくことになった。だが、その後クリンは、初期の目的を達成したことを理由に2012年に停止することとなった。

　ここまでで、助け合いの促進を目指す地域通貨の歴史を簡単にまとめた。いずれの取り組みも、住民主導による助け合いの土壌を形成する重要性を訴えてきた。国への福祉依存を少しでも減らすためには、住民の潜在的な能力を引き出して活用することが必要になる。ボランティア労力銀行、ふれあい切符そしてエコマネーはそうした潜在能力を引き出すための手段として活躍したのであった。しかし、これらの取り組みはいくつかの弱点も抱えていた。エコマネーの中にはその弱点を克服できずに停止するものもあった。主な問題点は3つあった。1つ目の問題は、助け合いサービスを他人に頼む煩わしさであった。住民の中には、わざわざ連絡を取って他人に頼み事をすることに煩わしさを感じる者もいたのである。2つ目の問題は、「できること」と「してほしいこと」をマッチングする負担であった。登録業務や照らし合わせと言った事務作業は膨大なものとなった。クリンはこの問題を解決するためにメニュー登録・削除を自由に行える「エコマネー支援ソフト」を導入した（長谷川2013）。このソフトのおかげで、サービスのマッチング精度が高まった。だが、多くのエコマネーはこうしたコンピューター技術を活用することなく対処しようとしたのである。その結果、十分なマッチングを行えずに停止してしまうエコマネーも存在したのだった。3つ目の問題は、エコマネーの滞留である。エコマネーが特定の人物に集まるという問題が生じた。「できること」を提供することに力を

入れ、「してほしい」ことをあまり要求しない住民が現れた。エコマネーの使い道は限られていたため、通貨の流通が滞ることになってしまった。そこで、通貨の流通停滞を解消するためにエコマネーの使い道を広げる必要が出てきた。次に述べる地域通貨は、この問題の解決に取り組むために登場したのである。

2-4-3 第 2 期　非商業取引と商業取引での活用（2000 年頃〜）

2000 年頃を境に、商店でも利用可能な地域通貨が登場するようになった。それは、従来の地域商品券の経済効果を高めるための地域通貨であった。この地域通貨は、A 店→ B 店→ C 店→ D 店と加盟店間を転々と流通していく。複数回流通する地域通貨は、一度利用された後で換金されてしまう地域商品券と違って取引を何回も媒介できる。だから、さらなる経済効果を生み出すことが期待された。この地域通貨の事例の一つとして、北海道留辺蘂町で 2003 年に発行された複数回流通型地域通貨を挙げられる。2006 年 9 月末まで継続したこの実験では、5,200 万円程の地域通貨が発行された（中川 2013）。その後、この取り組みは市町村合併によって廃止されることとなった。留辺蘂町の地域通貨は注目を集めたものの、その後、それほどの広がりを見せることはなかった。しかし、この仕組みを取り入れた地域通貨を発行した自治体もある。例えば、広島県北広島町は 2006年に複数回流通型地域通貨ユートを発行した。ユートは加盟店間を転々流通することによって経済効果を生み出すことに成功した。

この動きと関連して、また新たな地域通貨が登場することになった。それは、商店街活性化だけでなく市民活動や相互扶助といった非商業部門の活性化も目指す地域通貨である。商業部門と非商業部門を統合するための地域通貨を、ここでは商品券型地域通貨と呼ぶことにしよう。商品券型地域通貨は 2 通りの展開を遂げてきた。1 つは、非商業取引のための地域通貨を商業取引にも利用可能にした取り組みで、もう 1 つは、地域商品券やポイント・スタンプサービスを地域通貨に転換させた取り組みである。1つ目の事例が、大阪府寝屋川市において 2004 年に開始された地域通貨「げんき」である。げんきを発行・管理する NPO 法人の理事長三和氏によると、

この地域通貨は定年退職者の地域貢献の成果を評価するために発行された（三和 2013）。無償ボランティアという考え方が当然とされていた時代において、地域貢献のお礼を渡すことは難しかった。だが、住民の中にはお礼を渡したい気持ちを持つ者もいたのである。そこで、地域貢献や助け合いのお礼として地域通貨を活用する実験が始まった。ところが、実験を開始してみると、地域通貨が特定の個人に滞留してしまう問題が生じることがわかった。ボランティア活動の提供者は地域通貨を手にするが、その使い道は限られていたのだ。結果として、地域通貨の流通が停滞することになってしまった。事務局はこの問題を解決するために、げんきを商店でも使えるようにするアイデアを提案した。そうなれば、溜まった地域通貨も利用できるようになる。こうして、げんきは商品券型地域通貨として流通を開始することとなった。2つ目の事例が、2008 年に東京都武蔵野市で開始された地域通貨「むチュー」である。この取り組みは、従来の地域商品券やポイント・スタンプ事業をボランティアや地域貢献活動においても利用するようにした。商店街がボランティアや地域貢献事業と連携するために、地域通貨を発行したのである。げんきの取り組みとは違って、むチューは地域商品券が地域通貨化したものであると言ってよい。むチューや商品券型地域通貨の意義については、3 章で詳しく論じよう。

　2000 年頃から、商品券型地域通貨が全国各地で広がりを見せた。商店活性化効果を狙う商工会や商店会が、地域通貨の効果に注目し始めたのである。日本でこの地域通貨が広まりを見せてきた理由は、商店が危機意識を持っていたためである。規制緩和によって生じた大型店の出店ラッシュは商店街に大きな打撃を与えていたし、商店の後継者不足も重要な問題となりつつあった。こうした商店街の存亡危機に対処するためには、地域商品券の発行といった従来型の活性化戦略を乗り越えていく必要があった。そこで、地域通貨に注目が集まるようになったのである。

2-4-4 第 3 期　地域通貨の新たな展開（2000 年頃〜）
　2000 年頃から商品券型地域通貨とは違った新しい試みも現れ始めた。これらの地域通貨の多くは、停止することなく現在に至るまで発展を遂げ

てきている。さらに、ここ数年で電子化された新しい地域通貨の取り組み
も登場し始めた。ここでは、そうした取り組みの展開を 2000 年以降に生
じてきたもう一つの現象ととらえたいので、日本の地域通貨の歴史の第 3
期として位置づけ論じてみたい。この時期の地域通貨の特徴はテーマの多
様性にある。子どもの教育推進、林業の保護・育成、移住者コミュニティ
の活性化、感謝経済の促進、先端的な情報技術を活用した地域経済活性化
等を目的とした地域通貨が日本の各地で発行されるようになった。それぞ
れの取り組みの特徴を、以下で簡単にまとめていこう。

2-4-4-1 教育×地域通貨

　子どもの経済教育を促すために活用される地域通貨が登場してきた。
2008 年頃よりプロジェクトを開始した埼玉県戸田市の地域通貨「戸田
オール」、2014 年頃に流通を始めた大阪府箕面市の地域通貨「まーぶ」や
2015 年に始まった京都市山科区の地域通貨「べる」等が有名である。6
章で取り上げるオールは、10 年以上も前から子どもの教育に着目した地
域通貨の取り組みを続けてきた。ここでは、オールの取り組みを簡単に紹
介しておこう。戸田市の子どもは、小売体験やボランティア活動の成果と
して地域通貨を受け取ることができる。この小売体験は非常に優れた試み
である。子どもは地域通貨を使って地元商店から商品を仕入れ、創意工夫
をしながらゲーム方式の販売方法を考えていく。子どもは地元で開催され
る祭の模擬店で仕入れた商品を販売するが、ゲームの参加者は地域通貨で
料金を支払う。そして、子どもは売上金を地域通貨で受け取り、地元の商
店、祭の模擬店や学校のイベント等で使うのである。こうして戸田市の子
どもは、地域通貨を介して経済の仕組みやお金の循環について少しずつ学
んでいくのだ。これまでは、地域通貨を使うのは主に成人であった。それ
ゆえ、子どもが地域通貨によってさまざまなことを学んでいく取り組みは、
新しい動きとして注目に値すると言えよう。この取り組みについては 6 章
で詳しく論じたい。

2-4-4-2 林業×地域通貨

　林業の保護・育成と地域経済活性化を狙った地域通貨が現れた。2003年に高知県いの町で開始された「モリ券」が有名である。モリ券は、NPO法人「土佐の森・救援隊」が発行する地域通貨である。この地域通貨は林業の活性化を目指す。高知県の主要産業は林業であったが、市場の自由化が進むにつれて海外から安い材木が次々と輸入されるようになり、林業の継続が難しくなっていた。その結果として、林業の担い手や後継者の不足という問題が生じ始めるようになり、放置林も徐々に増え始めてきた。こうした状況は、森林の景観を悪化させるにとどまらず、災害時において地滑りを生じさせる原因ともなる。それゆえ、林業の保護・育成に携われる人材を育てていくことが求められてきたのである。土佐の森・救援隊は、この役割を担う人材として森林ボランティアに着目した。そして、森林ボランティアの貢献意欲を高めるために、地域通貨を活用するようになったのである。地域通貨は地元商店の地場産品と交換できるので、地域経済活性化効果も期待できた。よって、モリ券は林業再生と地域経済活性化という2つの目的を達成するために活用されていると言ってよい。注目したい点は、モリ券の取り組みが「木の駅プロジェクト」を通じて全国展開をしてきたということである（泉・中里2017）。こうした現象は、林業の保護・育成のために地域通貨を活用することが有効であることを証明している。モリ券については7章において詳しく論じていく。

2-4-4-3 移住者コミュニティ×地域通貨

　里山の移住者が中心となって、地域通貨を活用したコミュニティ経済を創る試みがある。「あわマネー」（千葉県鴨川市、2002年開始）、「よろづ屋」（相模原市旧藤野地区、2009年開始）、「米（まい）」（千葉県いすみ市、2016年開始）が有名な取り組みだ。いずれも地域通貨LETSの仕組みを使って、移住者の潜在能力や潜在資源を活用しようとしている。そうして、地域コミュニティでの暮らしのレジリエンスを高めていくのである。どの試みも、都会の過剰消費や石油依存の経済構造を革新して、地域コミュニティをベースとした新しいコミュニティ経済を共創することが必要である

と考えている。そのための手段が地域通貨である。こうした取り組みの中でも、よろづ屋は特に注目に値する。参加メンバーの数も多くコミュニティ経済を創ることにある程度成功していると言えるからだ。よろづ屋の取り組みと可能性については 8 章で詳細に論じていこう。今後、移住者コミュニティは日本の各地で形成されていくであろう。その新たなコミュニティを発展させていくための手段として、地域通貨は有効に機能するに違いない。

2-4-4-4 感謝の循環×地域通貨

　相手の仕事や活動に対する感謝の気持ちを表すための地域通貨がある。2012 年に東京都国分寺市で始まった地域通貨「ぶんじ」である。カード型のこの地域通貨の裏面には、一言メッセージを書き込む吹き出しがいくつも並ぶ。一言メッセージを添えて相手にぶんじを渡すというのが特徴だ。一言メッセージは、普段の生活では意識しない相手の働きへの感謝を思い起こさせる役割を果たす。ぶんじを手にする人は、こうしたやりとりを経験していく。そうすれば、「誰の仕事を受け取りたいのか」と言った視点から普段の購買先を選択するようになるだろう（影山 2018）。だから、ぶんじは円の使い方も変えていく可能性がある。ぶんじは感謝の循環を通してコミュニティ経済を創り出してきた。農園ボランティアの謝礼→飲食店での利用→野菜や果物等の仕入れの代金支払いというようにぶんじが地域コミュニティの中で循環することによって、新たな経済が創出されていく。メッセージをいちいち地域通貨に書き添えていくことは確かに面倒ではある。だが、そうした不便さが地域通貨利用者の連帯感を醸成し、お金の使い方に対する見方を変えていくのである。その意味で、ぶんじは今後の発展可能性を大いに感じさせる試みと言ってよい。

　資本主義経済における価値の在り方を転換させようとする、新たな地域通貨の試みも登場してきた。それは、PEACE COIN と呼ばれる取り組みである（PEACE COIN 2018）。PEACE COIN は、ブロックチェーン技術を使ったデジタルトークンの一種だ。この試みは、資本主義経済では正当な評価を受けられない様々な活動、例えばアンペイドワークや地域コミュ

ニティ活動などに対して新たな価値を与えようとする。PEACE COIN の
プロジェクトは、モノ・サービスの取引が感謝の循環によって成立してい
ると考える。個人は支出によって、相手の提供するモノ・サービスを受け
取ることができるので、その相手に対して感謝の念を持つようになるだ
ろう。また、支出という行為は誰か特定個人の仕事を生み出すことに貢
献することでもある。よって、モノ・サービスを渡す個人は対価を受け
取る相手に対して感謝するであろう。こうして、取引は関係当事者間にお
ける感謝の循環によって成立する行為であることが理解できる。PEACE
COIN はこうした感謝の循環という現象に価値を与えるために、「Arigato
creation」という考え方を取り入れている。それは、感謝の循環を生じさ
せた成果としてメンバーに PEACE COIN を付与するという考え方であ
る。こうして、PEACE COIN の取引量に応じてデジタルトークンの流通
量が増えていくことになる。そのため、PEACE COIN は使えば使うほど
増えていくという機能を有したデジタルトークンといってよい。また、使
われずに滞留し続ける PEACE COIN は減少していく。ここにはゲゼルの
着想が取り入れられている。PEACE COIN は使うほど増えてゆくという
特徴を有しているため、これまで評価されてこなかったものの実は社会に
とって重要な意味を持つ活動を再評価するために機能できるかもしれな
い。使うと減る貨幣は個人の消費満足度を高めるために使われるであろう
が、使うと増える貨幣は相手の能力を評価して引き出すために積極的に使
われるかもしれない。取引の増加を評価する貨幣制度のもとでは、メンバー
が自分のことではなく他人の能力に気を向ける可能性があるのだ。それは、
法定通貨では評価できない様々なものごとに光を当てて評価することを可
能にする手段となり得る[22]。

　以上のように、ギフトや感謝という行為を再評価して価値を与える地域
通貨の取り組みが続々と登場し始めている。この動きは、資本主義経済が
労働や特定の活動に対して正しい評価を与えられていないことに対する対

---

[22]　PEACE COIN を流通させて地域通貨として機能させる実践的な取り組みもすでに
　　開始している。詳しくは、PEACE COIN（2018）を参照されたい。

抗運動としてとらえることができる。

2-4-4-5 信用組合×地域通貨

　最後に、信用組合が関わりを持ちながら発行を進めている地域通貨を見ていこう。この事業の特徴は電子技術を用いて地域通貨の発行・管理を行っている点だ。発行目的は、購買力の域外漏出を防いで地域経済活性化を目指すことにある。2017 年に飛騨信用組合が運用を開始した「さるぼぼコイン」が有名である。利用者は現金や飛騨信用組合の預金口座からチャージしてさるぼぼコインを手に入れる。さるぼぼコインは 1 コイン＝ 1 円として加盟店において利用できる。取引の決済は、スマートフォンのアプリでお店の QR コードを読み取って行う。加盟店は受け取ったさるぼぼコインを別の加盟店でも利用できる。つまり、さるぼぼコインは複数回流通型の地域通貨である。[23]また、最近になってこれと似た仕組みを使った電子地域通貨が現れた。君津信用組合、木更津市と木更津商工会議所が連携しながら 2018 年に発行を開始した電子地域通貨「アクアコイン」である。この電子地域通貨もさるぼぼコインと同じように、QR コード決済の仕組みを使っている。このように電子技術を活用した新しい地域通貨の試みが開始され始めた。電子地域通貨は、これまでの商品券型地域通貨では難しかった取引経路の探索や紙幣発行コストの削減等を実現できる。この事業で得られる様々な情報は地域経済活性化のために役立てることができるだろう。信用組合が期待する地域経済活性化のための手段として、地域通貨が有効に機能する可能性が高い。

　ここまで、日本の地域通貨の展開を詳しく見てきた。それぞれの地域通貨の関連性と発展を観察できる図 2-3 を作成した。図の中の線は、関係しているあるいは関係していそうな地域通貨同士を結んだものである。地域通貨同士の関連性や展開を示すために、図の中には本書で紹介していない

---

[23]　町井・矢作（2018）と川端（2018）が、さるぼぼコインの仕組みについて丁寧に説明している。

地域通貨も含めている[24]。この図をよく観察していくと、日本ではこれまでに様々な地域通貨が現われ互いに関連を深めながら発展してきた、ということがわかる[25]。そして、その系譜がひとつだけでなく様々な分野にわたって展開してきた、ということにも気づくであろう。地域通貨を物々交換復興のための回顧主義的な社会運動と捉え、未来の展望を与える試みでは決してない、と主張する研究者もいる（金子 2018）。彼は、地域通貨＝エコマネーととらえ、エコマネーの減少をもって地域通貨が衰退したと結論づけている。だが、ここまで論じてきた地域通貨の歴史を振り返ると、そうしたとらえ方が正しくはないことがわかるのではないか。エコマネーのブームが過ぎその数が減少してしまっても、別の新たな地域通貨が次々と登場してきた[26]。どの地域通貨も旧来の村落共同体の仕組みを再生させるためのものではなく、新たな経済や関係性の在り方を創ることを目標に活動を進めている。それゆえ、地域通貨は停滞することなく現在も発展を遂げている試みといってよい。

---

[24] ここで紹介している地域通貨が全て、「コミュニティ」を強調しているわけではない。別の概念、例えば「つながり」、「連帯」、「感謝」、「参加」、「協働」、「ギフト」といった視点から地域通貨の取り組みを評価する場合もある。私は、コミュニティ経済の共創をテーマに論じていくが、これまでの取り組み全てをそうした視点からとらえるつもりはない。ここで強調したいことは、地域通貨が多様化してきたという点である。地域通貨の取り組みの多様化が進むことによって、地域通貨をひとくくりに論じることはできなくなっているのだ。

[25] この図の分類は、著者の視点によるものであることに注意されたい。

[26] エコマネーの理念を継承した助け合いの地域通貨が、全て絶滅したわけではないということにも注意する必要がある。北海道の増毛町で流通する「ゆうゆうマーシー」は 2002 年頃より開始後、現在においても活動中である。ゆうゆうマーシーは 15 年以上も継続してきたのだから、成功事例の一つとして十分な評価に値する。ゆうゆうマーシーは時間通貨として流通している。30 分の活動は 500 マーシー、1 時間の活動は 1000 マーシーとして換算され、相互扶助やフリーマーケット等で利用されている。

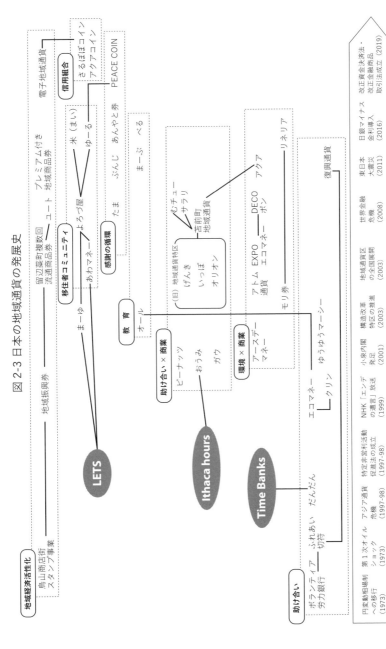

図 2-3 日本の地域通貨の発展史

出所：栗田 (2010) と西部編 (2013) をもとに著者作成。

65

2-5 結　論

　本章では、地域通貨の歴史と展開を追ってきた。本章で取り上げた思想家はいずれも、新しい貨幣の発行・管理の仕組みを構築することこそが目下の経済問題を解決するための最善な方法なのだと考えていた。そして、こうした思想家自身だけでなく、彼らの貨幣革新のアイデアに共感を示した社会運動家や政治家等が、それぞれ異なる場所において地域通貨の流通実験を開始した。もちろん失敗に終わるものも少なくなかったが、地域経済活性化に大いに貢献できた取り組みも確かにあった。このような取り組みを歴史の中の特殊な現象としてとらえてはならないだろう。なぜなら、過去の着想に刺激を受けアップデートした地域通貨が、世界各地に次々と登場してきたからである。

　日本の地域通貨も世界における展開とは違った形で発展を遂げてきた。それは、相互扶助の促進→非商業取引と商業取引での活用→テーマ別の新たな展開という３つの段階を経て現在においても広まりを見せている。こうした現象を観察してみると、地域通貨は一時期のブーム以降に衰退してしまった過去の出来事に過ぎない、という見方が正しくないことがわかる。10年以上にわたって継続してきた地域通貨もあるし、昔の仕組みをアップデートした新しい地域通貨も次々に現れてきた。これからも情報技術の革新や人々の意識革新が起きることによって、時代状況に合わせた新しい貨幣の仕組みが登場してくるに違いない。地域通貨はそうした新しい貨幣の仕組みの一つとして、今後も発展を遂げていくのだ。

コラム② ⅡⅡⅡ

経済人類学の貨幣観からみた地域通貨

　経済人類学は、貨幣革新や地域通貨について直接語っているわけではない。そのため、本章の中では特に論じてこなかった。だが、経済人類学は従来の経済学の狭い貨幣観を広げる役割を果たすことに貢献し、地域通貨の意義について理解を深めさせてくれる。このコラムでは経済人類学の立場から、地域通貨を考察してみたい。

　経済人類学の思想的基盤を形成する立役者となったポランニーによれば、伝統的な経済学の提示する貨幣の生成理論は次の通りである（Polanyi 1944、1977）。まず、この経済学の物語では、他の人間が所有するモノを入手して消費したいという欲求、つまり自分自身の物的な欲求を満たす志向を強く有した功利的な人間が登場する。この功利的な人間は、物的な動機を強く有するがゆえに他人とモノを交換したいという性向を最初から持っている。功利的な人間は、お互いに必要なモノを多様化したいと思うようになるので、モノの生産の分業化が進行していく。分業が広まるほど自分の求めるモノは増えていく一方、自分のモノと他人のモノをたやすく交換することはできなくなる。お互いのモノに対する欲求が同時に満たされるかどうかは、定かではないからだ。この条件を満たすぴったりの相手を探して直接的な交換関係を取り結ぼうという行為は、非常に骨の折れるものとなるだろう。そのため、お互いの交換を実現するための道具が必要になる。こうして、交換性向を有した功利的な人間同士が交換を促進するために、貨幣という手段を生み出した。貨幣が存在すれば、それを介した間接的な交換が可能になる。従来の経済学は、以上のような貨幣観をもとに経済学の枠組みを形成してきた。物質的動機だけで行動する功利的な人間がモノの交換手段として貨幣を生み出した、という説明がこれまでの経済学の考え方の基礎になっているのだ。こうして、貨幣とは人間の物欲を満たすための単なる手段に過ぎないことになる。

　ところが、ポランニーはこうした貨幣観がひどく狭いものであると論じ

ている。彼によれば、観念的な動機を有した人間が使用する貨幣も実は存在してきた。その1つが、クラ交換で使用される貨幣の事例である。クラ交換は、ニュー・ギニア東部のトロブリアンド諸島の部族間で行われてきた富とモノとのやりとりである（Malinowski 1922）。クラ交換では、ヴァイグアと呼ばれる2つの宝が島々を逆回りに回っていく。一つはソラヴァと呼ばれる赤色の貝の首飾りで、時計の針の方向へと進んでいく。逆の方向にはムワリと呼ばれる白い貝の腕輪が進んでいく。ソラヴァ・ムワリは装飾品であり、宗教的・儀礼的な意味を有する特別な富である。二つの富はお互いの部族にとって貴重な消費財と交換されながら、島々の部族間を循環していく。それゆえ、それらは一種の貨幣である。[27]ヴァイグアは、決められた方向以外に進むことはできない。さらに、部族民はヴァイグアを所有し続けることができない、ということも特徴的だ。ヴァイグアを受け取った部族は、一定期間経過後、それを別の部族に渡す必要がある。富の所有は貪欲さの象徴であり激しく非難される。この儀礼的な交換の目的は、ヴァイグアの受け渡しによって部族間の交流を深め連帯意識を強めることと、別の部族が所有するモノを新たに入手することにある。部族民はこの交換を儀礼としておこなうが、その結果として商業的な成果も手にする。ここで重要なことは、部族民は商業的な成果を期待して儀礼的な交換を行うのではない、という点だ。部族民の誰もが、モノの獲得を目指した交換を行うのではなく、神話や文化を伝承した儀礼的な交換それ自体を楽しむのである。それゆえ、この交換では、儀礼的意味の実現を全面に押し出して、商業的意味の達成を抑制させることを目的とした貨幣が用いられていると言える。[28]

---

[27]　モースは、ヴァイグアがある種の貨幣であると説明している。ただし、彼によれば、この貨幣は威信を備え、伝承が結びついた特別な富として広く認識されているため、従来の経済学が考えるような単なる貨幣ではない。それは、病人の癒しのために活用されることもあった特別な貨幣である（Mauss 1925）。

[28]　影山の貨幣に対する見方がここで説明した内容を理解する上で助けとなる。彼は、交換という現象を take と give という視点から洞察している（影山 2015）。我々が普段使う貨幣は、欲しいモノを手にするための道具に過ぎない。それは、何かを take

　観念的な動機をもとにした交換の事例として、一方的な価値の移転のために使用される貨幣も挙げられる。この貨幣は、神や権力者に対する支払い手段として文化面や経済面において広く浸透してきた。例えば、福田徳三はこうした行為が我が国における貨幣発生の起源である、と論じている（福田 1930）。彼によると、我々日本人は「瀆（けがれ）」という考え方を古来より持っている。人間は何か悪事を働いてしまうと瀆を身に受けることとなり、禍が生じてしまう。また、自分に悪事を働いた覚えがなくとも、禍が生じているということは瀆を身に受けていることを意味している。いずれの場合においても、この瀆を取り除くことが求められる。福田は、これを取り除く行為を儀礼化したものが原始神道であると考えている。神様に向かって「祓い給え、清め給え」と心の中で念じるあるいは言葉に発する行為は、この「瀆」を取り払うためのものと言ってよい。そして、その願いを実現するための道具として貨幣が使われるのである。ここでは、貨幣がお祓いのための道具として機能している。貨幣は、価値を神に一方的に移転するための手段として広く使われてきた。とはいえ、その行為によって自分に降りかかる悪事を解消できるのであるから、一種の交換関係が形成されているとも言える。この交換においても、儀礼的・道徳的な動機を有した人間のための貨幣が用いられている。

　以上のように、経済人類学は、観念的な動機、例えば儀礼的、政治的、

　するために使われる手段である。取引相手との関係はモノの交換後に消滅する。一方、give という考え方に基づく貨幣もあり得る。誰かに与えることで関係性を紡いでいくための貨幣。そうした貨幣こそここで説明した儀礼的な交換を可能にする貨幣である。それは、他人に give するという行為を通じて新しい関係性を創ったり、それまでの関係性を強化したりするための道具となる。地域通貨も give の発想を取り入れた新しい貨幣である。それは功利主義的な人間像を前提とした社会では奇妙なものに映るかもしれないが、贈与や互酬性を当然のようにおこなう人間によって形成される社会においては当たり前のように使われるだろう。功利主義的な考え方を捨て去り新たな行動様式を身につけた人類にとってみれば、地域通貨のような手段の方が望ましい交換手段として選択されるに違いない。また、こうした人類を生み出していくために地域通貨を活用できる、という考え方があってもよいのかもしれない。影山の貨幣に関する考察は、そういった可能性について気づかせてくれる。

審美的、道徳的、倫理的といった動機を有した人間のための貨幣も存在し得る、ということを明らかにしてきた。このことは、それぞれのコミュニティの価値を実現する経済の仕組みに相応しい貨幣制度も創出できる、ということを示してもいる。地域通貨はそのための手段の一つとして有効に機能を発揮するのではないか。物的な動機ではなく、観念的な動機に基づいて行動する人間のための貨幣が存在してもおかしくはないのである。本章で論じたボルソディのコンスタントは、貨幣価値の安定化とともに零細農家の支援も目指した地域通貨の試みであった。また、リーゲルの決済貨幣は、公正な商業交換を実現するための地域通貨の構想であった。いずれのアイデアも、コミュニティの価値を実現する経済の仕組みを創出する手段として地域通貨に注目している。貨幣は物欲を満たすだけの手段であると考えてしまうと、多様な価値の実現を目指す経済の姿とそこで使用される貨幣について想像をめぐらすことは困難になってしまう。しかし、経済人類学は人間本来の多様な動機に合わせた貨幣の仕組みを創出することが可能である、ということを教えてくれるのである。

第 3 章　コミュニティ・ドックによるコミュニティ経済の共創と活性化の分析——地域通貨「むチュー」の事例研究

3-1 はじめに

　本章では、実践的な社会調査手法であるコミュニティ・ドックを活用して、地域通貨によるコミュニティ経済の共創と活性化の成果と課題について論じる。人間ドックをアナロジーとして着想されたコミュニティ・ドックとは、従来の伝統的な社会調査の方法とされる量的・質的調査を活用するだけでなく研究者の実践への参画やそれに基づく政策提言をも含むものである[29]。コミュニティ・ドックは、アクション・リサーチ、住民主導の参加型開発や内発的発展論等を研究する開発学と、社会経済システムの動態を分析する進化経済学や現代制度派経済学といったオルタナティブな経済学を融合することで独自な発展を遂げてきた。それゆえ、コミュニティ・ドックは学を融合した新しい社会科学の方法論であると言ってよい。地域通貨は簡単に流通するものではない。研究者は調査の結果を分析し報告することだけをやっていればよいとは言えず、多少なりとも実践に関わってゆく必要がある。そうすることによって、地域通貨が徐々に広まってゆくのだ。そのため、社会調査と実践的活動を融合したコミュニティ・ドックのような新たな調査手法が、地域通貨の研究を進めていく際に必要になると考える。

---

[29] コミュニティ・ドックやそれに関連した社会調査の方法の基本概念について詳しく知るためには、草郷（2007、2015）、草郷・西部（2012）、西部（2006、2008、2010、2013）、西部編著（2018）、Kusago and Nishibe（2018）、Stoecker（2005）等の著作や論文を参照されたい。本章では、コミュニティ・ドックの概略を説明することにとどめたい。

本章は、コミュニティ・ドックを使って武蔵野市の地域通貨「むチュー」の成果と課題を詳細に分析してゆく。そして、むチューがコミュニティ経済の創出に対してどのような貢献を果たしたのかを論じよう。すでに出版されている『地域通貨によるコミュニティ・ドック』（西部編著 2018）において、むチューのことについて触れている。この本では、むチューがコミュニティ・ドックを活用した地域通貨流通実験であったと説明されている。本章は、その内容について詳しく論述したものと考えてもらえればよい。この書籍内容と本章を合わせて読むことで、コミュニティ・ドックの意義をよく理解できるようになる。

　では、本章の構成を説明しておこう。2節では、コミュニティ・ドックの基本概念について説明をする。この社会調査の特徴、進め方、地元との関係づくりとチーム編成、調査内容について詳しく論じていく。3節では、武蔵野市の特徴とむチューについて説明する。ここでは、地域特性、地域通貨の流通スキームや流通実験の概要について詳しくみていく。4節は、むチューによって住民の意識と行動に変化は生じるのかどうかを観察してみる。むチューの理解度や受容意識、団体間の連携意識や購買行動等の変化を追ってゆく。こうした分析をおこなうことによって、むチューの効果を詳細に観察していきたい。5節は、商店の意識と行動に焦点を当てた分析をおこなう。具体的には地域通貨の換金行動に注目したい。これを調べることによってむチューの地域経済活性化効果を観察してみる。6節では、住民への調査結果のフィードバック方法について説明し、コミュニティ・ドックの意義を論じよう。7節は、むチューがコミュニティ経済の共創にどういった貢献を果たしたのかを論じ、残された課題を確認していく。コラム③では、むチューの課題とされた地域通貨の複数回流通を増やす方策について、別の地域通貨の事例を参考に考えてみたい。[30]

---

[30]　本章の3節から4節までは主に栗田（2010）に加筆・修正を加えた内容から構成され、5節は Kurita, Miyazaki, and Nishibe（2012）の内容を見直し加筆を加えたものである。

3-2 コミュニティ・ドックはどのような社会調査なのか？

　本節では、コミュニティ・ドックの概要をまとめて地域通貨研究における意義を確認するとともに、事例研究の進め方、具体的な調査内容や調査チームの編成について説明をしていく。コミュニティ・ドックは新しい社会調査の方法であるから、実際の場面においてその調査手法をどのように活用してきたのかについて詳しく説明する必要があると思う。

3-2-1 コミュニティ・ドックの基本的な考え方と地域通貨研究における意義

　コミュニティ・ドックは人間ドックをアナロジーとして開発された新しい社会調査の手法である。それは、地域コミュニティの診断→調査結果の共有→状況改善に向けた協働というプロセスを辿りながら進められていく。まず、地域住民、団体・組織、地方自治体そして研究者がチームを形成し協働で社会調査を実施していく。そして、得られた成果を一つの知見として共有する。ここで明らかになるのは、地域コミュニティに固有の課題である。次に、実践者と研究者チームが協働で課題解決を目指していく。そのため、この社会調査では、調査成果の地域コミュニティへのフィードバックが最も大切にされる。地域コミュニティと研究者の間で情報の共有がなされないと、課題解決に向けた道筋を立てていくことはできなくなるからだ。コミュニティ・ドックでは、研究者チームの役割も従来のものとは大きく異なる。研究者チームは様々な社会科学の手法を使って調査を実施し、その成果を報告することになる。そのとき、研究者チームは、権威的なふるまいによって一方的な課題解決の方法を提案するのではない。研究者チームは、地域コミュニティと十分な対話の機会を持つことによって課題解決のためのアドバイスをする。また、時には実践面で支援していくこともあるだろう。だが、コミュニティ・ドックでは基本的に、地域コミュニティの当事者が主体となって課題の解決に向かう。だから、研究者チームはそれを支えていくサポーターであると言ってよい。

　ところで、なぜ地域通貨研究にとってコミュニティ・ドックは有効であ

ると言えるだろうか。少し考えてみたい。地域通貨は理解してもらうまでに時間がかかることから、簡単に広まっていくわけではない。だから、研究者チームの関わりも必要になってくる。研究者チームは調査面と実践面から地域通貨の取り組みをサポートしていける。研究者チームは、様々な社会科学の手法を駆使することによって、地域コミュニティに固有の課題を定量的・定性的に把握できる。この情報を活用しながら課題解決のためのアイデアが次々と生み出されていくであろう。その際、研究者チームは調査結果を単に報告する役割にとどまるべきではない。地域コミュニティの当事者と一緒になって調査結果を解釈し、解決のための具体策を練っていく役割も担うべきだろう。そうすれば、地域通貨の流通を妨げる様々な要因を取り除いていけるはずだ。研究者チームは実践面においても積極的な役割を果たしていくことが望まれる。地域通貨を研究してきたチームは、様々な実践例を見てきたはずである。そこで得られた情報や知見は、有効に活用できるに違いない。例えば、実践者が地域通貨の意義を住民に説明していくときに、研究者チームも一緒に同行して助言を与えられる。そうすれば、住民の地域通貨に対する理解も早まるであろう。住民の地域通貨に対する理解が進む事は、地域通貨の流通が広まることにつながるだろう。だから、研究者チームは時として実践活動にも関わり合いながら地域通貨の研究を進めていくべきなのである。こうした研究者チームの役割は協働的かつ能動的である。その役割は、地域コミュニティの当事者と研究者チームが一緒になって調査を進めつつ解決策を練っていくというコミュニティ・ドックにおいて十分に発揮されると言ってよい。それゆえ、コミュニティ・ドックは地域通貨研究において意義を有した社会調査と考えられる。

3-2-2 コミュニティ・ドックの進め方

　コミュニティ・ドックは、基本的には次のように進められてゆく。ここでは、地域通貨を始める地域コミュニティを例に説明してみよう。コミュニティ・ドックは、研究者チームと地域住民、団体・組織、地元企業や地方自治体との間での関係づくりから始まる。研究者チームは地域通貨が始

まる前から実践者とミーティングの機会をつくり、社会調査の進め方と活用方法について話し合う。この地元の住民との関係づくりは非常に大切である。研究者チームは事前ミーティングにおいて地域コミュニティの当事者と良好な関係を築くことで貴重な情報を得るようになり、地域コミュニティの現状を知るのに適した社会調査を企画・立案できるからだ。社会調査を円滑に進めていくためにも良好な関係づくりが必要なのは間違いない。

　次に、地域コミュニティの現状を診断するために、地元の当事者の意見も取り入れた社会調査を実施する。研究者チームは、アンケート調査、インタビュー調査、住民同士のグループ・ディスカッションや地域通貨の流通ネットワーク分析等を行いながら社会調査を進めてゆく。そして、社会調査から得られたデータを分析にかけ、成果と課題を考察してゆく。その後、研究者チームは成果と課題についてまとめたレポートや報告書等を作成し、それを地元にフィードバックしてゆく。研究者チームと地元の当事者は、この機会を使ってお互いに成果と課題について意見を交わし議論を深めていく。そうすることによって事業の自己評価と自己点検が進むようになる。ここまでやってくると、地域通貨の仕組みを改善するためのアイデアがいろいろと出てきているであろう。研究者チームと地元の当事者は、そのアイデアを実現するための具体策を一緒に練っていける。この一連の流れは、一度きりで終了してしまうのではない。図3-1のようなサイクルが何度も回ることによって、地域通貨の仕組みが改善してゆくのである。そして、地域通貨が徐々に定着していく。

　だが、注意せねばならない点は、コミュニティ・ドックは必ずしもこの順番に進むとは限らないということである。お互いが調査結果について十分吟味せずに、新しい取り組みを試してゆくこともあるだろう。また、得られた知見を地元の当事者全員に対してフィードバックできるとも限らない。予算や時間の確保が難しいということもあるからだ。しかし、こうした事態に直面したとしても悲観的になる必要はない。コミュニティ・ドックは、試行錯誤を経験しながら成長していく調査手法でもある。事業改善に向けた調査の微修正を何度も経験することが、理想的なコミュニティ・

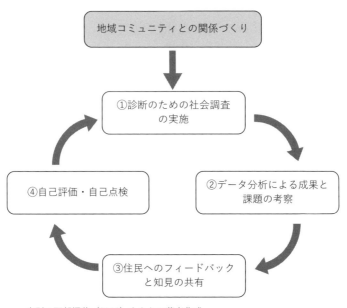

図 3-1 コミュニティ・ドックの進め方

地域コミュニティとの関係づくり

①診断のための社会調査
の実施

②データ分析による成果と
課題の考察

③住民へのフィードバック
と知見の共有

④自己評価・自己点検

出所：西部編著（2018）をもとに著者作成。

ドックに近づくために必要なのである。

　この図を見て気づく点は、③住民へのフィードバックと知見の共有及び
④自己評価・自己点検がとても大切であるということだ。この２つのステッ
プがあることにより、地域通貨の取り組みの振り返りができるとともに事
業改善に向けた協働が可能になる。よって、コミュニティ・ドックにおい
ては、社会調査から得られた知見を実践の場で有効に活用する必要がある。
実践の場で活用可能な知見とは何か。コミュニティ・ドックの社会調査か
ら得られる知見は、住民の感想や意見だけでなく地域通貨の効果や課題も
詳しく示したものでなければならない。研究者チームと地元の当事者はこ
の知見を活用しながら自己評価・自己点検を行い、地域通貨事業の改善に
向けた議論を深めていけるからだ。そのため、コミュニティ・ドックでは、
住民の意識と行動の変化や地域通貨の流通量と経路の変化等を詳しく追っ

ていくことで、事業実施によって生じた成果と課題を確かめていく必要がある。そうした知見こそが、コミュニティ・ドックを前に進めて行く上で大切なものとなるのだ。コミュニティ・ドックにはこうした特性があることから、むチューの事業で特に大切にしたステップは、③住民へのフィードバックと知見の共有と④自己評価・自己点検であった。地元の当事者と一緒になってこの 2 つの取り組みを十分に実施できれば、地域通貨の流通が一歩ずつ前進してゆくと考えたのである。だから、私は現場に軸足を置きながら社会調査に力を入れてきた。

3-2-3 コミュニティ・ドック実施までの経緯とチーム編成

　地域コミュニティとの関係づくりは、以下で述べる経緯によって始まった。まず、武蔵野市報の記事を読んでいた私が、地域通貨流通実験の記事をたまたま発見した。しかも、その流通実験の場所が私の生まれ育った地元であった。その頃、私は苫前町での経験を通して地域通貨の可能性を感じていたので、武蔵野市の流通実験にも大きな関心を持った。そこで早速、私は流通実験のメンバーと会って話をしてみることにした。メンバーの話[31]を伺っていくと、商店会が中心となって地域通貨事業を進めていることがわかった。だが、メンバーは地域通貨についてあまり知識もなく助言が必要と考えていた。私は、これまでの社会調査の経験について詳しく話をして、地域通貨を広め定着させていくためにはコミュニティ・ドックという手法を活用することが望ましいと説明した。研究者チームによる社会調査の知見を有効に活用しながら地元と協働で事業改善を進めてゆくコミュニティ・ドックこそ、地域通貨を広め定着させていくために必要な手法であると考えていたからだ。その後、何回も議論を重ねてゆく中で、商店会のメンバーはコミュニティ・ドックを活用して地域通貨事業を進めていくことに理解を示してくれるようになった。そして、アンケート調査やインタビュー調査といった社会調査を実施することについても同意してくれたのである。こうして、コミュニティ・ドックを開始するための土台ができ上

---

[31]　苫前町の地域通貨については西部編著（2005、2018）を参照されたい。

がった。

　コミュニティ・ドックを実際に進めたチームの編成について説明をしておこう。まず、研究者チームを紹介したい。フィールドでの社会調査全般、例えば、アンケートの設計とデータ分析の進め方、インタビューの進め方、地元との関係づくりの方法や成果のフィードバックの方法等については、開発学やアクション・リサーチを専門領域とする草郷孝好氏（現関西大学）の助言を受けながら進めることとした。コミュニティ・ドック全般に関わること、地域通貨の流通スキームに関する設計や地域通貨による経済効果の測定方法等については、地域通貨及び進化経済学を専門領域とする西部忠氏（現専修大学）の助言を受けて進めた。私は当時、博士課程に在籍しながらコミュニティ・ドックに取り組もうとしていた。地域通貨を広め定着させるためにはコミュニティ・ドックを活用すべきである、と私は考えてはいたものの、コミュニティ・ドックで使われる手法の種類の多さから一人で進めてゆくことはかなり難しいとも思っていた。そこで、コミュニティ・ドックの体系化を目指していた二人の研究者である草郷氏と西部氏の助言を必要としたのである。実際は、私がフィールドでの社会調査で主体的に動きながら2人のアドバイスを受けるという形を取った。商店の意識と換金行動の関連性については、地域通貨を専門領域とする宮﨑義久氏（現仙台高等専門学校）と共同で社会調査を進めた。2人で加盟商店およそ80店舗を訪問した。この調査では、各商店にそれまでの調査で得られていた知見を報告して意見交換もおこなった。

　次に、実践者のチーム編成について説明をしたい。この事業では、商店会が中心となって地域通貨を開始した。だが、商店会のメンバーは地域通貨を広めていくためには市内のさまざまな団体と協力する必要があることを理解していた。そこで、商店会とすでに関係を築いていたNPOに声をかけて参加してもらうようにしたのである。また、地元で活動する各種の市民団体にも声をかけて協力してもらうことができた。そうして、商店会、NPOと各種諸団体が協力しながら地域通貨を進めていくことになった。研究者チームはこうした実践者と会議を重ねていく中でアンケートの項目内容を固めていったのである。そして、アンケートの配布や回収も協

図 3-2 むチューにおけるコミュニティ・ドックのチーム編成

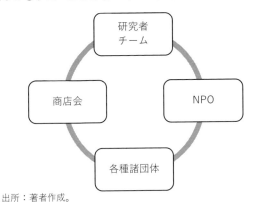

出所：著者作成。

力しながらおこなってきた。コミュニティ・ドックのチーム編成は図 3-2 のようになった。

3-2-4 コミュニティ・ドックの調査内容

　このコミュニティ・ドックでは、2 つの観点から調査を進めた。1 つは、住民の意識と行動の変化を観察する調査、もう 1 つは、商店の地域通貨に対する見方と換金行動の調査であった。住民の意識と行動を地域コミュニティ志向に変化させることは、地域通貨の重要な目的の一つである。住民が地域通貨に関わることでボランティア意欲を高めることや、商店での買い物を増やすことが大切となる。こうした変化が生じるのかどうかを社会調査によって詳しく観察していく必要があるだろう。そこで、地域通貨の導入前と導入後の状況を比べてみて、住民の意識と行動がどのように変化したのかを調べてみることにした。例えば、地域通貨を導入する前は、住民 A の地域愛着度が 5 点満点中 2 点であったとする。その後、住民 A が地域通貨に関わることで、この数値が 4 点に上がったとしよう。この結果は、地域通貨によって住民 A の意識が変わったことを意味する。こうした変化が生じるのかどうかを調べるために、個人の変化を観察していった。

　商店の意識と行動は地域通貨の流通を大きく左右する。むチューは特定

事業者にのみ換金が認められていたので、商店が地域通貨を使用せずに換金してしまえば流通が止まってしまう。このような事態が高い頻度で生じると、地域通貨の経済効果は限定的なものにとどまってしまう。だから、商店の地域通貨に対する見方や換金行動を詳しく調べてみることが必要と考えたのである。これら2つの調査が、コミュニティ・ドックにおける①診断のための社会調査の実施にあたり、この調査から得られたデータを使って②データ分析による成果と課題の考察をおこなうことになる。2つの調査の進め方については、各節において詳しく説明しようと思う。

3-3 武蔵野市中央地区の特徴とむチューについて

3-3-1 武蔵野市について

コミュニティ・ドックを活用した地域通貨の流通実験は、東京都武蔵野市の中央地区で始まった。ここでは、武蔵野市について簡単に説明をしておこう。

武蔵野市は、東京の中心地である新宿からJR中央線を使って約20分の距離にある。同市は、図3-3の通り市内を東西に貫通するJR中央線に沿って、吉祥寺地区、三鷹地区、武蔵境地区から構成されている。吉祥寺地区は、デパートや専門店などの商店が集積するエリアだ。高校、専門学校や大学等の教育機関が多いため、学生の街としても有名である。文化・行政ゾーンとして知られる三鷹地区は、多くの緑に恵まれ閑静な住宅街が多く存在するエリアだ。むチューは、この三鷹地区の中の中央地区と呼ばれるエリアにおいて始まった。武蔵境地区には、亜細亜大学や総合病院として有名な日赤病院が存在する。

2009年8月1日時点では、武蔵野市の人口は135,181人（男性65,270人、女性69,911人）であった[32]。むチューが流通した三鷹地区の総人口は、60,061人（男性29,149人、女性30,912人）であった。武蔵野市全体に

---

[32] この項で扱うデータは全て、むチューを開始した時期のものである点に注意されたい。

図 3-3 武蔵野市の 3 つのエリア

出所：武蔵野市．"武蔵野市について"

占める 65 歳以上の高齢者数は 26,801 人（19.8%）となっており、高齢者化社会が進展しつつあることを示していた。主要産業の従事者数を上位三位まで観察すると、卸売・小売業が 18,030 人、飲食店・宿泊業が 14,166 人、サービス業が 12,969 人となっていることがわかる。第 3 次産業に従事する住民が多いと言える。

　次に、同市の財政状況を財政力指数から観察してみよう。財政力指数は、基準財政収入額を基準財政需要額で除した数値の過去 3 年間の平均値を表す。この数値が 1 以上であると財源に余裕があるとみなされ、普通交付税の対象から外れる。武蔵野市の財政力指数は、平成 19 年度では 1.650 と非常に高い（武蔵野市財務部財政課 2008）。この数値は多摩地域 26 市中の 1 位である。武蔵野市は財政力に余裕のある裕福な地方自治体であるといってよい。むチューはこうした裕福な自治体において開始された点は押さえておきたい。だが、後に述べるように、こうした自治体であっても地域コミュニティでは様々な問題が生じていた。

3-3-2 中央地区の地域特性

　次に、むチューが始まった中央地区の地域特性を連帯性という観点からみておきたい。ここではまず、ムラ型の地域とマチ型の地域に分けて連帯性の違いを示す。そして、中央地区がマチ型の地域であることを説明しよう。

強い連帯性にもとづき一体感を有している点がムラ型地域の特徴である。住民は他の住民を信頼し、常に友好的なふるまいを示す。ムラ型地域の住民は強制力のあるルールを順守すると同時に、共通の目標達成に向けた活動をしていることも多い。だから、ムラ型地域では互いの善意を期待できるのだ。よそ者に対して厳しい目を向けるというのもムラ型地域の特徴である。一方、マチ型地域は連帯性がそれほど強くないため複雑な関係性を形成する。住民は、特別な強制力を持つルールに従いながら生活を営むのではない。住民はそれぞれ違った役割を演じており、様々な問題関心を持っているのである（Bradshaw 2000）。もちろん住民は皆地域への愛着を持っているが、住民同士の間に強い結びつきがあるわけではない。それゆえ、マチ型地域では住民同士の間で対立関係も生じてくる。ここでの人間関係は一枚岩とは言えずややこしいものとなる。2つの地域特性は図3-4となる。図の丸は住民や団体を示す。住民や団体を結ぶ線は、つながりとそのつながりの強さを表す。実線は点線に比べると、当事者間のつながりが強いことを示している。両方向に伸びる矢印は当事者間の対立を意味する。ムラ型地域の中央に位置する黒い楕円が、強い強制力を持つルールを表している。住民はこのルールに縛られながら生活をしている。中央地区の地域特性はどうだろうか。この2つの型から考えてみると、中央地区はマチ型の地域特性を有している。住民同士がムラ型地域のように強固な連携関係を築くことも確かにある。だが、お互いに無関心を装う場合や対立関係を形成してしまう場合も生じる。この地域の関係性は少々複雑なのである。

3-3-3 地域通貨の導入背景

　中央地区の商店会は、なぜ地域通貨に取り組もうとしたのだろうか。その理由は3つあった。1つ目の理由は、スタンプ事業の行き詰まりである。中央地区には商店会が複数あり、商店会を束ねる組織である連合会が商店街振興を進めてきた。連合会はその一環としてスタンプ事業に取り組んできたのである。スタンプ事業とは、商店会に加盟する商店が連合会から切手型のスタンプを購入して消費者に配る商店街の振興事業である。消費者

図 3-4 ムラ型地域とマチ型地域

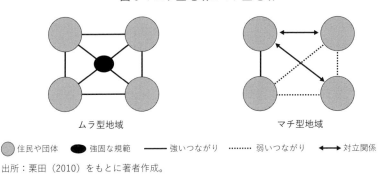

ムラ型地域　　　　　　　　　　　マチ型地域

⬤ 住民や団体　　⬤ 強固な規範　　——— 強いつながり　　……… 弱いつながり　　◀▶ 対立関係

出所：栗田（2010）をもとに著者作成。

は、加盟商店で 100 円購入するごとにスタンプを一枚受け取る。消費者はこのスタンプをペタペタと専用の台紙に貼っていく。台紙のマスは 350 あって、350 枚のスタンプが張られた台紙は 500 円相当の金券として利用できた[33]。また、地元の信用金庫へ預金することもできた。35,000 円の買い物をすると 350 枚のスタンプを受け取ることになる。よって、消費者は 35,000 円に対して 500 円のプレミアムを受け取ることができた。還元率はおよそ 1.4% であった。スタンプ事業を始めた最初の頃は盛況であった。ところが、商店会を取り巻く環境の変化、例えばコンビニやスーパーの出店などの影響を受けて徐々に行き詰まりが見え始めた。スタンプの売り上げデータを商店会から見せてもらったところ、売り上げが 2000 年のスタンプ事業開始時の約 1,130 万円から 2008 年の約 660 万円へと 8 年間で半減してしまい、スタンプ事業加盟店も最初の 80 店舗から 52 店舗へと大きく減少してしまったことがわかった。こうした状況を見た中央地区の商店会は、消費者の購買意欲を喚起することだけを目指す地域経済活性化策には限界があるのではないか、と考えるようになっていた。2 つ目の理由が、団体間の連携不足である。中央地区では商店会、ボランティア推進団体、福祉系団体や環境保護推進団体などの様々な団体が活動していた。だが、これらの団体の間にはあまり緊密な連携関係は見られなかった。中

---

[33]　この仕組みは流通実験当時のものであることに注意されたい。

央地区のまちづくりを進めていくためには、こうした団体同士が力を合わせて活動していくべきであった。3つ目の理由が、中央地区における相互扶助の衰退である。商店会メンバーの話によると、以前はモノの貸し借りや悩み事相談などの近隣づきあいもよく見られたそうである。ところが、そうした近隣づきあいが徐々に無くなってゆき、つながりも薄れていってしまった。こうした3つの地域課題を解決していくための方法はあるだろうか。商店街活性化、団体間連携の強化と相互扶助の促進を同時に進めていく妙案はあるのだろうか。ここで、商店会が目をつけた手段が地域通貨であった。地域通貨であれば、モノ・サービスの購買だけでなくボランティア活動や相互扶助にも利用できる。つまり商業取引と非商業取引を促してゆくことができる。それによって、地域の様々な団体の間に新しい関係性を生じさせ、新たなコミュニティ経済を創り出すことができるのではないか。商店会のメンバーはこのように考え次の段階的なシナリオを立てた。

　まず初期の段階では、図3-5が示すように「商店会がボランティアにお礼として地域通貨を渡す→ボランティアは地域通貨を商店で使う→商店は別のボランティアにお礼として地域通貨を渡す」というサイクルが回る状況を考えた。このサイクルが順調に回り始めれば、商業と非商業との間に新たな関係性が生じてゆく。この関係の中では、商店は地域通貨を新たな顧客開拓のための道具として使えるであろうし、ボランティアを提供する団体は自分たちの活動を評価してもらえる新たな手段を手にするであろう。そうして、商業活動もボランティア活動も互いに活発化してゆくのだ。このサイクルがもう少し進んでゆくと、地域通貨が商店同士の間でも利用され始めるであろう。これは商業取引を増やすために経済効果を生み出してゆく。さらに、非商業取引においても変化が見られ始める。ボランティア同士が地域通貨を使って頼み事をするようになるかもしれない。それによって地域通貨を介した相互扶助が促進されてゆく。こうして、地域通貨が地域コミュニティと地域経済を活性化していくための手段として機能するようになるのである。以上が、商店会の目指した地域通貨によるコミュニティ経済の共創と活性化のヴィジョンである。

図 3-5 むチューによるコミュニティ経済の共創と活性化のヴィジョン

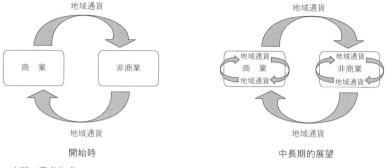

出所：著者作成。

図 3-6　地域通貨のデザイン

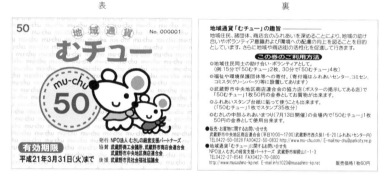

出所：武蔵野市中央地区商店連合会による提供。

3-3-4 中央地区の地域通貨流通スキーム

中央地区で流通したむチューは商品券型地域通貨であった。むチューの
デザインを図 3-6 に示す。武蔵野市中央地区（略して「むちゅー」）で地
域通貨が流通し、皆が夢中になるという意味を込めて「むチュー」という
名前を付けた。通貨単位は「むチュー」で、50 むチュー＝ 50 円として流
通した。本事業は、NPO 法人武蔵野経営支援パートナーズがむチューの
発行主体となり、商店会や商工会が協賛するという形で始まった。なぜ発

行主体が商店会ではなく NPO であったのか。商店会は、発行主体が商店会になることでむチューが営利事業の一環ととらえられてしまう可能性を危惧したのである。そこで、商店会は一歩引いた立場からむチューの発行に関わった。だが、実際は商店会と NPO が協働しながら事業を進めていった。そして、第 2 次流通実験になると事業が軌道に乗り始めたこともあり、商店会がむチューの発行主体となった。

むチューは次の 2 通りの方法によって発行された。1 つ目の方法は、市民団体や商店会がむチューを購入して、お祭りの手伝いや清掃活動参加のお礼として渡すというものだった。市民団体と商店会は、むチューを 1 枚 60 円で購入してボランティア活動のお礼として渡した。むチューは特定事業者に限り 1 枚 50 円で換金できたので、発行事務局が差額となる 10 円を受け取っていることになる。発行事務局はこの 10 円を寄付とみなし、運営費として利用することとした。二つ目の方法は、住民がむチューを購入するというものであった。一部のむチューは期間限定でプレミアムが付けられて販売された。例えば、住民は 1,000 円分のむチューを購入したとすると、プレミアムとして 200 円分のむチューを別に受け取った。プレミアム率は 20% であった。商店会はリーマンショック後の景気後退に対応するため、プレミアム付き特別むチューの販売を発案したのである。

住民はむチューを商店での買い物、コミュニティバスの乗車賃、相互扶助のお礼、被災者の義援金や盲導犬の育成基金などの社会貢献プロジェクトへの寄付として利用した。一方、商店は、むチューを別の商店との取引やボランティア活動のお礼として利用した。発行事務局は商店に対してむチューを使うことを勧めたが、商店は地域外から商品を仕入れるため現金を必要とすることもあるので、特定事業者として登録済みの商店に限りある条件の下での換金を認めた。むチューから現金への換金手数料は無料とした。発行・流通・換金という視点からむチューの流通スキームを描くと、図 3-7 のようになる。

3-3-5 むチューの発行額と換金額
むチューの流通期間、発行総額と換金総額を表 3-1 と 3-2 をもとにざっ

図 3-7 むチューの流通スキーム

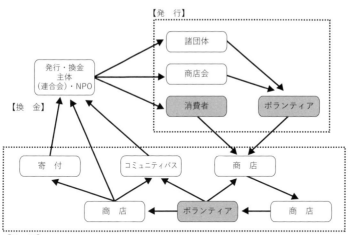

出所：Kurita, Miyazaki, and Nishibe（2012）をもとに著者作成。

表 3-1 むチューの実施概要

	第一次流通実験	第二次流通実験
1. 実験期間	2008/07-2009/03	2009/05-2010/03
2. 地域通貨加盟商店数	145	141
3. 地域通貨発行総額	3,770,200 円	2,735,400 円
4. 地域通貨換金総額	3,513,100 円	2,556,600 円
5. 地域通貨換金率	93.2%	93.5%
6. 発行団体	NPO	商店会

出所：Kurita, Miyazaki, and Nishibe(2012)をもとに著者作成。

と確認しておこう。[34] むチューの流通実験は 2 回行われた。両実験ともに、むチューの流通期間は 9 カ月～ 11 カ月ほどで、発行総額は第 1 次実験が約 380 万円、第 2 次実験が約 270 万円であった。むチューの換金率はい

---

[34] これらの表は、私と宮﨑が商店会から得た詳細なデータを使って計算し直した結果を示す。そのため、栗田（2010）で示した結果とは若干異なっている。

表 3-2 むチューの発行総額の内訳

地域通貨発行総額の内訳	第一次流通実験	%	第二次流通実験	%
1. 団体・商店会による購入	957,500 円	25.4	1,427,900 円	52.2
→ボランティアの活動への謝礼 や宣伝向け配布として利用				
2. 寄　付	555,000 円	14.7	0	0.0
3. 消費者による購入	2,257,700 円	59.9	1,307,500 円	47.8
	3,770,200 円	100.0	2,735,400 円	100.0

出所：Kurita, Miyazaki, and Nishibe(2012)をもとに著者作成。

ずれも 9 割ほどであった。発行総額の内訳を表 3-2 で観察すると、市民団体や商店会による購入と消費者による購入が多くを占めていることがわかる。表中の寄付は、商店会がむチューの宣伝や事業促進のために無償で市民団体や個人に対して配った分を表す。

3-4 むチューによって住民の意識と行動に変化は生じるだろうか？

　地域通貨がコミュニティ経済の共創と活性化に貢献したのかどうかを確かめるための一つの方法として、住民の意識と行動の変化を調べるというやり方がある。地域通貨に関わることで住民が地域志向を持つようになり、商店での買い物を増やしたりボランティア活動に励むようになれば、新たなコミュニティ経済が形成されつつあるという評価を与えることができる。研究者チームはこのことを確認するために社会調査を実施して、変化を定性的・定量的な観点から調べてゆく必要がある。そして、住民は研究者チームの調査結果を知ることによって自己評価の機会を得られ、コミュニティ経済を創るために足りないことを認識するようになるであろう。そこで、住民の意識と行動が地域通貨によって変化するのかどうかを実際に観察してみることにした。特に、商店会が期待していた変化に焦点を絞って分析をしてみたい。

　商店会が実験開始時に期待したことは、住民のむチューに対する理解度

の向上であった。むチューは法定通貨や地域商品券とは違う機能や目的を有している。むチューは商店の買い物で利用できるだけではない。それは、相互扶助やボランティア活動の成果を評価する役目も果たす。住民、商店や市民団体はこうしたむチューの機能を理解すると、地域通貨に積極的に関わってゆくようになる。例えば、市民団体はボランティア活動の成果を新しく評価する手段としてむチューを活用するようになるだろう。そうして、むチューは広まりを見せ始め徐々に定着してゆくに違いない。よって、商店会が期待したことは、むチューの理解度を高め受容する意識を持つ住民が増えることであった。次に商店会が期待したことは、違う意識を持った団体同士が連携を深めていくことであった。商店会は、商店会と市民団体が連携を強めることによって商業取引と非商業取引が相互促進的に進むことを大いに期待していた。こうした連携意識が高まってゆくと、商店をサポートしようと考える住民も現れ始めるに違いない。そのような住民は商店に対する意識を変え、地元の商店で買い物をするという商店志向の購買行動を取るようになるかもしれない。

　まとめると、商店会は短期的な成果目標として、（1）むチューの理解度の向上及び受容意識の高まり、（2）団体間の連携強化、（3）住民の商店に対する意識と購買行動の変化を達成することを目指したのである。研究者チームはこの成果目標が達成されたのかどうかを確かめるために、むチューを導入する前に得られたベースライン・データと実験終了後に得られたデータを比較してみて、住民の意識と行動に変化が生じたのかどうかを観察することにした。ベースラインとは基準線を意味し、ここで得られるデータが実験開始前の住民の状態を教えてくれる。最初の診断から得られた結果を表していると考えてよい。このデータと実験終了後のデータを比べていけば、むチューが始まったことによる住民の意識と行動の変化を観察できる。むチューが住民に対して何らかの影響を与えたとするならば、住民の意識や行動はベースラインの状態から変化するであろう。その結果が実験終了後に現れてくる。だから、2つのデータを比較することで変化を観察できるはずだ。データはアンケート調査を使って得ることにした。ベースラインと実験終了後に同じ個人に対して全く同じ質問をしてみたの

図 3-8 住民の意識と行動の変化を把握するための方法

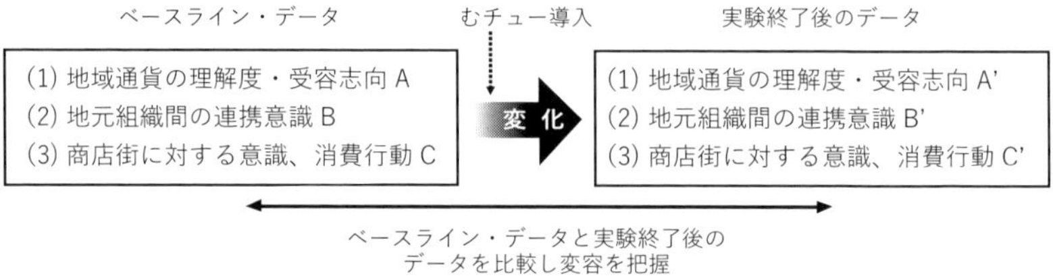

ベースライン・データ　　　　　　　　むチュー導入　　　　実験終了後のデータ

| (1) 地域通貨の理解度・受容志向 A
(2) 地元組織間の連携意識 B
(3) 商店街に対する意識、消費行動 C |
変化 | (1) 地域通貨の理解度・受容志向 A'
(2) 地元組織間の連携意識 B'
(3) 商店街に対する意識、消費行動 C' |

ベースライン・データと実験終了後の
データを比較し変容を把握

出所：栗田（2010）をもとに著者作成。

である。そうすることによって、意識と行動の変化が生じたのかどうかを
詳しく知ることができる（図 3-8）。[35]

3-4-1 アンケート協力者のサンプリング方法と社会属性

　アンケート調査の対象者は、むチューが流通する中央地区とその周辺地
域に住む住民であった。調査協力者はスノーボール・サンプリング方式に
より集めることにした。[36] 中央地区の市民団体のリーダーや住民を介して、
その友人・知人へとアンケートを広く渡してもらうようにしたのである。
社会調査では分析結果の一般化を保証するために、データのサンプリング
が恣意的にならないようにする。そこで、例えば番組の視聴率を調べる場
合や心理実験の効果を測定する場合には、無作為抽出や無作為配分という
サンプリング方法が用いられることが多い。ところが、地域通貨を使った
住民の意識や行動の変化を調べる場合には、こういったサンプリング方法

---

[35]　この社会調査は第 1 流通実験を対象に実施したので、約 9 カ月間の実験で住民の意
識と行動が変化したのかどうかを調べるものであった。

[36]　村田・山田がスノーボール・サンプリングを次のようにわかりやすく説明している。
「スノーボール・サンプリングは、最初の何人かの調査対象者が指名・紹介した者を
次のステップの対象者とし、これを繰り返すことにより、雪だるま式に対象者を増や
していくやり方のことである。都会で暮らす同郷出身者のネットワークを調べる場合
のように、対象者集団の存在が顕在的でないケースでよく利用される方法である」（村
田・山田編著 2000, p. 31）。

を用いることが難しくなる。無作為抽出について考えてみよう。地域通貨を使うことが見込まれる住民を予めリスト化することで母集団を特定しておくことが難しいため、推測したい母集団から調査の協力者を無作為に抽出できないであろう。無作為配分についてはどうだろうか。地域通貨の導入効果を観察するために、調査の協力者を地域通貨の使用グループと未使用グループに無作為に振り分けるといったことも難しいだろう。地域通貨の流通が広まってゆくと、どの住民も地域通貨を使う可能性が高まる。そうすると、未使用グループに振り分けていた住民も地域通貨を使うようになってしまうかもしれない。本来は無作為なサンプリング手法を使って調査協力者を集めることが望ましいと思うが、今回の調査ではやむを得ずスノーボール・サンプリングという方法を使った。スノーボール・サンプリングによって得られた調査協力者はランダムに抽出されていないために、データを確率的なモデルにもとづき統計的な意味を判断する検定分析にかけることは厳密に考えればできない。だから、ここで得られたデータ分析の結果を一般化できるのかどうかは慎重に判断せねばならない。しかし、スノーボール・サンプリングを使うことで同じ個人のベースライン・データと実験終了後のデータを取得できたのである。このデータは貴重で簡単に得られるものではないのだから、上手に活用してコミュニティ・ドックを進めていくための材料にすべきではないか。そう考え本章では、検定分析の結果も参考値として示し、分析結果の意義を統計的な観点からも理解できるよう配慮することにした。そうすることで、住民の意識と行動の変化に意味があるのかどうかを定量的に判断できるようになる。

　アンケートの内容は非常に幅広く、質問内容も深く掘り下げたものとなった。主な質問事項は、(1) 住民の生活満足度、(2) 地域コミュニティや社会一般でのつきあい、(3) ボランティア活動への取り組みと報酬意識、(4) 商店街に対する意識や購買行動、(5) 地域通貨やお金に対する意識、(6) 社会属性であった。なお、本章は私の博士論文を大幅に加筆・修正したものをベースに書いている。私の博士論文では、質問項目の全てを使い詳細な分析をおこなってむチューの効果と課題を明らかにした。本当はその結果全てをここで紹介したいが、紙幅の関係もあるため一部の内容を割愛し

表 3-3 調査の実施概要

1. 調査手法	質問紙法
2. 主な調査対象者	武蔵野市中央区の居住者
3. サンプリング方法	スノーボール・サンプリング方式
4. 質問紙の配布部数	ベースライン 185 部
	実験終了後 137 部
5. 有効回答回収数	ベースライン 137 部
	実験終了後 85 部
6. 有効回答回収率	ベースライン 74.1%
	実験終了後 62.0%
7. 配布方法	委託方式
8. 回収方法	郵送方式

出所：栗田(2010)をもとに著者作成。

ている。本章で特に力を入れて紹介したい点は、商店会が目指したむチュー
の短期的な導入効果である。以下の分析ではそのことについて集中的に取
り組んでいきたい。

　アンケートはベースラインで 185 部配り、137 部の有効回答を得た。実
験終了後に同じ内容のアンケートをその 137 人に配布した[37]。その内の 85
部が有効回答であった。アンケートが A3 両面印刷で 3 枚というボリュー
ムのある内容であったのにもかかわらず、回収率は予想以上に高かったと
言える（表 3-3）。

　調査協力者の社会属性についてざっと見ておこう。ここでは、ベースラ
インと実験終了後のいずれのアンケートの回答にも協力してくれた 85 名
を対象に、特に注目しておくべき点について述べておく。表 3-4 を見る
と、男性が 15 人（17.6%）、女性が 70 人（82.4%）と女性の割合が非常
に高いことがわかる。年齢層については、60 代以上が約半数を占めてい
る。調査協力者のほとんどは既婚者であった。学歴について見ると、非大
卒の調査協力者が多いことに気づく。職業を観察すると、専業主婦(主夫)、

---

[37] ベースライン・アンケートと実験終了後アンケートの内容は、基本的には全く同じ
　　であった。ただし、実験終了後アンケートには追加質問もいくつか加えた。

表 3-4 調査協力者の社会属性

社会属性		度数	有効パーセント	社会属性		度数	有効パーセント
性　別				転入歴			
	男	15	17.6		あり	70	83.3
	女	70	82.4		なし	14	16.7
年　齢				居住年数			
	20代	2	2.4		29年未満	42	50.0
	30代	8	9.6		29年以上	42	50.0
	40代	17	20.5	職　業			
	50代	15	18.1		会社員／団体職員	4	4.8
	60代	26	31.3		会社役員／団体役員	1	1.2
	70代	11	13.3		公務員	3	3.6
	80代	4	4.8		商工自営業	3	3.6
結婚歴				商工以外の自営業	2	2.4
	未婚	2	2.4		専業主婦／主夫	35	42.2
	既婚	79	92.9		バイト／パート	15	18.1
	離別／死別	1	1.2		年金生活者	10	12.0
	その他	2	2.4		無職	5	6.0
世帯構成					その他	5	6.0
	1人暮らし	3	3.6	住まい			
	夫婦だけ	25	29.8		持ち家	64	77.1
	親と子供（2世帯）	42	50.0		賃貸	19	22.9
	祖父母と親と子供（3世帯）	13	15.5	生活程度			
	その他	1	1.2		上	2	2.4
要介護者の有無					中の上	11	13.3
	有	8	10.1		中の中	47	56.6
	無	71	89.9		中の下	15	18.1
学　歴					下	3	3.6
	大卒	33	39.8		わからない	5	6.0
	非大卒	50	60.2				

注) 社会属性の質問は、地域通貨流通実験前と終了後、同じ形式で 2 回行っている。こ
こでは、回答者の現状を正確に把握するため、地域通貨実験終了後のデータを掲載した。
また、欠損値を除く有効パーセントで表示。

出所：栗田（2010）。

バイト・パートや年金生活者が多く、約 7 割にも達することがわかる。生
活程度について最も多かった回答は「中の中」であった。つまり多くの人は、
自分の家庭が中流であると理解している。以上の点が大まかな指摘ポイン
トである。これらのポイントを合わせて考えてみると、この調査の協力者

の多くは生活に余裕を持っている主婦であったということがわかる。それ
ゆえ、サンプルに偏りが見られるのは否めない。ただ、むチューを進めて
いく市民団体にはこういった主婦が多く所属しており、彼女らの意識と行
動が流通の広まりのカギを握っているといっても過言ではなかった。だか
ら、この調査で明らかになることはコミュニティ・ドックの取り組みにとっ
てとても参考になったのである。

3-4-2 むチューの理解度と受容意識の変化

　ここからむチューによる住民の意識と行動の変化を調べていこう。まず
はむチューの理解度の変化からみていこう。最初から地域通貨の機能や目
的について十分に理解している住民は多くない。それが地域のための新し
い通貨であるのか、それとも単なる地域商品券に過ぎないのかということ
について判断に迷う住民もいるのではないか。住民の地域通貨の理解度は、
ベースラインではどの程度であったのだろうか。それを確かめるためにこ
の調査では、住民に対して「あなたは、地域通貨のことをよく理解してい
ると思いますか」という質問をしてみることにした。ベースラインで得ら
れたデータを整理すると、表3-5が示す結果となった。「少し理解している」
と回答した住民が48名（57%）と最も多い。次に、「名前を知っているが、
どういうものかあまり理解していない」と言う回答が20名（24%）と続
いている。「よく理解していると思う」と回答した住民はわずか9名（11%）
に過ぎなかった。この結果は、むチューの導入前においては、多くの住民
が地域通貨の機能や目的を十分に理解していなかったことを示している。
住民はむチューを受け取り使ってみることで地域通貨の機能や目的を理解
していくのだから、この結果は当然であると言える。

　では次に、むチューの実験が終了後に地域通貨の理解度が向上したのか
どうかを調べてみることにしよう。表3-6はベースラインと実験終了後の
データを比較したものである。この表は次のように読む。例えば、ベース
ラインでは「まったく理解していない」と回答した住民が7名いたが、実
験終了後にその内の3名が「名前を知っているが、どういうものかあまり
理解していない」と名前を知るようになり、別の3名が「少し理解してい

表 3-5 地域通貨の理解度（ベースライン）

	まったく理解していない	名前を知っているが、どういうものかあまり理解していない	少し理解していると思う	よく理解していると思う
度　数（%）	7(8%)	20(24%)	48(57%)	9(11%)

出所：栗田（2010）。

表 3-6 地域通貨の理解度の変化

	実験終了後				
地域通貨の理解度	まったく理解していない	名前を知っているが、どういうものかあまり理解していない	少し理解していると思う	よく理解していると思う	p 値
ベースライン					
まったく理解していない(n=7)	1	3	3	0	
名前を知っているが、どういうものかあまり理解していない(n=20)	0	4	14	2	.000***
少し理解していると思う(n=48)	0	5	30	13	
よく理解していると思う(n=9)	0	0	1	8	

注）　***=p<.01（両側検定）
出所：栗田（2010）をもとに著者作成。

ると思う」と少し理解度を向上させるようになった、と読むことができる。表中の線の囲いが、地域通貨の理解度を向上させた住民の数を表している。その数は数えると 35 名もおり、全体の 4 割にも及ぶことがわかる。この[38]

---

[38]　表の中の右端に示される p 値という文字は、変化の方向性が統計的な意味を有する

表の中で注目すべき点は、ベースラインで「まったく理解していない」もしくは「名前を知っているが、どういうものかあまり理解していない」と回答した27名の内22名が実験終了後に理解度を向上させたことである。この結果は、ベースラインでは十分に理解されることのなかったむチューが実験を経ていく中で少しずつ理解されるようになったことを示している。これは、実験の成果として評価してよい。

　コミュニティ・ドックという観点からこの成果について考えてみよう。今回のケースでは、研究者チーム、商店会メンバーとNPOメンバーが協力しながらむチューのことを説明する機会を多くつくってきた。私は商店会の会議の中で各地の地域通貨の実践について紹介するとともに、むチューの意義について丁寧に説明をしてきた。商店会とNPOはむチューの使い方や使える商店を紹介したチラシ（むチュー新聞）を定期的に発行してきた（図3-9）。地元の祭りでは研究者チームが作成したむチューの流通スキームのイラストを使って、私とNPOメンバーが住民に対して地域通貨の意義を説明することもあった。こうした一連の協働の取り組みが、地域通貨の理解度を向上させるきっかけとなったに違いない。このことは、コミュニティ・ドックが地域通貨を開始するときに活用すべき方法であることを示している。

　さて、次は住民がむチューを受け入れたのかどうかを調べてゆこう。なぜ住民の受容意識を調べる必要があるのだろうか。住民の地域通貨の理解度が高まったからと言って、地域通貨が好意的に受け入れられたとは限らない。むチューを不便な通貨として毛嫌いする住民もいれば、地域活性化

のかどうかを判断するための指標である。それは、ある現象が偶然によって生じた結果であるのかどうかを確率的に判断するための値である。p値の右上のアスタリスクは、ある確率的な水準から判断すると、住民の意識や行動の変化が偶然ではなく何か原因があって生じた現象である可能性が高いということを示す。つまり、p値にアスタリスクが付いていれば、その結果は統計的に見た場合に意味を有していることを表す。p値はウィルコクソンの符号順位和検定により計算している。本章では、これ以降も同じ方法で住民の意識と行動の変化を見ていく。その場合のp値も同じ検定方法で分析した結果を表すことに注意されたい。

図3-9 むチュー新聞（一部）

「むチュー新聞」は地域のお客様と商店・商店街、商店・商店街同士をつなぐ新聞です。創刊号の今回は、武蔵野市中央地区商店連合会の様々なニュースを、地域の皆さんにお知らせします！
今後とも地元のお店をよろしくお願いいたします。

中央地区商店連合会に名称が変わりました！

武蔵野市にある商店会をJRの駅ごとに大別して、三鷹駅を中心とした中央地区、吉祥寺地区、境地区と呼んでいます。これまでは「中部地区地域活性化協議会」という名前でしたが、今年5月から「中央地区商店連合会」と名称が変わりました！この「中央地区商店連合会」は14の商店会が加盟しています。どうぞよろしくお願いいたします。

武蔵野市商店会連合会
吉祥寺地区　　中央地区　　　　境地区
武蔵野市中央地区商店連合会

グリーンパーク商店会	西久保城山会
三谷通り商店会	八丁商和会
関前八幡町親交会	三鷹駅北口商店会
中央通り西祥会	緑町一番街
中道第二商店会	緑町商栄会
西久保NTT通り商店会	武蔵野中央会
西久保商店会	大野田商店会

地域通貨「むチュー」がはじまっています！

日経新聞、読売新聞にも大きく報道されて、今注目度大！

地域通貨「むチュー」の趣旨：地域住民、諸団体、商店会のふれあいを深めることにより、地域の助け合いやボランティア意識および環境への配慮の向上を図ることを目的としています。さらに地域や商店街の活性化を促進して行きます。

むチューの使い方

●ボランティア等の「お礼」として
　15分で「50むチュー」2枚が目安

イベント計画中!!

●福祉や環境保護団体等へ「寄付」
　ふれあいセンター、コミセンに寄付箱あり

●50円分の「金券」として
　右記ポスターのある協力店でお買物
　（裏面またはmu-chu.comをご覧ください）

●「ふれあいスタンプ」台紙に貼って
　「50むチュー」1枚がふれあいスタンプ
　35枚分に相当します

●イベント時の「金券」として
　武蔵野市中央地区商店連合会、あるいは
　中央地区の商店会が開催するイベントの金券として使えます

●ムーバス三鷹駅北西循環（4号路線）で使えます!!
　平成21年1月～3月31日まで実験期間として「50むチュー」2枚で乗車出来ます

地域通貨「むチュー」の流通期間：平成21年3月31日（火）まで

地域通貨協力店での「スタンプラリー」を計画中です。抽選会等のイベントも行う予定です。

地域通貨「むチュー」の見本

協力店ポスター

出所：武蔵野市中央地区商店連合会による提供。

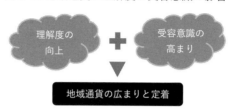

図 3-10 地域通貨の理解度と受容意識の影響

出所：著者作成。

のための新しい通貨として好意的にとらえる住民もいるに違いない。地域通貨は理解度の向上とともに受容する意識の高まりによって広まってゆく（図 3-10）。

　そうみれば、地域通貨を受容する意識の向上が実験の成果指標の一つとして意義を持つといってよい。では、こうした住民の意識をどのように調べるのだろうか。私はそれを調べるために報酬意識という考え方を使おうと思う。報酬意識とは、活動に対するお礼の感じ方を表す[39]。例えば、ボランティア活動のお礼を何も望まない住民もいれば、何かお礼を求めようとする住民もいるかもしれない。こうしたお礼に対する感じ方は個人によって大きく違うであろう。では、住民はむチューをボランティア活動のお礼として認めるだろうか。それとも、受け入れを拒否するだろうか。また、こうした感じ方は地域通貨の実験が進む中で変化していくのだろうか。住民の受容意識をレーダーチャートによって観察してみることにしよう。図3-11 と 3-12 のレーダーチャートは、それぞれの活動のお礼として地域通貨を受け取るあるいは渡すことが望ましいと考える住民の割合を表す。数値の高い活動項目ではむチューが好まれている。このレーダーチャートはベースラインだけでなく実験終了後の状態も教えてくれるので、住民の受容意識の変化も調べることができる。それではまず、活動別に地域通貨の報酬意識を観察してみよう。図を観察してみると、むチューは受け取る場合も渡す場合もさほど変わらずレーダーチャートの右側に位置する活動の

---

[39] 報酬意識の詳しい内容については5章で論じたい。ここでは、簡単な説明にとどめる。

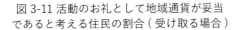

図 3-11 活動のお礼として地域通貨が妥当
であると考える住民の割合 (受け取る場合)

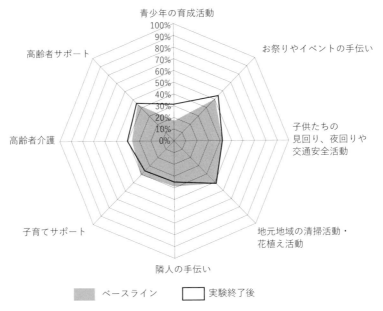

出所：著者作成。

お礼として好まれていることがわかる。こうした活動には地域のボラン
ティア活動が含まれる。中でも「お祭りやイベントの手伝い」や「地元地
域の清掃活動・花植え活動」のお礼としてむチューを活用することがよい、
とおよそ半数の住民は思っている。むチューに対する住民の報酬意識は変
わってゆくであろうか。ベースラインと実験終了後のレーダーチャートを
比較してみる。2 つを見比べてみると、「青少年の育成活動」のお礼とし
てむチューを活用することを評価する住民の割合が、お礼と受け取る場合
でも渡す場合であっても増えているということがわかる。この結果より、
ベースラインでは「青少年の育成活動」のお礼としてむチューを使うこと
に好意的でなかった住民が、むチューに関わることによりその評価を変え
るようになった可能性が高いことが理解できる。こうした意識の変化が生

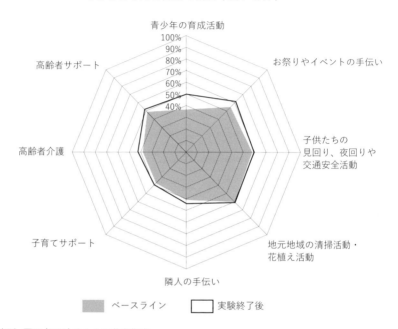

図 3-12 活動のお礼として地域通貨が妥当
であると考える住民の割合 (渡す場合)

青少年の育成活動

お祭りやイベントの手伝い

子供たちの
見回り、夜回りや
交通安全活動

地元地域の清掃活動・
花植え活動

隣人の手伝い

子育てサポート

高齢者介護

高齢者サポート

ベースライン　　　実験終了後

出所 : 栗田 (2010) をもとに著者作成。

じた理由の一つとして、この活動に取り組む地元の市民団体がボランティ
アに渡すお礼を文具やパンといった粗品からむチューに変えたことを挙げ
られる。実験開始当初は、ボランティア活動のお礼を地域通貨に変えるこ
とに抵抗感を示すボランティアもいた。そうした抵抗感を示すボランティ
アの多くは、ボランティア活動のお礼は受け取るべきではない、あるいは
受け取ったとしても粗品程度にとどめるべきという考え方を持っていたに
違いない。だが、このようなボランティアも 9 カ月の間むチューに関わる
ことによって、「青少年の育成活動」の成果を新たに評価できる手段とし
て地域通貨をとらえるようになった。そうして、むチューに対する報酬意
識を変えるようになったのではないか。報酬意識を変化させた住民の数は
それほど多くないのではないか、と疑問を持つ読者ももちろんいることで

あろう。しかし、9 カ月間という短い実験期間であってもむチューの報酬意識が変化した事実は、高く評価されるべきである。

　なぜなら、住民が地域通貨に対して予想以上の柔軟な意識を示すことがわかったからである。短い期間でも、住民は地域通貨の機能と意義を理解できるようになる可能性が高い。コミュニティ・ドックを続けていき住民の意識に働きかける機会を作っていけば、地域通貨を受け入れる住民がもっと増えていくことも十分に予想できる。こうした可能性を示唆するこの実験成果は、十分な評価に値すると言えよう。

　ここまでの分析結果より、住民のむチューの理解度と受け入れる意識は高まることが分かった。この変化は、研究者チームと地域の当事者が一緒になってむチューを広める活動を展開してきたことによって生み出された成果である。コミュニティ・ドックは、この変化が生じることを後押ししてゆくための調査方法として意義を有していると言ってよい。コミュニティ・ドックの成果をさらに高めていくために、今回の実験では活用できなったことをもっと試してみることもできるだろう。例えば、地域通貨を理解するゲームにトライすることもあるだろう。吉田と小林が開発した地域通貨ゲームを活用すれば、住民の地域通貨の理解度と受け入れる意識が高まってゆく可能性が高い（Yoshida and Kobayashi 2018）。地域通貨に関する学習会を開催するのもよいだろう。住民が貨幣や地域通貨について語り合う学習会は、地域通貨の理解度を高めることにきっと貢献するに違いない。こうした方法をいくつも組み合わせてみることによって、コミュニティ・ドックを活用した地域通貨の研究と実践が発展していく。

3-4-3 むチューによる団体間の連携強化

　むチューの発行目的の一つは、商店会と地元の市民団体との間に連携関係を創出することであった。そうなれば、商業活動と非商業活動の間に新しい関係が生まれ、地域コミュニティと地域経済の活性化が生じることを期待できた。そこで、商店会は最初に地元の福祉系の市民団体と協働してゆくことを決めたのである。むチューを始めることでその成果を得られたのかどうかを確かめるために、むチューをお礼として活用した 2 つの福祉

表 3-7「地元地域の組織間連携はあると思いますか」
に対する回答（ベースライン）

	全くないと思う	あまりないと思う	すこしあると思う	強くあると思う	わからない
福祉系組織A （N=19）	0(0%)	4(21%)	14(74%)	1(5%)	0(0%)
福祉系組織B （N=32）	0(0%)	3(9%)	17(53%)	8(25%)	4(13%)

注）組織に所属するメンバーのみを分析対象にしている。
出所：栗田（2010）。

系市民団体 A と B のメンバーに対して、ベースラインと実験終了後に「地元地域の組織間の連携はあると思いますか」という質問をしてみた。そして、意識の変化が生じたのかどうかを観察してみることにした。[40]

　最初にベースラインにおける意識を確認しておこう。表 3-7 を見ると、福祉系団体Aのメンバーで最も多かった回答は「すこしあると思う」(74%)ということがわかる。だが、その一方で 21% のメンバーが「あまりないと思う」とも回答している。この結果は、Aのメンバーの多くが地元地域にある程度の連携意識があると感じていることを表しているが、団体間連携にはさらなる改善の余地があることも示唆している。Bのメンバーで最も多かった回答は A のメンバーと同じように、「すこしあると思う」(53%)であった。Aのメンバーと違う点は、4 分の 1 程度のメンバーが「強くあると思う」と感じていることだ。2 つの団体を比べると、BのメンバーはAのメンバーに比べると団体間の連携意識を持っていることに気づく。

　では、市民団体のメンバーの連携意識は、むチューの流通が始まることによって変化をみせるだろうか。ベースラインと実験終了後の結果を比べ

---

[40]　市民団体 A も B も一つの団体というよりは有志の集まりに近いため、アンケートの質問では回答しやすいように「組織」という言葉を使った。ただし、商店会はこうした組織を含めた集まりを団体と呼んできたので、この項では「団体」という概念を使って論を進めてゆく。この項で使う「組織」と「団体」という概念は、意味においてたいした違いはないことに注意されたい。

表 3-8 組織間連携についての意識変化
（福祉系組織 A の場合）

連携意識 福祉系組織A	実験終了後				p値
	全くないと思う	あまりないと思う	すこしあると思う	強くあると思う	
ベースライン					
全くないと思う (n=0)	0	0	0	0	
あまりないと思う (n=4)	0	1	3	0	.035**
すこしあると思う (n=13)	0	1	6	6	
強くあると思う (n=1)	0	0	1	0	

注）**=p<.05（両側検定）
出所：栗田（2010）をもとに著者作成。

表 3- 9 組織間連携についての意識変化
（福祉系組織 B の場合）

連携意識 福祉系組織B	実験終了後				p値
	全くないと思う	あまりないと思う	すこしあると思う	強くあると思う	
ベースライン					
全くないと思う (n=0)	0	0	0	0	
あまりないと思う (n=3)	0	0	3	0	1.000
すこしあると思う (n=16)	0	5	5	6	
強くあると思う (n=8)	0	0	4	4	

出所：栗田（2010）をもとに著者作成。

た表 3-8 と 3-9 をみてみよう。この表を観察すると、A のメンバーの連携意識が変化していることに気づく。「あまりないと思う」→「すこしあると思う」という意識の変化を見せた住民が 3 人、「すこしあると思う」→「強

くあると思う」という意識の変化を示した住民が6人もいた。ベースラインにおいて「あまりないと思う」あるいは「すこしあると思う」と答えた住民17人の内9人が、むチューによって団体間の連携意識が強まったと感じるようになった。逆に、連携意識の評価を悪化させた住民は2人しかいなかった。一方、Bのメンバーの連携意識については、変化の方向がはっきりとしないことに気づく。連携意識を強めたメンバーが9人、弱めたメンバーが9人いる。よって、団体Bの場合、むチュー始まったことにより連携意識が強まったのか弱まったのかははっきりとはわからない。なぜ、Aのメンバーの連携意識だけ変化したのだろうか。その理由は、商店会でむチューを始めたメンバーの一人が、団体Aと関わりを持っていたためであると考えられる。彼は団体Aのメンバーとして地元の福祉活動にも力を入れてきた。むチューを始めるに際して彼はこの団体の会議に何度も参加して、むチューの機能や目的を丁寧に説明してきた。私も彼に同行してアンケートへの協力をお願いするとともに、地域通貨の意義について説明をしてきた。我々の説明を受けた団体Aは、むチューを青少年の育成活動のお礼として実際に活用するようになり、むチューを受け取ったメンバーは商店での買い物に使うようになった。こうしたやりとりが何度もおこなわれてゆくことによって、団体Aのメンバーの連携意識が変わっていったのではないか。

　ここまでの分析から、むチューによって福祉系団体のメンバーの連携意識が変化することがわかった。むチューを介して商店会と福祉系団体の間に新たな関係性が生じたことによって、団体メンバーの連携意識に変化が生じたのである。この意識変化は商店会が狙っていたむチュー導入効果の一つであったので、大きな成果として評価したい。また、この成果はコミュニティ・ドックの有効性も示してもいる。地元の当事者が研究者チームと協力しながらむチューについて説明をしていくことによって、住民は地域通貨に興味を持つようになった。そうしてむチューに関わるようになった団体メンバーは、商店とボランティアの間に新しいつながりが生じたことを認識するようになった。その結果として、団体間連携の強まりを実感できるようになったのである。

3-4-4 住民の購買行動と商店街に対する見方の変化

　次は、むチューによって住民の商店での買い物が増えるのか、そして商店に対する意識が変わるのかどうかを観察してみる。商店会は、むチューを発行して商店を活性化しようとした。だが、商店の活性化とは個別商店の売り上げ増加だけを意味するのではないことに注意しよう。商店会は、むチューを通して住民が商店に興味を持つようになり商店サポーターになることも期待したのである。このような商店を下支えしてくれる住民を育成することも商店の活性化につながってゆくと言ってよい。地域通貨は、地域商品券と違って地元の様々な団体を連携させることができる。それによって商店会の地域貢献活動を知り、行動を変える住民も現れるに違いない。一度も商店で買い物をした経験を持たない住民が、地域通貨によって商店で買い物をするようになるかもしれない。また、これまで以上に積極的に商店での買い物をしようとする者も現れてくることが期待できる。9カ月間という実験期間において、住民の行動や意識は変わっただろうか。この分析に入る前に、中央地区の商店の現状を少し説明しておきたい。30 〜 40 年ほど前まではこのあたりでも個性豊かな商店が軒を並べて、商売を営んでいた。商店会同士の連携も強く、イベント事業も定期的に開催されていた。ところが、コンビニやスーパーの出店などによってこうした商店の売り上げが減っていき、少しずつ商店が閉店するようになっていった。そして、商店同士の連携も弱まってゆき、スタンプ事業も停滞していった。アンケートの自由記述解答欄において、住民が中央地区の商店の現状について次のように述べている。

　　グリーンパーク商店街は年々寂れていく感じがしてさみしいです。引越しをしてきた時はもっと沢山のお店があったのにシャッターが閉まっているお店が増えました。とても残念です。

　　活気がない。高齢従業員ばかりになっているように思う。

どの商店街も活気がない。生鮮品を扱う店、衣料品の店等が特に少なくなってきた。

　商店会は、こうした現状を少しでも好転させようとしてむチューを発行することにしたのである。次から住民の購買行動の変化と商店に対する意識変化を探ってゆこう。

3-4-5 住民の購買行動の変化

　まず、食料品、日用雑貨品、衣料品、外飲食それぞれについての購買・利用先の頻度を観察してみよう。アンケートではそれぞれについて購買先を指定して、一番よく買い物をするものには◎、それ以外の頻度のものには×を記入してもらい、全く買い物をしないものには何も記入してもらわないようにした。この質問をベースラインと実験終了後に実施して、購買行動の変化を探ってみることにした。◎は２点、×は１点、未記入のものは０点と点数化をしてグラフを作成した。その結果が図 3-13 と 3-14 である。この図では、点数の高い購買先ほどよく利用されていることを表している。

　最初にベースラインからみてみよう。食料品と日用雑貨品の購買先は、「スーパー・コンビニ」が圧倒的に多い。住民が述べているように、食料品や日用雑貨品を扱う商店はここ 30 ～ 40 年の間に激減してしまった。そうした現象を引き起こした原因の一つが、スーパー・コンビニの出店増加であった。住民は品数も豊富で価格も安いスーパー・コンビニで買い物をするようになっていった。こうしたことがこの図の結果に表れていると言ってよい。

　衣料品の購買先は、「吉祥寺や三鷹駅周辺の小売店」が多い。吉祥寺には、有名百貨店や衣料品セレクトショップがたくさんあることが関係しているのであろう。外飲食の利用先を見ると、「チェーン飲食店」や「吉祥寺駅周辺」が多いが、中央地区の「個人経営飲食店」も割と利用されていることに気づく。私が幼い頃に家族とよく食べに行った中華料理店や出前で利用した蕎麦屋が現在でも営業しているのだから、住民がこうした個人経営飲食店

図 3-13 業種別購入先①

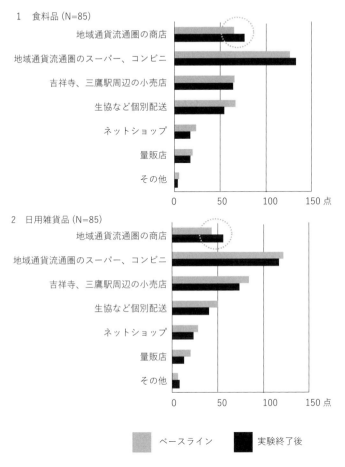

1 食料品（N=85）

2 日用雑貨品（N=85）

ベースライン 実験終了後

出所：栗田（2010）をもとに著者作成。

を利用することは多いのであろう。

　次に、むチューが始まったことによって住民の購買先が変わったのかどうかを観察してみたい。住民はむチューに関わることによって商店での買い物や飲食の機会を増やすであろうか。むチューを受け取ったボランティアが、あまり利用しない商店に足を運ぶようになって買い物をするように

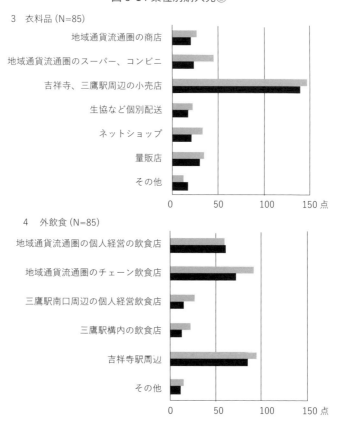

図 3-14 業種別購入先②

3　衣料品 (N=85)

- 地域通貨流通圏の商店
- 地域通貨流通圏のスーパー、コンビニ
- 吉祥寺、三鷹駅周辺の小売店
- 生協など個別配送
- ネットショップ
- 量販店
- その他

4　外飲食 (N=85)

- 地域通貨流通圏の個人経営の飲食店
- 地域通貨流通圏のチェーン飲食店
- 三鷹駅南口周辺の個人経営飲食店
- 三鷹駅構内の飲食店
- 吉祥寺駅周辺
- その他

出所：栗田（2010）をもとに著者作成。

なることも十分に起こり得る。また、むチューの利用をきっかけとして、商店での購買金額を増やすボランティアも現れるかもしれない。このようなことが実際に生じたのかどうかを確かめるために、ベースラインと実験終了後のデータを比べて分析してみよう。図中の一番上の購買・利用先が中央地区の商店である。ここを見れば、むチューが始まったことによって商店の利用頻度が増えたのかどうかを観察できる。この図を見てみると、点線の丸印が示す通り食料品と日用雑貨品において住民の購買頻度が高

表 3-10 食料品の利用頻度の変化
（むチュー利用グループ）

利用頻度 食料品	実験終了後			p値
	利用しない	×（利用する）	◎（一番利用する）	
ベースライン				
利用しない (n=28)	13	11	4	
×（利用する） (n=31)	6	21	4	.070*
◎（一番利用する） (n=9)	1	3	5	

注）*=p<.1（両側検定）
出所：栗田（2010）をもとに著者作成。

まっていることがわかる。むチューが始まることにより商店に足を運ぶようになった住民が増えたようだ。だが、この変化は本当にむチューが原因となって生じたものと判断してもよいだろうか。この疑問を解消するために、私はアンケートの協力者をむチューを使用したことのあるグループと使用したことのないグループに分けて購買行動を調べてみることにした。むチューを使用したことのあるグループだけが中央地区の商店での購買を増やしているのであれば、その変化がむチューを原因とするものであったと推測できるからだ。表 3-10 から 3-13 は、2 つのグループに分けてみて食料品と日用雑貨品の購買行動に違いがみられるのかどうかを調べるためのものである。これらの表を観察すると、むチューを使用したことのあるグループが中央地区の商店での買い物頻度を増やしたことがわかる。表中の線の囲いが、中央地区の商店で購買頻度を増やした住民の数を表す。まず、食料品について見てみよう。ベースラインで「利用しない」と回答した住民 28 人の内 15 人が利用するようになり、「利用する」と回答した住民 31 人の内 4 人が「一番利用する」ようになった。一方、購買頻度を下げた住民の数は 10 人しかいなかった。次に、日用雑貨品について見てみよう。「利用しない」と回答した住民 39 人の内 16 人が利用するように

表 3-11 日用雑貨品の利用頻度の変化
（むチュー利用グループ）

利用頻度 日用雑貨品	実験終了後			p値
	利用しない	×（利用する）	◎（一番利用する）	
ベースライン				
利用しない (n=39)	23	13	3	
×（利用する） (n=24)	3	15	6	.038**
◎（一番利用する） (n=5)	3	1	1	

注）**=p<.05（両側検定）

出所：栗田（2010）をもとに著者作成。

なり、「利用する」と回答した住民 24 人の内 6 人が「一番利用する」ようになった。逆に、購買頻度を下げた住民は 7 人のみであった。以上の結果から分かることは、中央地区の商店での買い物頻度を減少させた住民の数よりも、増加させた住民の数の方が相当多いということである。

　他方で、むチューを使用したことのないグループの購買行動には特別な変化はみられなかった。それゆえ、むチューに関わることを一つのきっかけとして、中央地区の商店での買い物を増やすようになった住民がいる可能性が高いと言える。むチューに取り組むことで団体間の連携を深め住民の商店に対する購買行動を変える、という商店会の立てた最初の目標はある程度達成されたと考えられる。ただし、住民の商店でのむチュー利用額を調べてはいないために厳密な経済効果を知ることはできない。その点が今回の調査の限界であった。だが、むチューを使用したことのあるグループの購買行動が変わった点に対して評価を与えることができると考える。

3-4-6 商店に対する住民の意識の変化

　むチューが住民に知られ広く流通するようになれば、むチューを積極的に手に入れて使おうとする商店サポーターも現れ始めるかもしれない。商

表 3-12 食料品の利用頻度の変化
（むチュー未使用グループ）

利用頻度 食料品	実験終了後			p値
	利用しない	×（利用する）	◎（一番利用する）	
ベースライン				
利用しない (n=5)	1	3	1	
×（利用する） (n=8)	4	3	1	1.000
◎（一番利用する） (n=4)	1	0	3	

出所：栗田（2010）をもとに著者作成。

表 3-13 日用雑貨品の利用頻度の変化
（むチュー未使用グループ）

利用頻度 日用雑貨品	実験終了後			p値
	利用しない	×（利用する）	◎（一番利用する）	
ベースライン				
利用しない (n=11)	8	3	0	
×（利用する） (n=3)	2	0	1	.557
◎（一番利用する） (n=3)	2	0	1	

出所：栗田（2010）をもとに著者作成。

店は価格や種類ではスーパーやコンビニに太刀打ちできないのだから、商店をサポートする意識を持った住民を地道に育てていくことが、長い目で見たときに非常に重要となる。果たしてむチューが始まることによって商店に対する意識を変えた住民はいるだろうか。ここでは、2つの質問を使ってこの問題に取り組んでみたい。1つ目の質問が「商店街は地域貢献して

いると思いますか」というもので、2つ目の質問が「仮に、商店街の値段の方がスーパーの値段に比べて多少高いと感じても、商店街をサポートする気持ちがありますか」というものであった。こうした商店に対する意識が、むチューによって変わっていくのかを調べてみよう。

　表3-14はベースラインの結果を表す。商店街の地域貢献については、「少し思う」住民が44人（52.4%）と最も多く、「強く思う」住民も6人（7.0%）いた。一方、「あまり思わない」と「全く思わない」住民は合わせて11人（13.2%）しかいない。住民はむチューが始まる前から、商店の地域貢献を評価していたとみてよい。商店のサポート意識も似たような回答の傾向を示している。ベースラインを見ると、「少しある」と感じる住民が36人（43.0%）と最も多くおり、「強くある」と思う住民も8人（10.0%）いることがわかる。だが、残りのおよそ半数の住民は商店をサポートする意識をあまり持っていない。商店会はこうした住民の意識をむチューによって少しずつ変えていく必要がある。先の分析と同じ方法を使ってグループ別の意識変化を調べてみよう。表3-15から3-18までが分析結果を表している。

　まず、むチューを使ったグループの意識変化を見てみたい。表中の線の囲いが、商店に対する評価を改善させた住民の数を表している。これを観察すると、商店の地域貢献に対する感じ方を改善させた住民が16名、商店に対するサポート意識を高めた住民が12名いることがわかる。ところが、商店に対する評価を悪化させてしまった住民も同じ程度いることも確認できる。地域貢献感については20名、サポート意識については18名の住民が評価を悪化させた。よって、住民の商店に対する評価が改善の傾向を示しているのか、悪化の傾向を示しているのかを明確に判断することはできない。

　では、むチューを使ったことのないグループについてはどうだろうか。表3-17と3-18を観察してみると、こちらのグループの評価についても、住民の評価が改善傾向にあるのか、悪化傾向にあるのかをはっきりとは判断できないことがわかる。

　以上の分析より、いずれのグループも商店に対する意識をあまり変化さ

表 3-14 地元地域商店街に対する意識の回答分布
（ ベースライン ）

質問項目	全く思わない 全くない	あまり思わない あまりない	どちらとも いえない	少し思う 少しある	強く思う 強くある
地域に貢献していると思いますか (n=84) ［地域貢献度］	1(1.2%)	10(12%)	23(24.7%)	44(52.4%)	6(7%)
仮に商店街のほうがスーパーの値段に比べて多少高いと感じてもサポートする気持ちがありますか (n=83) ［サポート意識］	0(0%)	13(16%)	26(31%)	36(43%)	8(10%)

出所：栗田（2010）をもとに著者作成。

表 3-15 地域貢献感の変化（ むチュー利用グループ ）

地域貢献感 (n=67)	実験終了後					p 値
	まったく 思わない	あまり 思わない	どちらとも いえない	少し思う	強く思う	
ベースライン						
まったく思わない (n=1)	0	0	1	0	0	
あまり思わない (n=7)	0	3	1	3	0	
どちらともいえない (n=15)	0	3	5	6	1	.656
少し思う (n=42)	0	5	11	22	4	
強く思う (n=2)	0	0	0	1	1	

出所：栗田（2010）をもとに著者作成。

せなかったことが分かった。むチューとの関わりが商店に対する感じ方を変えるほどのものではなかった、と言える。むチューを始めた目的の一つが、商店会活動を広く知ってもらい商店を支えてくれるサポーターを育て

表 3-16 サポート意識の変化（むチュー利用グループ）

サポート意識 (n=66)	実験終了後					p 値
	まったく ない	あまり ない	どちらとも いえない	少しある	強くある	
ベースライン						
まったくない (n=0)	0	0	0	0	0	
あまりない (n=10)	2	3	4	1	0	
どちらともいえない (n=19)	0	4	9	6	0	.214
少しある (n=30)	0	3	7	19	1	
強くある (n=7)	0	0	0	2	5	

出所：栗田（2010）をもとに著者作成。

てゆくことにあった。しかし、この 9 カ月間の実験ではその目的を十分に果たすことはできなかった。この結果は当然といえば当然である。地域通貨を 1 年、3 年、5 年と継続してゆく中で、住民は商店の地域貢献活動を評価するようになり少しずつ商店を支援する意欲を持てるようになる。地域通貨を通して商店サポーターを育てるためには、9 カ月は短い実験期間であったかもしれない。とはいえ、商店に対する意識を変化させた住民も少なからずいたことは見逃してはならないだろう。こうした住民を発見して地道に育ててゆくことが求められる。

　住民の購買行動と商店に対する意識の分析結果をまとめておこう。まず、むチューに関わることによって食料品と日用雑貨品を専門とする地元の商店に足を運ぶことがわかった。むチューを始めた目的の一つが住民の商店利用頻度の向上であったのだから、この結果は大きな成果として評価に値する。だが、住民の商店に対する意識の顕著な改善は見られなかった。このことは、9 カ月間という短い実験期間では、住民の意識はそう簡単には

表 3-17 地域貢献感の変化（むチュー未使用グループ）

地域貢献感 (n=17)	実験終了後					p 値
	まったく 思わない	あまり 思わない	どちらとも いえない	少し思う	強く思う	
ベースライン						
まったく思わない (n=0)	0	0	0	0	0	
あまり思わない (n=3)	0	3	0	0	0	
どちらともいえない (n=8)	0	2	4	2	0	.317
少し思う (n=2)	0	1	0	1	0	
強く思う (n=4)	0	0	0	1	3	

出所：栗田（2010）をもとに著者作成。

表 3-18 サポート意識の変化（むチュー未使用グループ）

サポート意識 (n=17)	実験終了後					p 値
	まったく ない	あまり ない	どちらとも いえない	少しある	強くある	
ベースライン						
まったくない (n=0)	0	0	0	0	0	
あまりない (n=3)	1	1	0	1	0	
どちらともいえない (n=7)	0	3	2	2	0	.763
少しある (n=6)	0	0	1	5	0	
強くある (n=1)	0	0	0	0	1	

出所：栗田（2010）をもとに著者作成。

変わらないということを示している。ただ、商店に対する評価を変えた住民も少なからずいることは注目してよい。今後はこのような住民に積極的に働きかけていき、むチューを広げてゆくことが必要だ。

3-5 むチューの換金行動からみた地域経済活性化効果の分析

　ここまでで、コミュニティ・ドックを活用しながらむチューの成果を観察してきた。具体的には、むチューに関わりを持った住民の意識や行動がどういった変化を遂げたのかを明らかにしたのだった。こうした調査を進めていく中で私は、一般の住民だけでなく商店の意識や行動もむチューの流通にとって重要な意義を持つことに気づくようになった。商店会のミーティングに参加してみたところ、商店同士が一枚岩のように結束してむチューに取り組んでいるわけではないことがわかった。また、いくつかの商店に簡単なヒアリングをしてみたところ、むチューと地域商品券を混同している商店があることも知った。商店のむチューに対する熱意の温度差や地域通貨に対する認識の違いは、むチューの流通に大きな影響を与えるに違いない。なぜなら、むチューを率先して進めているのは商店ではあるが、むチューを換金して流通を停止させてしまう可能性を持つのもまた商店であるからだ。こうして私は、商店の意識や行動も視野に入れたコミュニティ・ドックを進めていくことが重要である、と考えるようになっていった。そこで、私はこの問題について宮﨑に相談して、新たな調査計画を練ってみることにしたのである。この新たな調査で確かめるべきことは、商店のむチューの機能の理解度と換金行動についてである。この問題に取り組むことは、とても重要だ。なぜなら、むチューを受け取った商店が地域通貨をどのように理解し、どのように使うのかということが、むチューの継続的な流通に大きな影響を与えるからである。むチューの多くは商店で利用される。多くの商店がむチューを次の取引に使えば、むチューの流通は継続して経済効果を創出してゆく。逆に、むチューを換金してしまえば、むチューの流通は停止してしまい経済効果の創出が制限されてしまう。果

たして商店はむチューが経済効果を生み出す手段であることを知りながらも換金してしまうのだろうか。それとも、商店はそうした事実を知らないがために換金してしまうのか。我々はこの問題に取り組むことによって、コミュニティ・ドックを前に進めてゆくことにした。なお、一般住民の意識と行動の調査は第一次流通実験終了後に実施したが、この調査は第二次流通実験の終了後に実施した。よって、この調査は、より長い実験期間における商店の意識と換金行動について調べたものとなる。

　調査の方法について簡単に説明したい。我々はむチューを取り扱う商店を一軒一軒個別に訪問して、顔を合わせながら回答してもらうアンケートとインタビューを 2010 年の 10 月と 11 月の 2 回に分けておこなった。この調査では、むチューの理解度、むチューの換金の有無、むチューの使用先と使用回数を質問した。また、地域の変化の感じ方やむチューについての意見やアイデアも質問してみた。この調査に協力してくれた商店は 84 店舗であった。こうして得られたデータを使いながら、むチューによる経済効果の創出と課題についてみていくことにしよう。

　まず、商店によるむチューの換金行動について観察してみたい。表 3-19 が示す通り、4 割強の商店が入手したむチューを換金せずに次の取引に使っている。この結果はむチューが商業的な取引を媒介したことを意味するのだから、むチューが地域通貨として機能していたことがわかる。

　商店はむチューをどういった取引に使用したのだろうか。むチューの使用先と使用回数について調べてみることにしよう。むチューの使用回数の計算は次のようにおこなった。商店 A が 3 枚のむチューを持っている場面を想像してみてほしい。商店 A がその内の 1 枚を商店 B で使用して、次の 1 枚を商店 C で使用後、最後の 1 枚をコミュニティバスで使用した場合、むチューが、商店で 2 回、そしてコミュニティバスで 1 回使用されたことになる。この時、むチューの使用先は商店とコミュニティバスとなり、使用回数が 3 回となる。表 3-20 は、このような方法によって計算した使用回数を示している。この表を観察すると、商店の多くがむチューを別の商店で使用したことがわかる。これら 2 つの結果を考えてみると、むチューが商店間を転々流通する地域通貨としての機能を十分に果たしていたこと

表 3-19 むチューの換金について

商店の換金行為	％
受け取った地域通貨の一部あるいは全てを再利用した	41.7
受け取った地域通貨の全てを換金した	58.3
合　計	100.0

出所 :Kurita, Miyazaki, and Nishibe(2012) をもとに著者作成。

表 3-20 むチューの使用先と使用回数について

域通貨の使用先	使用回数
1. 商　店	47
2. コミュニティバス	2
3. 寄　付	2
4. 贈　与	2
合　計	53

出所 :Kurita, Miyazaki, and Nishibe(2012) をもとに著者作成。

が推察できる。商店間における一枚の地域通貨の利用回数の増加は、複数の商業取引が成立したことを意味している。それゆえ、むチューが地域内に経済効果を生み出していた可能性が高い。

　むチューの月別換金データを使って、もう少し商店の換金行動を探ってみよう。図 3-15 は、商店会から得られた月別のむチューの発行額と換金額のデータを使って作成したものである。ただし、得られたデータの中にはどういった情報を意味するのか判断ができないものも含まれていた。ここでは、そういったデータを除いて図を作成している。そのため、この図の月別総額を積み上げていっても、表 3-1 の発行総額と換金総額とは一致しない。しかし、このデータの提供を受けたおかげで月別のむチューの発行額と換金額のおおよその推移を知ることができることになった。

　この図を観察してみてまず気づくことは、むチューは実験開始直後に大

図 3-15 地域通貨発行額と換金額の月別推移

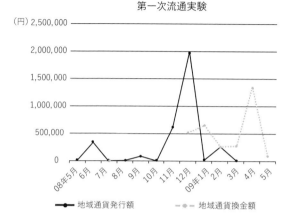

第一次流通実験

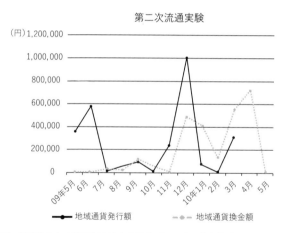

第二次流通実験

出所：武蔵野市中央地区商店連合会提供データより著者作成。

量に発行される傾向にあるが、その後 3 ～ 4 カ月間ではほとんど発行され
なかったという点である。そして、年末が近づくにつれて発行額が増えて
いく点が特徴的だ。最も発行される月は、1 次実験と 2 次実験ともに 12
月であった。年末に合わせたイベントの実施やプレミアム付きむチューの

販売によって、むチューの発行額が一時的に増えたと考えられる。むチューの換金額が増えるのは、一次実験と二次実験ともに 12 月と翌年の 4 月である。特に翌年 4 月の換金額が突出して大きい。実験終了後もしばらくむチューの換金を認めていたため、4 月や 5 月に換金されることが多かったのであろう。このように発行と換金の時期がずれていることは、むチューが発行され商店で利用された後ですぐに換金されているのではない、ということを意味している。先の分析結果と合わせて考えてみると、むチューは換金されるまでの間に何回かの商業取引を媒介していた可能性が高いと言える。むチューはこの地域の経済活性化に貢献できていたと見てもよい。ただし、むチューを換金するまで使わず持ち続けていた商店もあるかもしれない。こうしたむチューは、経済活性化効果に寄与しない。地域通貨の正確な経済効果を測定するためには、そういった商店がどれほどあったのかを確認しておくことが必要である。しかし、我々はそうしたデータを手に入れることができなかった。この点が我々の調査の課題として残された。

　むチューは確かに地域コミュニティ内で複数回流通したと思われるが、一方でおよそ 6 割の商店がむチューを次の取引に使わずに換金してしまった。その理由も考えなくてはならない。むチューは商品券型の地域通貨であったため、むチューを地域商品券と混同してしまい換金した商店もあるかもしれない。だが、そうでない可能性ももちろんあるのではないか。商店は果たしてむチューを地域商品券と同じものであると認識してしまい換金したのか、それともむチューが地域内を複数回流通する新しいタイプの地域商品券であると知りながらも換金したのか。前者の場合を考えると、商店がむチューをすぐに現金化するのは当然であることが理解できる。なぜなら、地域商品券は金券の一種であり、商店から見ればまだ現金化されていない券に過ぎないからである。では、後者の場合はどうか。この場合を考えると、商店がむチューを換金してしまう理由はそれほど明確ではないことがわかる。むチューの機能を知っていて地域経済活性化に貢献する意欲のある商店は、むチューを次の取引に使用するはずだ。ところが、先の分析結果は、そういった行動を示す商店ばかりではなさそうであることを明らかにしている。この問題については、むチューに対する商店の

認識という観点からもう少し調べてみる価値がありそうである。そこで、我々は、換金に関することだけでなくむチューの理解度についてもインタビュー調査で質問をしてみることにした。質問内容は、むチューの次の6つの機能について知っているかどうかを問うものであった。

1. むチューはお手伝いボランティア活動などのお礼に使用できる
2. むチューは福祉や環境保護団体へ寄付できる
3. むチューは加盟商店で使用できる
4. むチューはお祭りなどのイベントで使用できる
5. むチューはスタンプ台紙に貼って使用できる
6. 受け取ったむチューは有効期限内であれば、現金に換金せずモノ・サービスの取引に使うことができる。

　以上、6つのむチューの機能についての理解度と換金行動の関係性を調べるため、むチューを一回でも次の取引に使ったことのある商店グループと一回も次の取引に使ったことのない商店グループに分けてみて、それぞれのグループに属する商店のむチューの理解度の違いを比較観察してみることにした。こうすることによって、むチューの機能についての理解度の違いが換金行動に影響を与えたのかどうかを知ることができるだろう。グループ別に6つのむチューの機能の理解度を観察したものが、表3-21である。表中の88.2や79.6といった数値は、各グループの中でどの程度の商店がむチューのそれぞれの機能について理解をしているのかを表している。例えば、使用グループの商店のおよそ9割は、むチューが「ボランティア活動のお礼に使用できる」ことを知っていたのである。一方、換金グループの商店の場合、その割合がおよそ8割弱にとどまっていることがわかる。2つのグループのむチューの理解度の違いを比べてみよう。表をよく観察してみると、換金グループのむチューの理解度は全体的にやや乏しいということがわかる。特に、表中の線の囲いが示している「寄付に使用できる」、「スタンプ台紙に貼って使用できる」と「換金せずに次の取引にも使用できる」といった項目についての理解度が比較的低くなっている。それ

ゆえ、換金グループはむチューの機能を十分に知らずに換金してしまった可能性がある。逆に、使用グループはむチューの機能を十分に知っていたがゆえにむチューを換金せずに使ったのではないか。だが、ここで見逃してはならないことは、換金グループの内およそ7割以上もの商店が「換金せずに次の取引にも使用できる」という事実を知っていたという点である。この結果は、むチューが複数回流通する機能を持つことを知りながら換金した商店が存在したことを意味する。また、換金グループの商店の内およそ8割は、むチューが「ボランティア活動のお礼に使用できる」ということについても知っていたのである。つまり、ほとんどの商店は、むチューが複数回流通するとともに非商業取引にも活用できる新しいタイプの地域商品券であることを知っていたのだ。だから、自分たちがむチューを使えば、地元地域や地域経済を活性化できることにも気づいていたはずなのである。それでは、なぜこれらの商店はむチューを次の取引に使うことなく換金してしまったのだろうか。この問題を明らかにするため、我々は商店にインタビュー調査を実施した。

インタビュー調査では、換金グループの商店に対して、むチューを一度も使用せずに換金してしまう理由を質問した。また、使用グループの商店に対しても同じ質問をしてみて、換金してしまう理由を推測してもらった。その結果、商店の換金と地域通貨に対する興味深い考え方が換金行動につながっていることがわかった。その考え方とは、地域通貨を別の商店で使うと換金の手間を負担さてしまうことになるので申し訳ない、というものである。商店が述べている次の意見がそれを表している。ここでは3つの意見を代表的なものとして紹介しているが、多くの商店も同様の意見を持っていた。

　　自分は換金することが面倒だと思うので、それを他の商店に負担させることはできない。（商店A）
　　換金は手間なので地域通貨を他の商店で使うことは悪く感じてしまう。（商店B）
　　お店同士の取引では現金を使うことが良いと思う。地域通貨を使おう

表 3-21 グループ別の地域通貨の理解度（%）

	むチューを次の取引に使用 したグループ（n=34）	むチューを次の取引に使用せず 全て換金したグループ（n=49）
むチューの機能		
1．ボランティア活動の 　お礼に利用できる	88.2	79.6
2．寄付に使用できる	79.4	46.9
3．加盟商店で使用で 　きる	100	97.1
4．お祭りやその他イベ 　ントで使用できる	88.2	85.7
5．スタンプ台紙に貼 　って使用できる	79.4	61.2
6．換金せずに次の取 　引にも使用できる	100	75.5

出所 :Kurita, Miyazaki, and Nishibe(2012) をもとに著者作成。

とすると、相手の店のことを考えて気を使ってしまう。（商店 C）

　こうした意見は、事務局での換金の手間を別の商店へ先送りすることを躊躇する商店があったことを示している。換金の先送りを躊躇する理由の一つとして、換金所の場所の問題を挙げられる。商店にインタビューをしてみたところ、我々は換金所から近い商店会と遠い商店会があることを知った。商店会ごとに換金所が設置されていたわけではなかったのである。換金所から離れた場所にある商店会にとって、むチューの換金は非常に手間のかかる作業であっただろう。商店によっては、換金所に行くまでに徒歩で 20 分程度かかることもあった。だから、換金グループの商店はなるべく他の店にそうした負担をかけさせないようにしたのだと考えられる。その結果、残念なことにむチューの複数回流通が阻害されてしまうことになった。むチューの流通を広めてゆくためには、商店がこうした考え方を変えていく必要がある。取引相手の商店がむチューを換金することがわかっているのであれば、換金の手間を先送りすることに対してすまない

気持ちを感じる商店が現れることは当然であろう。だが、どの商店もお互いにむチューを使い合うようになれば、換金の手間を先送りするという考え方を持つ必要がなくなる。そうなれば、残り6割弱の商店もむチューを取引に使うようになり、むチューの流通が自然と広がっていくに違いない。商店がお互いに持っている思考習慣を少しずつ変えていくことも、むチューの流通を広めていくためには重要となるのだ。

　最後に、むチューの換金からみた地域経済活性化の効果と課題について簡単にまとめておきたい。およそ4割の商店はむチューを別の商店で使っていたことと、発行されたむチューはすぐに換金されるわけではないということを合わせて考えると、むチューが複数回流通することによって地域内にある程度の経済効果を創出する役割を果たしてきたとみてよい。だが、むチューを一度も使用せずに現金化してしまう商店もあったことは、むチューの流通を阻害する大きな課題であった。こうした商店は、むチューが換金の手間のかかる厄介な地域商品券であると考えてしまい、別の商店で使うことに躊躇してしまった。よって、地域通貨の流通を促進するためには、商店の地域通貨に対する理解を深める取り組みを積極的に進めてゆく必要があると言える。

3-6 住民への調査結果のフィードバックと自己点検

　コミュニティ・ドックでは様々な観点から社会調査を進めていき、得られたデータを丹念に分析することによってまずは地域コミュニティの課題を明らかにして、次に地域通貨を始めることによってその課題がどのように解決されていくのかを観察してゆく。ここまでが図3-1での中の①診断のための社会調査の実施と②データ分析による成果と課題の考察の段階である。その次の段階に進むと、研究者チームはデータ分析による調査結果を住民へとフィードバックして、調査によって得られた知見を住民と共有しながら事業を振り返る作業に取り組む。図3-1では、③住民へのフィードバックと知見の共有と④自己評価・自己点検がその段階にあたる。本節では、住民へのフィードバックの進め方について報告し、コミュ

図 3-16 フィードバックの対象者

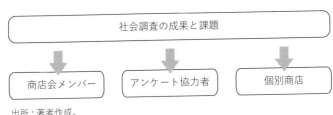

出所：著者作成。

ニティ・ドックを活用したことで得られた成果について論じよう。このコミュニティ・ドックの住民へのフィードバックは、むチューとの関わりが強かった商店会メンバー、アンケート協力者と個別商店に対して行った（図 3-16）。それぞれに対するフィードバックの方法は違ったので、個別に分けて報告することにしたい。まず、商店会メンバーに対するフィードバックの方法と成果について説明しよう。商店会の主要メンバーに対しては、調査結果のレポートとこの調査結果を用いて執筆した私の博士論文を渡して事業の成果と課題を説明した。そして、私と商店会メンバーは、社会調査の成果と課題を一緒に吟味しながらむチューについての知見を深めていった。我々はむチューによって住民の意識と行動の変化が生じたことと地域経済活性化効果がみられたことについて話し合い、むチューを続けていく意義を改めて確認した。次に、我々はむチューの課題についても議論を深め、今後の展望について話し合った。住民のむチューに対する意識と行動の変化を調べた調査で分かった課題は、住民のむチューを受け入れる意識が高まる余地を十分に残しているということと、住民の商店に対するサポート意識があまり変化しなかったということである。この課題について議論を深めていくことで、私と商店会メンバーは次のような仮説を持つに至った。この事業が商店会主導で進められてきたために、住民はむチューを自分達の取り組みとしてとらえられずあまり積極的に関わってこなかったのではないか。だから、住民がむチューを受け入れる意識は思ったほどの高まりを見せなかったのではないか。また、むチューを地域商品券と混同している住民や商店もまだまだいたのではないか。そうした住民

や商店は、むチューが商店会のための事業と考えてしまっているのではないか。そして、このような誤った認識がむチューの流通の広まりを抑制してしまっているのではないか。我々は調査結果を議論する中でこうした仮説を立て、むチューの機能と意義を地道に説明していくことこそが最も重要であるという共通認識を持つようになった。このように、社会調査の結果をフィードバックして議論を重ねてゆくことによって、研究者チームも地元の当事者も様々な気づきを得られるようになる。こうした新たな気づきを得られる点にコミュニティ・ドックのフィードバックの意義があると言ってよい。

　次に、アンケート協力者へのフィードバックの方法と成果について報告しよう。アンケート協力者に対しては図 3-17 のようなグラフとイラストを多用したレポートを渡した。アンケート協力者は、このレポートを読むことでむチューの成果と課題を理解できた。このレポートを受け取った住民の中には、むチューの成果と課題が見えてきたのでとても参考になった、といった感想を寄せてくれた者がいた。また、他の住民が地元についてどのような考え方を持っているのかを知る機会がないため、このようなレポートを通してそうした考え方を知る機会があることはとてもよいことだと思う、と感想を述べてくれる住民もいた。こうした住民の感想を得ると、レポートの配布がフィードバック方法としてうまく機能していたことがわかる。だが、このレポートを使ってグループ・ディスカッションやインタビュー等を実施できなかった点は大きな課題として残った。レポートの配布と対話の機会を組み合わせることによって、研究者チームも地元の当事者にとってもより深い気づきを得られる可能性が高まったであろう。

　最後に、個別商店に対するフィードバックの方法と成果について述べておこう。商店のむチューの理解度や換金行動の調査結果に関するフィードバックは、それまでのフィードバックの方法とはやや違う形で進められた。データを取得し分析を全てやり終えた段階でレポートを作成する時間的そして資金的な余裕がなかったので、個別商店の訪問時点までに得られた調査結果を報告し、その場で内容について議論するというやり方で進めたのである。こうして、調査と知見の共有を同時に進めていく中で、私と宮﨑

126

図 3-17 住民にフィードバックしたレポート（一部）

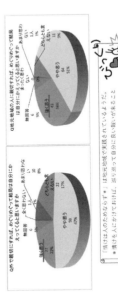

出所：著者作成。

はこの地域コミュニティに新たな課題が生じていることを知るようになった。その課題とは、むチューと似た商店街振興事業が同時に実施されていたということであった。我々が調査を実施していた時期に、むチューだけでなく商店会が発行するスタンプと武蔵野市の商工会が発行する地域商品券が同時に流通していたのである。図 3-18 が示すように、中央地区では同じ時期に複数の決済手段が利用されていた。法定通貨、むチューとスタンプは互いに関連性を有しながら使用されていた。むチューはある条件のもとで法定通貨への換金が認められていたし、スタンプ事業とも関わりを持っていた。だが、武蔵野市の商工会が発行する地域商品券はむチューやスタンプとは全く関わりを持たずに発行されていたのである。

　私と宮﨑は商店へのインタビューをおこなう前よりこのことを知っていたが、大きな課題が生じているとは思ってはいなかった。我々は、複数の決済手段が同時に流通することは中央地区の商店街振興に寄与するのではないか、と考えていたのだった。ところが、商店と対話を進めていくと、こうした事態がむチューの流通に悪影響を与えることがわかった。ある商店は、いろいろな券やクーポンがあることで商店が混乱してしまい、むチューの機能や目的を十分に理解できなかったのではないか、と述べていた。確かに同じような商店街振興事業が同時に実施されていると、それぞれの事業の違いを知ることは難しくなるかもしれない。この場合、いずれの手段も商店で利用できたので、それぞれの機能や目的の違いがどこにあるのかをはっきりと理解することは容易ではなかったのだろう。そのため、むチューと地域商品券は同じ手段であると認識し、発行額の規模が小さいむチューが経済効果を生むことはない、と誤解する商店も現れてしまった。この課題を解決するためには、地域通貨の意義について説明する機会を地道に作っていくほかない。時間はかかるかもしれないが、そうすることによって地域通貨に対する理解が深まり、むチューの流通も広まってゆくはずだ。こうして、私と宮﨑は、地域通貨の普及と定着を促すためには通貨の流通スキームを改善していくことだけでなく、商店の認識を変化させることにも力を入れていく必要があることに気づいたのである。我々はコミュニティ・ドックを十分に活用することによって、新たな研究課題を

図 3-18 中央地区の複数の決済手段

出所：著者作成。

発見するようになった。

　ここまで論じてきたことで知り得た点は、コミュニティ・ドックを通して地元の当時者も研究者チームも思ってもみなかった新たな知見を得られるということである。コミュニティ・ドックによって、地元の当事者は地域の良さや課題を再発見できる。研究者チームは、新しい研究の種を発見できるかもしれない。こうした気づきや発見をたくさん得られれば次の調査テーマも明確に定まり、コミュニティ・ドックを前に進めてゆくことができるだろう。そして、地域通貨を広めていくことができる。地域通貨を地域に定着させることは本当に難しい。だからこそ、コミュニティ・ドックをうまく活用して事業改善に向けた気づきを拾い集めることが求められるのだ。

3-7 コミュニティ経済の共創と活性化に対するむチューの貢献と課題

　本節では、ここまでの研究成果をもとに、コミュニティ経済の共創と活性化に対するむチューの貢献について論じる。むチューはこの地域の発展にどういった貢献を果たしたのだろうか。むチューが始まる前は、商店会はスタンプを活用した商店街振興に力を入れ、市民団体はテーマに合わせたボランティア活動を進めてきた。基本的には、こうした取り組み同士が深い関わりを持たなかったと考えられる。だが、むチューが始まると、商店会と市民団体の間に互酬的な関係性が生じるようになった。商店会はむチューをボランティア活動のお礼に活用し、ボランティアはむチューを通

して商店での買い物を少し増やすようになった。こうして、お互いの活動をむチューによって新たに評価し合う機会が生じたのである。商業活動と非商業活動との間に、お互いの活動を認め合うという好ましい関係性が生じるようになり始めたのである。また、むチューの流通が広まるにつれて、商業活動にもよい影響がみられるようになった。商店同士がむチューを取引に使うようになったのである。むチューが商業活動における取引を複数回媒介したことによって、地域内にある程度の経済効果が生み出された。

　このように商店会と各種の市民団体が、むチューを活用して商業活動と非商業活動を相互に促し合う新しい経済の在り方、すなわちコミュニティ経済を共創してきた。これは新しい連帯の在り方で、地域通貨が2つの違った活動領域を媒介する役目を果たしてきた、と言ってよい。ただし、今回の2つの流通実験を通して大きな課題があることもわかった。すでに説明しておいたように、本来は図3-19の右の図が示すようなむチューの流れが理想的である。つまり、むチューが商業活動と非商業活動を媒介しながらぐるぐると回ってゆく状態が好ましい。が、実際のむチューの流れは左のようであった。点線の矢印は、むチューを使った取引があまり見られなかったことを表し、灰色で塗った矢印は、むチューでの取引がかなり見られたことを示す。非商業から商業への流れを示す黒い太字の矢印は、むチューによる取引量の多さを表している。むチューが最初に商業→非商業→商業というように流れてゆく様子は、確かによく観察できた。商店がむチューを買ってボランティアのお礼として活用し、ボランティアがむチューを商店での買い物に使う、という流れがこれに当たる。だが、その後、商店がむチューを再びボランティアのお礼に活用するという流れはほとんど見られなかった。多くの商店は、むチューを別の商店で使うか、あるいは換金してしまった。そのため、図中①の流れはやや弱くなってしまったのである。また、②の流れが示す、ボランティアがお互いにむチューをお礼として使い合うということもほとんど見られなかった。むチューを発行した目的の一つは、住民間相互扶助の促進であった。このことをむチューによって十分に促すことができなかった点は大きな課題として残された。③のむチューの流れは確かに観察できた。商店同士でむチューを使うこと

図 3-19 むチューの流通（実際と理想）

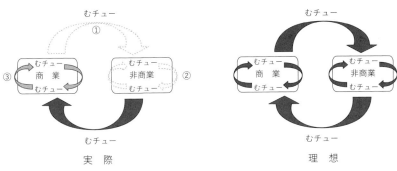

出所：著者作成。

はあったのである。だが、むチューを別の商店で使う商店の数はもっと増えてもよかったはずである。そうなれば、この事業によってさらなる経済効果の創出を得られたであろう。

　2回の流通実験を通してわかった点は、むチューはコミュニティ経済の創出に貢献を果たしてきたが、もっと多様な取引を促すために活用されるべきであった、ということである。多様な取引を望めない地域通貨は、おそらくすぐに換金されてしまうだろう。また、住民はそのような地域通貨を単なる地域商品券としてみなすようになってしまうかもしれない。そうなると、むチューを発行する意義が失われることになる。むチューを広く定着させてゆくためには、むチューの使い方を今まで以上に多様化していくことが求められるのである。

3-8 結　論

　本章では、コミュニティ・ドックを活用して様々な観点からむチューの成果と課題を明らかにしてきた。この調査によってわかったことを改めて振り返ってみたい。まず強調したい点は、住民の地域通貨の理解度は向上するとともに、受け入れる意識も高まったということである。9カ月間という短い流通実験期間であったとしても、住民の中には、地域通貨を地域

における新たな通貨であると認識するようになる者も現れてくる。住民の地域通貨に対する好意的なとらえ方が流通を広げてゆくためには必要なので、この成果は評価に値すると言ってよい。地域通貨に対する住民の意識がわりと柔軟に変化することを証明できた意義は非常に大きい。なぜなら、研究者チームはコミュニティ・ドックを活用しながら、住民の地域通貨に対する見方を変化させられることを明らかにしているからである。研究者チームの役割は、地域コミュニティの外から対象を客観的に観察して調査結果をフィードバックするだけでは不十分かもしれない。我々が調査対象にアクティブにアプローチしていくことも時には必要となるのではないか。そうすることにより、住民の地域通貨の理解度が高まり、地域通貨が広まっていく。

　むチューの導入目的の一つが、これまでつながりが見られなかった団体間の連携を強化することにあった。それゆえ、団体間の連携意識がむチューによって強まったことも重要な成果の一つとして評価したい。地域通貨を広めていくためには、様々な団体同士の協力関係が必要となる。地域通貨の発行、流通、償還それぞれの場面において様々な団体が関わることによって、地域通貨は広がりを見せてゆくだろう。むチューが始まることによって、少しでも団体間の連携関係が強まったことは大きな収穫であると言ってよい。

　むチューによって住民の購買行動が変化した点も注目に値する。むチューに関わることをきっかけとして商店で買い物をするようになった住民もいたのである。この結果は、地域通貨が住民と商店をつなげる有効な手段になり得ることを示している。ただし、住民が商店をサポートしようとする意識があまり変化しなかったことは、課題点として残った。むチューの実験期間が短かったことが、こうした結果を生じさせたと思われる。よって、もう少し長い実験期間を取ってみて商店サポート意識が変化するのかどうかを観察してみる必要がありそうだ。

　個別商店の調査によって、むチューの加盟商店の内およそ4割はむチューを別の商店で使っていたことから、むチューがある程度の経済効果を生み出したということがわかった。だが、その一方でむチューを換金す

る手間を次の商店に先送りすることに躊躇する商店は、むチューを自分で換金してしまうようであった。それがむチューの経済効果を阻害する要因となってしまった。この問題を解決するためには、商店を対象としたコミュニティ・ドックも積極的に進めてゆく必要がある。研究者チームと商店会の主要メンバーが協働しながら、商店を対象にした地域通貨の説明をして回ることも重要な作業になるだろう。

　調査結果は、商店会メンバー、アンケート協力者そして個別商店に対してフィードバックされた。そして、このフィードバックを通して、我々研究者チームも地域の当事者も様々な気づきを得ることができた。コミュニティ・ドックに取り組んでみてわかったことは、立場の異なる研究者と実践者がお互いに協働しながら社会調査と実践活動を進めてゆくことによって、事業の成果と克服すべき課題を共有できるようになるということであった。草郷や Stoecker が論じているように、研究成果のフィードバックの方法と活用方法まで考え抜いて生み出される社会科学の方法論こそ地域の内発的な発展にとって必要なものである（草郷 2007、Stoecker 2005）。中央地区のコミュニティ・ドックは、この知見のフィードバックを十分に取り入れながら取り組んできたために意義があったと言ってよい。ただし、今回のコミュニティ・ドックでは、住民へのインタビューやグループ・ディスカッション等に十分に取り組むことができなったことが課題であった。こうした方法もうまく取り入れていれば、住民同士がさらなる気づきを得ることができてむチューの流通が広まった可能性が高い。

　およそ 2 年間にわたって取り組んできたコミュニティ・ドックによって明らかになったことは、むチューがコミュニティ経済の共創に貢献を果たしてきたということである。むチューは商業活動と非商業活動を介することによって、この地域にコミュニティ経済を創出することに貢献できた。だが、むチューの流通があまり多様化しなかったことは、今後改善すべき課題として残された。

　最後に、中央地区のむチューの現状について簡単に報告しておきたい。実は、2011 年 3 月 31 日をもってむチューの発行は終了してしまった。その理由はいくつか考えられる。自治体や武蔵野市の商工会から十分な経済

的支援を期待できなくなったことが、１つ目の理由である。いずれも、む
チューに対してはそれほど好意的な態度を示していなかった。そして、中
央地区の商店会が一枚岩となり結束してむチューに取り組んでいたわけで
はなかった、ということが２つ目の理由である。商店はそれぞれむチュー
に対して様々な考え方を持っていた。むチューよりもスタンプ事業に力を
入れるべきだ、ボランティア活動にはたとえ地域通貨であっても謝礼を渡
すべきではない、商店会の事業は常に失敗するので協力したくない、といっ
た意見があった。このように、商店会は一致団結して地域通貨の事業に取
り組んでいたわけではなかったのである。そうした商店会内部の意見の相
違が、むチューを終了させてしまった要因の一つであると言えるかもしれ
ない。地域通貨を継続的に運営していくためには、ヒト・モノ・カネとい
う資源が必要だ。それらの要素がうまく組み合わさることによって地域通
貨が継続してゆく。我々はこうした点にもう少し気を配りながらコミュニ
ティ・ドックを進めてゆくべきであったかもしれない。自治体や商工会の
積極的な参加を促すコミュニティ・ドックを展開してみることも考えるべ
きであった。だが、むチューの発行が終了したからと言って、むチューに
関わる事業全てが終わってしまったのではない。現在、商店会はスタンプ
事業と金券を組み合わせた商店街振興に取り組んでいる。この金券は「む
チュー券」と呼ばれるものである（図 3-20）。

　これは、消費者が加盟商店で買い物をしたときに渡される景品のような
ものである。消費者は加盟商店で買い物をするときに、この金券に表示さ
れている金額分利用できる。これは地域通貨ではないため、複数回流通す
ることはない。それゆえ、むチュー券の経済効果の創出はあまり期待でき
ないと思われるが、むチュー券の発行は消費者の購買促進事業としては意
義を有している。確かに地域通貨としてのむチューは終わってしまったが、
むチューのキャラクターを利用した商店街活性化事業は継続しているので
ある。２つの事業の効果の違いを比較検証することは、今後の興味深い研
究対象になる。私は引き続き、この地域の商店会振興事業に注目していき
たいと考えている。

図 3-20 むチュー券のデザイン

出所：武蔵野市中央地区商店連合会による提供。

コラム③ ||||||||||||||||||||||||||||||||||||||||||||||||||||||||||||||||||||||||||||||||||||||

地域通貨の複数回流通を増やすためには？

　商品券型地域通貨は換金され流通から姿を消してしまうというリスクを抱えている。むチューの流通実験では、受け取った地域通貨を一度も利用せずに換金してしまった商店も見られた。だが、換金の仕組みを少し工夫することによって、地域通貨の複数回流通を促していくことも可能だ。ここでは、その一つの事例として広島県北広島町で実験された地域通貨ユートの取り組みを紹介しよう。

　ユートは、地域経済活性化を目的として発行された商品券型地域通貨である。北広島町商工会がユートの発行元となり、2006 年から 2008 年にかけて 3 回の流通実験をそれぞれ 6 カ月間に区切って実施した。通貨の単位は、1,000 円相当として利用される 1,000 ユートであった。住民は 3% のプレミアムが付いたユートを購入できた。住民が購入したユートを加盟取扱店で使用することによって、地域通貨の流通が開始された。この流通実験の総発行額は平均するとおよそ 3,400 万円程度であったため、むチューと比べるとかなり規模の大きな試みとなった。ユートは紙券の裏面にある特徴を持っていた。紙券の裏面に加盟取扱店がユートを受け取った日と取扱店名を記入して押印する欄が 4 つ設けられており、加盟取扱店はユートでの取引を交わすたびにこうした必要事項の記入を求められたのである。こうして得られたデータのおかげで、ユートの流通速度を調べることができた。各年の 4 月 1 日を実験開始日、9 月 30 日を実験終了日として計算をおこなってみたところ、流通速度は表 3-22 が示すように、年換算で 6.1 回、5.9 回、5.6 回となることがわかった。

　次章で詳しく論じるが、これらの数値は法定貨幣の流通速度に比べてかなり高い結果を示している。この地域貨幣の流通速度が高かった理由は、ユートの換金の仕組みを工夫したからである。それは、ユートの裏書の記録数によって換金手数料に違いをつけるという工夫であった。表 3-23 が示すように、裏書 1 回で換金すると手数料 3%、2 回で換金すると手数料

表 3-22 ユートの流通実験概要と成果

地域通貨名 (実施場所)	ユート (広島県北広島町)		
	実験①	実験②	実験③
流通実験期間	2006年4月1日~ 2006年9月30日	2007年4月1日~ 2007年9月30日	2008年4月1日~ 2008年9月30日
紙券の単位	1,000	1,000	1,000
総発行枚数(枚)	38,111	29,425	35,005
総発行額(円)	38,111,000	29,425,000	35,005,000
総取引額(円)	117,438,000	87,617,000	98,847,000
通貨流通速度(回/年)	6.1	5.9	5.6

出所：著者作成。

表 3-23 裏書回数と換金手数料の関係性

裏書回数	1回	2回	3回	4回
換金手数料	3%	2%	1%	無料

出所：著者作成。

2%、3回で換金すると手数料1%を支払う必要があり、裏書4回の場合は手数料が無料とされた。

　こうした仕組みが取り入れられたため、裏書回数の少ないユートを有効期限日まで保有しておくことはリスクを伴う行動になった。なぜなら、換金手数料の負担が増してしまうからである。そこで、加盟取扱店はできるだけ裏書回数の多いユートを手にしようとした。いずれの店舗も同様の考え方を共有していたので、裏書回数のまだ少ないユートを積極的に使おうとしたはずである。そうした行動が、ユートの流通速度を高めることにつながったのだろう。図 3-21 を見ると、いずれの流通実験においても4回転したユートが圧倒的に多かったことがわかる。これは、ユートが経済効果を創出することに大きく貢献できたことを示す結果である。換金の仕組みに工夫を凝らし保有コストを地域通貨に課すというアイデアは、貨幣の

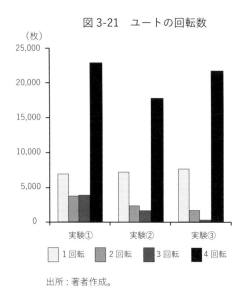

図 3-21　ユートの回転数

（枚）

出所：著者作成。

流通速度を上昇させ地域経済活性化に大きく寄与できる。そうした工夫を
うまく取り入れることによって、商品券型地域通貨の持続的な流通が可能
になる。

第4章 地域通貨の流通経路からみた経済活性化効果の分析

4-1 はじめに

　前章では地域通貨がコミュニティ経済の共創にどのような役割を果たしたのかを詳しく調べたが、地域通貨の流通経路を特定できれば、もっと正確な事業の効果の測定が可能になる。一枚の地域通貨が地域内でどういった内容の取引を媒介してきたのかを丹念に追ってみることによって、いろいろなことを知ることができるようになるからだ。例えば、地域通貨の回転数から流通速度を計算できる。地域通貨による取引内容の履歴を調べることによって、人と人とのつながりの形成と成長の具体的な過程を追ってみることもできる。また、地域通貨による取引内容の履歴は、商業活動と非商業活動の関わり合いの程度と変化についても教えてくれるだろう。こうした細かな情報を得ることによって我々は、地域通貨によるコミュニティ経済の共創と活性化の具体的な展開を知ることができるようになる。そして、地域通貨の流通経路は、どのような点が流通の隘路になっているのかを示してもくれる。それがわかれば、我々研究者チームは地元の実践者と協働しながら流通を促すための様々な対応策を考えて講じていくこともできるようになるだろう。だから、コミュニティ・ドックを活用した地域通貨のプロジェクトに取り組むのであれば、我々研究者チームはこうした情報をぜひとも手に入れておきたい。そのためには、地域通貨の取引を記録する方法が必要となる。地域通貨の裏書はその方法の1つである。地域通貨の利用者が取引内容と取引日時などをきちんと裏書しておけば、一枚の地域通貨のたどってきた経路が明らかになるはずだ。もちろん、裏書という方法を使わずとも、流通経路の特定は可能である。例えば、電子技術を活用した地域通貨は取引内容を電子媒体の中に逐一記録しているの

で、取引内容の詳しいデータを簡単に手に入れることができるであろう。

　本来であれば、こういった地域通貨の流通経路の情報をうまく活用して、地域通貨を広める戦略を練っていくべきである。だが、前章で論じたむチューではそれができなかった。むチューは裏書方式の地域通貨ではなかったし、電子技術も取り入れていなかったからである。私は、商店会メンバーに裏書方式のむチューを発行することを一度勧めてみたのだが、商店会メンバーは裏書の煩雑さによる住民のむチューに対する敬遠を懸念した。そのため、むチューの流通実験では、利用者に裏書を求めないことになった。煩雑な地域通貨というイメージが一度むチューについてしまうと、むチューの流通が広まらなくなる可能性があったためこの決定は仕方なかった。誠に残念な結果ではあるが、こうしてむチューの効果を測定するための十分な情報が得られないことになった。では、こうした情報を仮に得られたとしたら、どういった分析が可能になるのか。そして、その分析結果から我々はどのようなことを言えるようになるだろうか。また、我々はそうした情報を実践の現場でどのように活用できるだろうか。本章では、地域通貨の流通経路の特定に取り組んだいくつかの先行研究を紹介するとともに、コミュニティ経済の活性化に対して地域通貨はどのような貢献を果たせるのかを改めて考えてみようと思う。よって、本章の内容は前章で論じることができなかった点を補完する役目を果たすことになる。

　本章は4節構成である。2節では、先行研究の成果をもとに地域通貨の流通速度を観察してみる。3節では、地域通貨の裏書データをもとにして作成した流通ツリーによる分析手法を紹介し、地域通貨の意義について考察を深めてみたい。4節では、こうした地域通貨の流通経路の情報を地元の実践者にフィードバックし活用するための方法について考える。コラム④は、地域通貨による経済活性化の特徴を経済の循環という観点から考えてみる。

4-2 地域通貨の流通速度

経済活動がどの程度活性化しているのか、つまり経済活動全体を見渡し

てみて金回りがいいのかどうかを示すために貨幣の流通速度を調べること
がある。貨幣の流通速度とは、1枚の通貨がある期間の中で取引を何回媒
介できたのかを表す指標である。それぞれの通貨が次から次へと取引を成
立させているのであれば、その貨幣の流通速度は速いということになる。
一方、それぞれの通貨が取引をそれほど成立させることなく個人や組織の
懐の中で眠ったままの状態であるのならば、その貨幣の流通速度は遅いと
いうことになる。ロバートソンの比喩を用いた貨幣の流通速度の説明がわ
かりやすい。彼によれば、人から人へとすぐに伝わる噂話のような通貨も
あれば、鉄道の切符を購入しようとする老婦人と同じように緩慢な動きを
見せる通貨もある。前者の貨幣の流通速度は速く、後者のそれは遅いので
ある（Robertson 1948）。貨幣の流通速度は、取引総額を通貨の発行総額
で割ることによって得られる。この計算をすれば、1枚の通貨が平均で何
回の取引を媒介したことによってその取引全体を実現できたのか、を知る
ことができる。貨幣の流通速度が速いことは、その通貨による取引が一定
期間の中で何回も実現されていることを意味する。その経済では、通貨が
ぐるぐると持ち手を変え回っていきながら取引を実現しているのである。
活発な取引は適度な物価上昇をもたらすために、経済の活性化が起きるこ
とになる。その場合、フィッシャーが述べるように、その通貨は効率的に
利用されているのである（Fisher 1933）。そのため、貨幣の流通速度は、
通貨が効率よく利用されて経済活性化を生み出しているのかどうかを知る
ために活用すべき指標であるといえる。地域通貨の経済活性化効果を知る
ためにも、この指標をうまく活用できそうである。これを知るためには、
取引記録を通貨に正確に残しておくことが必要になる。紙幣型の地域通貨
の場合だと、裏書という方法が情報の記録に適している。このような方法
を使って地域貨幣の流通速度を調べた研究がいくつかある。ここでは、そ
の研究成果を紹介してみたい。

　まず、西部の研究チームによる研究成果を挙げよう（西部 2006、2008、
西部編著 2005、2018）。この研究では、苫前町の地域通貨Ｐと韮崎市・
北杜市の地域通貨アクアを使って流通速度を調べた。いずれの地域通貨も
複数回流通する特徴を有した商品券タイプであった。地域通貨の券の裏に

は、利用日時、利用者名、利用者の住所（苫前町の地域通貨のみ）、取引内容を記録する欄が設けられた。こうして得られる裏書のデータを活用すれば、1枚の地域通貨が媒介した取引回数や取引内容を詳しく調べることができるようになる。それによって地域通貨による取引総額も計算できるようになった。地域通貨の発行事務局は、発行枚数を記録しているので発行総額も計算できた。取引総額と発行総額がわかったことで、地域通貨の流通速度（取引総額÷発行総額）を計算できた。こうして西部の研究チームは、地域通貨の流通速度を正確に計算して地域経済活性化効果を測定しようとしたのである。その後、山﨑や山﨑・矢作が、寝屋川市の地域通貨げんきの裏書データを使って同じように流通速度を計算した（山﨑 2008、2012、2013、山﨑・矢作 2009）。げんきもPやアクアと同じタイプの商品券型地域通貨であった。では、地域通貨の流通速度はどの程度であったのか。いずれの地域通貨も実験期間が1年に満たなかったので、ここでは地域通貨の成果を理解しやすくするために年換算した流通速度を示すこととしよう。[41]

　表4-1は、地域通貨の流通速度を比較したものである。年換算したそれぞれの地域通貨の流通速度を観察すると、2.9（回/年）から6.7（回/年）までの幅がみられることがわかる。この流通速度の差は、流通実験の長さの違い、地域通貨の額の単位の違いや換金手数料の有無等によって生じたと考えられる。また、裏書の煩雑さに伴う記入漏れもこの計算結果に影響を与えていた可能性もある。そのため、それぞれの地域通貨の流通速度を単純に比較して経済効果の大小を述べることは、難しいかもしれない。だが、地域通貨の流通速度の一般的な傾向を知っておくために、目安として平均値を計算してみた。すると、それがおよそ5.0（回/年）となることがわかった。地域商品券が1回利用されて換金されてしまうことを考えれば、1枚の地域通貨が年平均で5回転もしたことは大きな意味を持つ。こ

---

[41]　山﨑は、有効期限が無期限となったげんきの発行から5カ月経過した時点で換金請求された紙券を分析の対象とした。そのため、次に表す表4-1では、この約5カ月間をげんきの実験期間とみなした発行枚数と発行総額を記載している。

表 4-1 地域貨幣の流通速度の比較

地域通貨名 （実施場所）	地域通貨 P （苫前町）		アクア （韮崎市・北杜市）	げんき （寝屋川市）	
流通実験期間	2004 年 11 月 22 日 ~2005 年 2 月 20 日 （第 1 次）	2005 年 8 月 1 日 ~2006 年 1 月 20 日 （第 2 次）	2010 年 9 月 1 日 ~2011 年 2 月 28 日	2005 年 6 月 1 日 ~2005 年 10 月 31 日	2005 年 6 月 1 日 ~2005 年 10 月 31 日
紙券の単位	500P	500P	525 アクア	100 げんき	200 げんき
総発行枚数（枚）	2,192	2,970	1,627	558	406
総発行額（円）	1,096,000	1,485,000	854,175	55,800	81,200
総取引額（円）	1,385,500 1P＝1 円	2,458,500 1P＝1 円	1,210,650 1 アクア＝1 円	153,300 1 げんき ＝1 円	228,000 1 げんき ＝1 円
流通速度（回 / 年）	5.1	3.5	2.9	6.6	6.7

出所：西部(2006、2008)、西部編著(2018)、山﨑(2008)をもとに著者作成。

こで法定通貨の流通速度を観察すると、地域通貨の意義が見えてくる。法定通貨の流通速度は 90 年代前半から後半にかけては 0.9 を上回っていたのだが、少しずつ低下をし始めてリーマンショックを経てさらに落ち込むこととなり今や 0.6 を下回っている状態だ（熊野 2018）。こういった状況を考えると、地域通貨の流通速度は比較的高く経済活性化効果を創出できている、という評価を与えてもよいだろう。

　もちろん、両者の流通速度を単純に比較することはできない。厳密に比較するのであれば、地域通貨の流通エリアの法定通貨の流通速度を知る必要がある。だが、そうしたデータは公表されていないから知り得ない。そのため、2 つの貨幣の流通速度を単純に比べられない。また、地域通貨を 1 年間流通させてみた結果得られる流通速度は、もう少し違ったものになる可能性もある。今回の場合、いずれの地域通貨も実験期間がおよそ 3 カ月から 6 カ月間となり短かった。そのため、地域通貨を早く使ってしまおうという商店や団体もあったのではないか。そうした行動が地域通貨の流通速度を速めた可能性もある。だから、地域通貨の経済効果を厳密に把握するためには、さらなる研究が必要になることは確かである。

4-3 地域通貨の流通ツリーの比較分析

　地域通貨の裏書の情報を活用すると、貨幣の流通速度だけでなく、地域通貨がどのような取引で利用されてきたのかを示す流通経路を描くことができる。それによって、地域通貨によるボランティア活動や相互扶助の活性化と経済活性化が生じる過程を詳しく知ることもできる。前節の分析は、そうした2つの取引の内容を特に区別せずに流通速度を計算して経済効果を見てみたが、地域通貨の流通の過程では実は様々な取引が交わされている。前章のむチューを対象とした事例研究では、地域通貨が非商業取引と商業取引を媒介してそれぞれの取引を相互に促進し合う関係性を観察できたものの、取得データの制約があって精度の高い分析を十分におこなうことができなかった。仮にむチューでも裏書を求めていれば、そうした関係性が生じる過程をもっと詳しく観察することができたに違いない。では、流通経路を実際に描いてみると、具体的にはどういった分析が可能になるのだろうか。地域通貨の流通経路をツリー状に描いて分析を進めた有益な研究がいくつかある（Kichiji and Nishibe 2008、西部 2008、西部編著 2018、山﨑 2012、2013、山﨑・矢作 2009）。ここでは、これらの研究成果を紹介して、地域通貨の導入効果について考察を深めてみよう。

　最初に苫前町の地域通貨 P の流通ツリーを観察してみる。図 4-1 は地域通貨 P の流通経路を示している。長方形の囲いの中のアルファベット文字 C は商業取引（Commercial）を、アルファベット文字 N C は非商業取引（Non-Commercial）を意味する。地域通貨を加盟商店で利用した場合を商業取引に、ボランティア活動や相互扶助で利用した場合を非商業取引にそれぞれ分類している。図中の数字 2,192 が地域通貨の発行枚数を表し、それ以外の数字がそれぞれの取引における利用枚数を表している。上向きの矢印は商業取引に向かう方向を、下向きの矢印は非商業取引に向かう方向を指し示している。

　まずは①の商業取引の方向に目を向けてみる。流通ツリーを観察すると、

図 4-1 地域通貨 P の流通ツリー

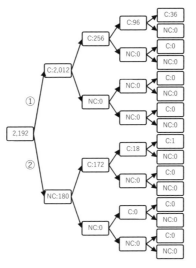

出所：Kichiji and Nishibe（2008）、西部（2008）をもとに図の構成を変更して作成。

地域通貨 P が商業取引（2,012 枚）→商業取引（256 枚）→商業取引（96枚）→商業取引（36 枚）と複数回にわたって利用されてきたことがわかる。このように地域通貨 P が商業取引において複数回利用されたことは、地域通貨 P がある程度の経済効果を創出したということを示している。だが、地域通貨 P が非商業取引を介して再び商業取引に利用されたケースは全く確認できない。つまり、①の方向に関してみると、非商業取引を通じて商業取引を誘発するという効果が生じなかったのである。

　次に、②の非商業取引の方向へと目を転じてみよう。流通ツリーを見てみると、地域通貨 P が非商業取引（180 枚）→商業取引（172 枚）→商業取引（18 枚）→商業取引（1 枚）と転々と利用されていく様子を観察できる。②の流通経路においてまず注目したいことは、非商業取引での利用が認められているおかげで商業取引が生じたという点である（西部 2008）。これは地域通貨に特有の現象と理解してよい。地域商品券と比べると、その点をよく理解できる。ボランティア活動や相互扶助といった非商業活動に対

して地域商品券を利用することは、原則として認められていない。そのため、地域商品券が地域通貨のように非商業取引を介して商業取引を創出するということは生じ得ない。西部は、地域通貨がこうした2つの違った取引を媒介することによって生じる効果を測定している。彼は、もし地域通貨が非商業取引に使えなかったとしたら、商業取引（172枚）→商業取引（18枚）→商業取引（1枚）という流通経路が生じ得なかったので、それを合計した枚数である191枚が非商業取引の媒介によって生じた商業取引の効果である、と説明している。そして、全ての商業取引枚数が2,591枚であったことから、その割合がおよそ7.4％に及ぶと主張している。彼によると、その割合こそが非商業取引による商業取引の創出効果である。この効果は地域通貨によって初めて生じたものであると評価できる。法定通貨も地域商品券も非商業取引に使うことはないのだから、こうした効果が生じることは期待できないだろう。流通ツリーを使った西部の分析により示されたことは、非商業取引の活性化が商品型地域通貨の成功のカギを握っているということである。地域通貨がボランティア活動や相互扶助に広く活用されるようになっていけば、その結果として商業取引も増えていく可能性が高いことを流通ツリーは示している。それゆえ、商品券型地域通貨を広く流通させるためには、商業とはあまり関わりを持ってこなかった市民団体の参加が不可欠になるのだ。そうした市民団体の協力がなければ、地域通貨による非商業取引は活発にならない。②の流通経路からは、商業取引での利用が認められているおかげで地域通貨Pの滞留を防ぐことができているということも読み取れる（ibid 2008）。地域通貨Pが時間通貨のように非商業取引だけを取引の対象としていたのであれば、個人がPを使用しないまま持ち続けていたことも考えられる。非商業取引として扱われるボランティア活動のメニューはこの時点では十分とは言えなかったので、Pを持つ住民がその利用先に困ってしまう事態が生じた可能性が高い。そうしておそらく地域通貨の滞留が生じてしまったのではないか。

　ここまでの説明から、地域通貨は非商業取引と商業取引を媒介しながらコミュニティ経済を活性化していくための手段であるということがわかった。だが、こうした見方に対して問題を提起する研究者もいる。山﨑らは、

図 4-2 げんき券の流通ツリー

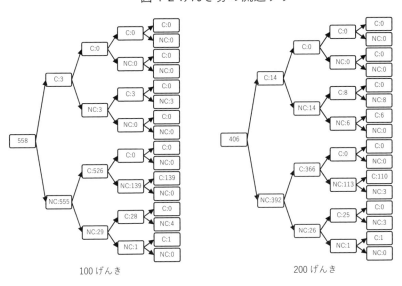

100 げんき　　　　　　　　　　　　　　200 げんき

出所：山﨑(2012、2013)、山﨑・矢作（2009）をもとに図の構成を変更して作成。

地域通貨による商業取引と非商業取引の相互促進は難しいと指摘している（山﨑 2012、2013、山﨑・矢作 2009）。山﨑も地域通貨の流通ツリーを描くことによってそのことを論じた。彼も、裏書データを使って流通ツリーを作成している。ここでは、それを紹介して彼の議論を改めて検討してみることにしよう。図 4-2 は、げんきの流通ツリーを表している。げんきは100 げんき券と 200 げんき券が発行されたので、流通ツリーは 2 つ作成できる。山﨑の作成した流通ツリーでは、8 回転したげんき券も示されていたが、その枚数が決して多いとは言えないことからこの図では 4 回転までを示すこととした。NPO 団体や個人が発行事務局からげんき券を購入し使用することによって、地域通貨の流通が開始された。そのため、論文において山﨑が購入として処理したげんきの枚数を、ここでは発行枚数と解釈して図に書き込むことにした。この図によれば、100 げんき券が 558 枚発行され、200 げんき券が 406 枚発行された、ということになる。図中の

CとNCは地域通貨Pの流通ツリーと同じ内容を意味する。つまり、Cは商業活動、NCは非商業活動を指す。この分析では、商店以外で利用されたケースは全て非商業活動としてみなした流通ツリーを描いている。例えば、有償ボランティア活動に対する謝礼や個人間での地域通貨のやりとり等が、ここで言う非商業活動に含まれると考えてよい。げんきの流通ツリーを観察してみよう。図を見ると、いずれの券についても最初に商業取引の方向に進んだ地域通貨の枚数が非常に少ないことがわかる。そのため、この方向に向かった地域通貨の流通経路を詳しく分析してみてもあまり意味のあることを言えそうにはない。そこで、非商業取引の方向に進んだ地域通貨について詳しくみていくことにしよう。

　最初に注目したい地域通貨の流通経路は、100げんき券の非商業取引（555枚）→商業取引（526枚）→非商業取引（139枚）→商業取引（139枚）と200げんき券の非商業取引（392枚）→商業取引（366枚）→非商業取引（113枚）→商業取引（110枚）である。いずれの場合においても、非商業取引と商業取引がお互いに補完し合いながらげんき券の流通を促進させていることがわかる。この流通経路をもう少し詳しく見てみよう。まず、2回転目の商業取引が生じたおかげで、げんき券が滞留せずに流通したことがわかる。三和が説明しているように、げんき券の前身である地域通貨ありがとう券は特定のボランティアに滞留してしまった（三和2013）。当初は、会員同士の相互扶助によってありがとう券の循環を促そうとしたが、限界があった。そこで、地域通貨の発行団体はこれを商業取引にも利用できるようにしたのである。こうして、商店でも利用可能な地域通貨が流通するようになった。げんき券の登場背景を知ると、この流通ツリーにおいて商業取引が果たした貢献をよく理解できるに違いない。つまり、商業取引が地域通貨の滞留を防ぐ役割を果たしているのである。次に、げんき券が3回転目の非商業取引を媒介して4回転目の商業取引を生み出していることがわかる。このことは、げんき券が単なる地域商品券ではなかったことを示している。地域通貨が非商業取引にも利用が認められていたために、次の商業取引を創出することに成功した。地域通貨Pと同じくげんき券も、非商業取引による商業取引の創出効果を生み出したと理解できる。

こうしてげんき券は、滞留せずに流通を続けて非商業取引と商業取引という 2 つの取引を活発化することに貢献してきたのである。

　さらに注目したい流通経路もある。それは、100 げんき券の非商業取引（555 枚）→非商業取引（29 枚）と 200 げんき券の非商業取引（392 枚）→非商業取引（26 枚）である。この流通経路はボランティア活動間でげんき券が利用されたことを示す。確かに取引枚数は少ないが、非商業取引同士のつながりはむチューや地域通貨 P においてはほとんど観察できなかった現象である。それゆえ、げんき券を介した非商業取引同士のつながりは意義ある現象として評価されてよい。

　だが、山﨑はここで示したげんきの効果をやや批判的な目で眺めている。彼は、ほとんどのげんき券が 1 回転目のボランティア活動に利用された後、2 回転目において商店で利用されているので金券化してしまったというのである（山﨑 2013）。流通ツリーを観察すると、確かにげんき券が商店で利用される傾向は強いことが理解できよう。しかし、流通ツリーを俯瞰的に観察してみれば、げんき券が非商業取引と商業取引を相互に促しながら活発にしていく様子を見て取れるのである。だから、げんき券の効果をそれほど過少に評価する必要はないのではないだろうか。

　ここまで流通ツリーを活用しながら、商品券型地域通貨の効果を観察してきた。だが、商品券型地域通貨の課題も多い。まず、こうした課題の一つとして非商業取引間での地域通貨の利用が少ないという点を挙げることができる。その理由はいろいろと考えられる。相互扶助とボランティア活動を促すコーディネーターの不在やメニュー内容の乏しさは、地域通貨によって非商業取引を促すことに対してマイナスに作用する。また、無償志向を有する住民は、非商業活動のお礼に地域通貨を活用するという考え方を批判することもある。そうした報酬に対する意識の問題が、地域通貨の利用に強く影響してしまう場合もある。地域通貨の換金を認めることも大きな問題を引き起こすことがある。例えば、地域通貨 P の流通ツリーを見てみると、1 回転目に 2,012 枚が商店で利用された後、1,756 枚は次の取引に利用されることなく換金されてしまったことがわかる。一度換金されてしまった地域通貨は流通を停止することになる。だから、こうした換

金を防ぐ手立てを考えていかねばならない。

4-4 地域通貨の流通ツリーをどのように活用できるか？

　我々は、地域通貨を広めていくために流通ツリーを活用できる。流通ツリーがあるおかげで、研究者チームは住民や事業の当事者らと一緒に成果を視覚的に確認し、課題を討議できるようになる。例えば、地域通貨Pの場合、流通ツリーを観察することによって非商業取引を介した商業取引が生じたという効果を確認できるが、非商業同士の取引が全くみられないという課題も見つかる。このことは視覚的に見れば一目瞭然であるので、地域通貨に関わる者同士が現状や課題を簡単に共有できるようになるであろう。そして、こうした情報を活用して流通を広めていくためのアイデアを一緒に考案することもできるに違いない。それゆえ、視覚的に様々な情報を伝える流通ツリーは、地域通貨流通に関する有益な議論を展開していくための一手段として貢献するのである。また、この図の観察者は、視覚から得られる情報によって事業参加の楽しみも得られるようになるかもしれない。例えば、積極的に地域通貨に関わることによって流通ツリーの経路が多少なりとも変化するのであれば、さらに関わり方を深めようと意欲を持つ住民も現れてくるかもしれない。自分の行動の結果を図によって観察してみることは意外と楽しいものである。そうした楽しみを覚えた住民が少しずつ増えていくと、地域通貨の流通もさらに広まりを見せていくのではないか。

　だが、流通ツリーもあらゆる情報を与えてくれるわけではない。例えば、なぜ、商業取引→非商業取引→商業取引といった流通経路があまり生じないのかという理由を知るためには、別の調査方法を活用する必要がある。なぜなら、流通ツリーは地域通貨の経路については伝えてくれるが、そうした経路が生じた原因や背景については全く教えてくれないからだ。そこで、地域通貨に関わる住民や当事者に対して流通の進展や停滞が生じる理由について聞いてみる必要が生じてくる。アンケート調査、インタビュー調査やグループ・ディスカッションはそのための調査方法として有効であ

る。住民にアンケート調査やインタビュー調査をすれば、地域の様々な情報を得ることができる。そうした情報をうまく活用することで、地域通貨の流通を停滞させている原因を探ることもできる。住民同士で地域コミュニティに対する見方や持っている情報が違う可能性もあるので、グループ・ディスカッションを実施することも重要になってくる。グループ・ディスカッションをおこなえば、住民からの様々な意見や情報を得ることができる。そうした情報を拾い集めていくことで、アンケート調査やインタビュー調査からだけでは得られない新たな知見も共有できるようになるだろう。流通経路の分析とアンケート調査、インタビュー調査やグループ・ディスカッションにはそれぞれ利点があり、それぞれを相互補完的に活用することによって地域通貨を広めるための戦略を描くことができるようになる（吉地・栗田・丹田・西部 2007）。地域通貨の流通ツリーはそれ以外の調査手法と組み合わさることによって、さらにその機能を発揮すると言ってよい。それゆえ、この分析手法はコミュニティ・ドックを前に進めていくための強力なツールとなるのである。

4-5 結　論

　本章の考察によれば、商品券型地域通貨は法定通貨や地域商品券と違った効果を生み出すことがわかった。第1に、それは貨幣の流通速度を速めることに貢献できる。ここで取り上げた事例分析によると、商品券型地域通貨は平均すると少なくとも年およそ5回転する。それは、法定通貨の数値に比べると高かった。それゆえ、この手段は地域経済活性化のために機能する可能性があると見てよい。第2に、商品券型地域通貨は非商業取引と商業取引を相互補完的に促す手段として機能できる、ということもわかった。こうした手段があったからこそ、商業取引が誘発され地域経済活性化が生じたと言える。地域通貨Pにせよげんき券にせよ商品券型地域通貨は、コミュニティ経済の創出と活性化に貢献していたと言えるのではないか。ただし、課題も多い。非商業同士の取引の数が少ないということが一つ目の問題であった。地域通貨の有する機能の1つとされる社会的関

係資本の形成がほとんど見られなかったのである。このことは、商品券型地域通貨の弱点の一つであった。また、地域通貨Pの場合、複数回流通せずに換金されてしまうものも多く見られた。こういった地域通貨をなるべく継続的に流通させるためのスキームが必要になる。このように地域通貨の流通ツリーを描くと、我々はいろいろな情報を得られるのである。流通ツリーはうまく活用されれば事業改善に大いに役立つ分析手法であると言ってよい。また、アンケート調査、インタビュー調査やグループ・ディスカッション等を実施すれば、流通ツリーからだけでは得られない様々な情報も手に入れることができるようになる。こうした様々な調査手法も駆使しながら多面的に対象に接近していくことで、我々は地域通貨の流通を促進するための議論を深めていくことができるに違いない。

コラム④ ||||||||||||||||||||||||||||||||||||||||||||||||||||||||||||||||||||||||||
経済の循環からみた地域通貨の役割

　経済の循環構造を知ると、地域通貨の目指す経済活性化の特徴を示すことができるようになる。このコラムでは、経済の循環について改めて考察し、地域通貨が地域経済に対して果たす貢献について補足しておきたい。

　地域における経済活動の循環の様子を把握するためには、生産・分配・支出という 3 つの側面について分析することが必要である。図 4-3 をもとに各場面について説明をしよう。①の生産面は、地域の企業が生産物やサービスを生産して地域の内外で販売することによって、付加価値を獲得する場面である。ここで生じた付加価値は②の分配面において、経営者や労働者へ所得として分配される。ここで注意したいことは、経営者や労働者は付加価値が生じた地域の域外に居住していることもあるため、生み出された付加価値の全てが域内の居住者に分配されるとは限らないという点である。そのため、所得として分配された付加価値の一部は域外へと漏出してしまうこともある。逆に、域外での就労の結果として獲得された所得が、この地域へと流入することもあり得る。③の支出面は、受け取られた所得が消費や投資として支出される場面である。支出は域内で生産された生産物やサービスの購買に全て振り向けられるとは限らず、域外で生産された生産物やサービスの購買に向かうこともある。そのため、支出の域外への漏出も生じる。一方で、域外の居住者がこの地域の生産物やサービスを購入することもあるだろう。その場合には、域外の所得の一部が消費や投資として域内へと流入してくる。こうして、地域の経済活動は生産→分配→支出→生産→分配→支出……という循環構造を描きながら進んでゆくことになる。この循環図をよく観察してみると、域内で生じた付加価値をなるべく域内の居住者へと分配し、域内における消費・投資へと振り向けることが地域経済の活性化に寄与する、ということがわかる。つまり、地域内のカネ回りを意味する資金循環を上手に構築することが、地域経済活性化にとって必要な戦略となるのだ。そのために講じることのできる地域

政策とは何か。それぞれの場面に即しながら検討してみよう。そして、地域通貨を活用した経済活性策の特徴を説明しよう。

　生産面に注目した地域経済活性化の代表例としては、地場産業の6次産業化や企業誘致等による生産活動の活発化とそれに伴う付加価値の増加を挙げられる。これが、地域内にカネを生み出す最初の一歩となる。6次産業化とは第1次産業（農林漁業）、第2次産業（製造）、第3次産業（販売）の統合・一体化を進めて地域の潜在的な資源を有効活用する地域産業を興すことを意味する。6次産業化の進展や企業誘致の成功は、地域内に新規雇用を創出して域内の消費・投資を促すことに貢献する。それによって地域乗数効果が高まり、地域内の生産がさらに誘発されてゆく。その結果、地域所得が増加する。

　分配面に注目した地域経済活性化の代表例は、所得再分配政策としての支援金給付や市民税減税である。地域で生じたカネを地域住民へと還元していく政策がこれに当たる。税金を財源とする支援金は、域内における消費喚起効果を生み出すために主に低所得者、子育て世帯や高齢者世帯等に対して給付されるものだ。2008年に政府によって実施された定額給付金や自治体が発行するクーポンタイプの子育て応援券等がこれに当たる。市民税の減税政策は、消費者の経済的な負担を軽減して域内における消費を促すことを目的として講じられる。消費者が減税措置を所得として享受できるという見方が可能であるため、ここではこの政策を分配面に注目した地域経済活性化の一事例として扱っている。

　支出面における地域経済活性化の代表例として、ポイント事業の実施やプレミアム付き地域商品券の販売を挙げられる。いずれも、消費の域外漏出を防ぐために講じられる政策である。ポイントも地域商品券も域内のみでの利用が認められているので、消費の域外流出を心配する必要がない。こうして、消費者の域内商店での購買を喚起しようとする。

　ここで説明した3つの地域経済活性化策の効果を相乗的に高めていくためには、生産面で生じたカネを域内の住民に分配し、それが域外へ漏出しないように気を配りながら域内における消費と投資へと向けていくという発想が必要である。ここで、商品券型地域通貨は支出の域外漏出を防ぐこ

図 4-3　地域経済の循環構造

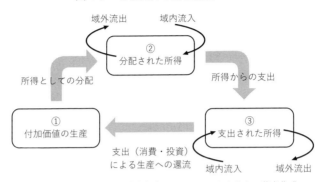

出所：まち・ひと・しごと創生本部提供による RESAS をもとに著者作成。

とに貢献できる。では、その効果はポイントや地域商品券によるものとは変わらないのだろうか。本章で詳しく見てきたように、商品券型地域通貨はそういった手段とは違った特別な機能をいくつか有している。まず言えるのは、商品券型地域通貨は商店や企業同士の間で転々流通し、商業取引を誘発することによって経済効果を生み出せるということである。それに加えて、商品型地域通貨のおかげで住民間の相互扶助やボランティア活動の成果を新たに評価することも可能になる。こうした非商業取引が地域通貨を介して生じることによって、商業取引が促されて経済効果が創出されることも期待できる。商品券型地域通貨は 2 つの異なる取引において活用されることで地域内を循環していき、人のつながりや地域の経済を活性化することに貢献できるのである。だから、この地域通貨は地域商品券とは違い、地域を構成する商店、市民団体や住民といった様々な存在を巻き込みながら地域の発展を促すことのできる魅力ある手段であると言えるのだ。それは、ポイントや地域商品券とは違うやり方によって住民の支出面を地域志向へと促していくための手段であると言える。

第 5 章 ┃ 心理的なアプローチからみた地域通貨の意義とは？

5-1 はじめに

　3章と4章では、商品券型地域通貨が商業取引と非商業取引という2つの違った取引を媒介し促してゆくことでコミュニティ経済を創出することに貢献できる、ということを明らかにしてきた。本章は、地域通貨がコミュニティ経済を創出してゆくための手段としてなぜ機能できるのか、という問題に対して社会心理学的な観点からのアプローチを試みる。私は、この問題に対して報酬に対する意識という視点から迫ってみることにしよう。住民は相互扶助、ボランティア活動やケアワーク等の地元地域の活動に対する対価としてどういったお礼を受け取る、あるいは渡すのが望ましいと感じるのだろうか。何も受け取らないことを望むのだろうか。それとも、商品券や金券等の金銭的なお礼を受け取ることを求めるのだろうか。粗品のようなモノによるお礼を期待するだろうか。地域通貨はどのように思われるのだろうか。地元地域の活動の成果の証として受け取る、あるいは渡すお礼として何が望ましいのかを決める心理のことを、この本では報酬意識と呼ぶことにしよう。報酬意識は人間のモチベーションのマネジメントに大きく関係するのだから、とても重要な研究テーマとなる。この研究に精力的に取り組んできたのが行動経済学や社会心理学であった（Heyman and Ariely 2004、Ariely 2008、Frey 1997、Frey and Jegen 2001、Frey and Stutzer 2002）。これらの研究は、お金の心理的機能をモチベーションの喚起という観点から深く分析してきた。アリエリーはこの問題に特別な関心を示しており、様々な経済実験をおこなって望ましい報酬の与え方について考察を深めている。お金の心理的機能の研究が明らかにしたことは、取り組まれた活動内容や人間関係に応じて渡す報酬の種類をきちんと

使い分けなければならない、ということであった。そうしないと、大切な関係が壊れてしまうかもしれない。例えば、親族や友人がパーティー後の食事の片づけの手伝いをしてくれたので、お礼として現金を渡すのはどうだろうか。おそらくそうした行為は、それまでに築いてきたお互いの親密な関係を壊してしまうのではないだろうか。「あなたに対する私の心からの行為をお金で評価するなんて！」、と嫌悪感を抱く人がいて当然であろう。友人が宿題を手伝ってくれたお礼として現金を渡す行為はどうだろうか。こうした行為もおそらく友人の気分を害してしまい、それまで築いてきた友情関係に亀裂が生じてしまうに違いない。「私はあなたの宿題をお金のために手伝ったのではない！」、と感じる人も多いのではないか。あるいは、「この人は物事をお金で解決する人なのね！」、と感じる人もいるかもしれない。いずれにせよ、この二人の友情関係は長続きしないことが予想される。だから、親しい人間関係のもとで取り組まれた善意の活動に対して、金銭的価値を有する報酬を渡すことは危険となる。

　一方、有償での取引が当然とみなされる活動に対して何も報酬を与えないことも危険となる。たとえ友人・知人であっても、割と大変な作業を請け負ったのにタダで済まされてしまうと気分を害するのではないか。「こんなに大変な作業を手伝ってあげたのに何もお礼がないなんて・・・」、と失望する人もいるかもしれない。そして友情関係にひびが入ることも考えられる。こうしたことが起きないように、活動のお礼として現金やそれに近い金銭的な対価を渡すことが必要だ。だが、そもそもこういった負担感を生じさせる活動を身近な友人や知人に頼むことは得策ではないのかもしれない。正当な金銭的対価を支払って専門の業者に頼むことが望ましいとも言える。

　活動の種類と受け取るべき報酬のこういった関係は、実はそれほど単純でもない。アリエリーが論じているように、非常に専門性が高くそれなりの対価を要求される仕事を無報酬で依頼することも可能だ（Ariely 2008）。むしろ、そうした方が望ましい場合さえある。彼が論じた事例は、弁護士への仕事の依頼と報酬の関係である。彼は、例えば弁護士に困窮者の相談依頼をする場合、お礼として少額の金銭を渡すことは避けるべきだという。

なぜなら、弁護士はそのちっぽけな提示額を市場の適正価格と比較してしまい、自分の仕事が安く見られていると感じてしまうからだ。そうして、この弁護士は憤慨してやる気を失ってしまう。だが、この弁護士にタダでやってもらうよう依頼することは、不思議なことにやる気を失わせずに済むという。アリエリーによると、無償は弁護士の純粋な奉仕の精神を喚起できるからだ。だから、高い専門性を有する人に何らかの依頼をする場合には、少額の報酬を与えるよりも無償の方が望ましいということになる。奉仕の精神を持つ人にわずかな金銭的対価を与えることはかえって危険になるのだ。

　以上３つのケースを見てみると、人は基本的に２つの世界を峻別しながら行動していることが理解できる。ひとつは、親しい人間関係を前提とした無償が好まれる世界、もうひとつは、お金で解決する関係を前提とした有償が好まれる世界である。前者は、カネの論理が成立しない非商業の世界、後者は、カネの論理で動く商業の世界ととらえなおしてもよい。２つの世界が衝突すると、厄介な問題が生じてしまう。無償の世界に有償の考え方を持ち込むこと、あるいは有償の世界に無償の考え方を持ち込むことは、人間関係を破壊してしまうほどの危険な状態を生み出してしまうこともある。だから、こういった心の働かせ方を念頭に置きながら、人のやる気を高めていく報酬を選択しなければならない。

　ここまでの話を踏まえて、改めて地域通貨の機能を考えてみよう。地域通貨は一体どういった性質を有する報酬と言えるだろうか。商品券型地域通貨は親しい人間関係に対するお礼として渡すことも、商業取引を交わす際の金銭的対価として渡すことも可能である。そのため、それはどちらの世界においても活用可能な手段のようにも思える。つまり、無償がふさわしい取引に対しても、有償が望まれる取引に対しても衝突を引き起こすことなく活用できる手段であり、２つの世界における取引を活発にできる可能性がある。だが、本当にそう言ってよいだろうか。実はこうした問題関心を持ちながら地域通貨の機能と意義について知ろうとしてきた研究は、これまでほとんど存在してこなかった。私は、この点について考察を深めるために少しずつ研究を進めてきた（栗田 2010、Kurita・Yoshida・

Miyazaki 2015）。が、同じようなアプローチから地域通貨の意義に迫って
ゆく研究は見かけない。地域通貨が新しい貨幣として研究者に十分に認識
されていないことや、貨幣と心理の関係を探る研究分野自体が確立されて
いないこと等がその理由として関係している[42]。だが、この新しい通貨が 2
つの世界を行き来しながら住民のモチベーションを喚起できるのかどうか
を観察してみることはとても意義深い試みなのではないか。特に、非商業
取引と商業取引どちらにも使えて地域活性化に貢献できるとされる商品券
型地域通貨が、住民の意識の中で矛盾をきたすことなくきちんと定着して
流通するのかどうかを観察することは興味深いと言える。住民間相互扶助
のみに利用される時間通貨であれば、我々はそもそもこういった問題関心
を持つ必要はない。時間通貨は金銭的価値を持たない。それゆえ住民は、
時間通貨がカネの論理の成立しない非商業の世界で用いられる手段である
と認識している。だから、時間通貨は無償の世界でのみ流通する手段とし
て位置づけられるに違いない。だが、商品券型地域通貨は商業取引と非商
業取引双方に利用できるがゆえに、問題を生じさせてしまう危険性も持っ
ている。市民活動を金銭的な対価で評価することに抵抗感を示す住民もい
るかもしれないし、商業活動にボランティア的な要素を取り入れることを
嫌がる商店もあるかもしれない。地域通貨を使って非商業の世界に商業の
世界の論理を持ち込むこと、あるいは商業の世界に非商業の世界の論理を
持ち込むことを矛盾なく成立させることができるだろうか。本章では、報
酬意識という考え方を使ってこの問題について考察を深めていくことにし
よう。

　本章は次の構成で論じていく。まず 2 節では、報酬意識についての簡単
な解説をして、その調べ方について説明をする。3 節では、地元地域の活
動と適切な報酬の関係性について論じて、地域通貨の特徴を明らかにする。
4 節では、報酬意識からみた地域通貨の意義と可能性について論じる。5

---

[42]　貨幣の意識について論じた研究もいくつかある。例えば Kobayashi・Hashimoto・
Kurita・Nishibe（2018）や Sehgal（2015）等の研究を挙げることができる。だが、
いずれも社会科学の中では極めて新しい分野を開拓していく研究であって、挑戦的か
つ萌芽的な試みであると言ってよい。

節は、報酬意識の調査をコミュニティ・ドックで活用できることと、研究を進めていく上での課題について述べる。

5-2 報酬意識の調べ方と調査の実施について

　報酬意識は、取り組む活動の種類や大変さによって大きく変わるだろう。報酬意識はどのような方法を使って調べることができるだろうか。私は、調査対象の住民に対してどの報酬を受け取るあるいは渡すのが望ましいのかを活動別に質問することを試みた。アンケートを使って以下の8つの活動それぞれについて調べることにした。後で述べるように、この調査はむチューを対象におこなわれた。カッコ内の具体的な活動は、むチューが流通する地域で実際におこなわれているものである。

　　1. 青少年の育成活動 (ナイトハイクの引率など)
　　2. お祭りやイベントの手伝い
　　3. 子供たちの見回り、夜回りや交通安全活動
　　4. 地元地域の清掃活動、花植え活動
　　5. 隣人の手伝い (庭の手入れやペットの世話など)
　　6. 子育てサポート (一時保育など)
　　7. 高齢者介護 (身の回りのお世話など)
　　8. 高齢者サポート (買い物代行など)

　それぞれの活動名を以下では、1育成、2お祭り、3見回り、4清掃、5手伝い、6子育て、7介護、8サポートと簡単に表記することにしよう。こうした活動をもう少し大きく分けようとすると、1育成、2お祭り、3見回り、4清掃はボランティア活動に、5手伝いは住民間の助け合いに、6子育て、7介護、8サポートはケアワークに分類できる。このアンケートでは、これらの活動の報酬として現金、商品券・金券、地域通貨、粗品、無報酬の中から選ばせる方法を使った。そして、報酬を受け取る場合と渡す場合に分けて質問をしてみた。表5-1が実際に使ったアンケートの内容

表 5-1　報酬意識調査のアンケート

あなたが、次のボランティア活動をおこなった（うけた）と仮定します。その際、対価をもらう（払う）としたらどれが妥当だと思いますか。あてはまるものに〇をつけてください（複数回答可）。

記入例：

	現金	商品券や金券	地域通貨	粗品	何も受け取らない（わたさない）
1 青少年の育成活動（ナイトハイクの引率など）			○		○
2 お祭りやイベントの手伝い			○		
3 子供たちの見回り、夜回りや交通安全活動			○		
4 地元地域の清掃活動、花植え活動			○		○
5 隣人の手伝い（庭の手入れやペットの世話など）			○	○	
6 子育てサポート(一時保育など)	○	○			
7 高齢者介護(身の回りのお世話など)		○	○		
8 高齢者サポート(買い物代行など)	○	○			

出所：栗田 (2010)。

図 5-1　好ましい報酬の選択場面

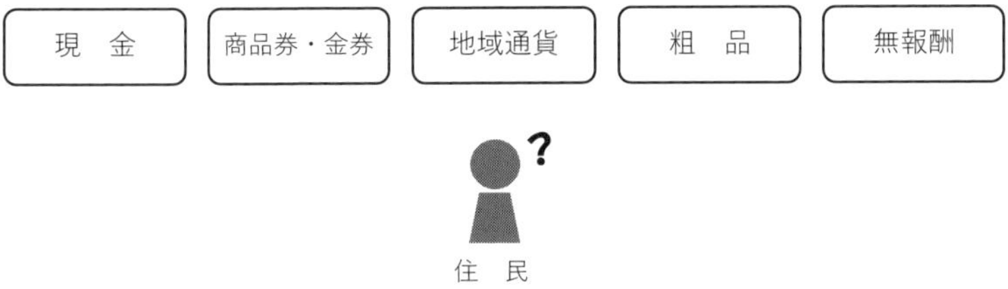

| 現　金 | 商品券・金券 | 地域通貨 | 粗　品 | 無報酬 |

住　民

出所：著者作成。

を示したものである。住民は図 5-1 のイラストが表すように、各活動のお礼としてどの報酬が適当であると感じるのかを判断していく。

　このアンケートでは報酬選択の複数回答を認めることとした。住民がある活動については複数の種類の報酬が適当と感じるかもしれない。その場

合には、丸を複数つけることを認めた。なぜなら、そうすることによって住民のより詳しい報酬意識を調べることができるからだ。表5-1を使ってこのことを説明しよう。この住民は、1育成については何も受け取らないあるいは渡さないことが望ましいと考えているようであるが、地域通貨であれば受け取るあるいは渡すことは問題ないとも感じている[43]。こうした住民は無償がよいと感じる傾向にあるが、地域通貨については好意的な態度を示している、ということが読み取れる。5手伝いを見てみよう。この住民は、隣人の手伝い程度なら粗品でも十分満足できるが、地域通貨でももちろん構わないと感じているように思われる。6子育てに目を移そう。ここでは現金や商品券・金券といった金銭的対価が望まれており、地域通貨は好まれていない様子がうかがえる。おそらくこの住民は、地域通貨を商業取引に活用する手段であるとはみていない。だから、子育てのようなきつい仕事の対価としては適当ではないと感じているのだろう。このように、このアンケートにおいて複数回答を認めることによって、我々は住民の報酬意識の特徴を詳細に知ることができるようになる。

　このアンケートの特徴はもう1つある。それは、回答者が深く考え込まずに次々と丸を付けていくことができるということだ。回答者は、自分の感じ方に合わせてどのお礼が適当なのかをすぐに判断できるだろう。もう少し工夫をしたアンケートを作成することも可能である。だが、こうしたシンプルな質問の方法こそが調査に協力してくれる人の割合を高め、報酬に対する感じ方を調べるには適切なものとなるのではないだろうか。ただし、弱点もある。それは、このアンケートでは活動の時間や報酬の額を具体的に質問できなかったということである。だから、回答者の描く活動の負荷や具体的に想像される報酬額には違いが生じていたかもしれない。アンケートの内容が、回答者によって異なって解釈された可能性もある。そうすると、得られた回答結果が果たして信頼のおけるものなのか、という疑問も生じることだろう。が、このアンケートの内容は私が住民に事前にヒアリングした結果をもとに作成している。そのため、回答者はそれぞれ

---

[43]　なお、実際のアンケートでは対価を受け取る場合と渡す場合に分けて質問している。

の活動内容の負担感やそれにふさわしい具体的な報酬額のイメージも共有できていたと思われる。したがって、こうしたシンプルな調査手法であっても人々の報酬意識を十分に調べることができると考えられる。

　この調査の対象者は、むチューに関わりを持った住民とした。3 章ですでに詳しく説明しておいたように、むチューは商品券型地域通貨であった。この調査を実施してみることで、この種の地域通貨が非商業取引と商業取引において心理的な抵抗感を受けることなく受容されるのかどうかを観察できる。住民の報酬意識はベースラインと実験終了後の 2 回にわたって調査した。本章では、むチューがある程度地域に広まってきたと考えられる実験終了後において調べた 85 人の報酬意識を詳しく観察していく。[44] ただし、無回答と考えられる項目については除外して分析を進めた。

5-3 住民の報酬意識の特徴

　住民の報酬意識を知るために、複数の項目を一度に比較できるレーダーチャートを用いて分析を進めていく。まずは、このレーダーチャートの作成方法と結果の見方について簡単に説明をしておこう。住民は、表 5-1 のアンケートの中の各欄（5 × 8 = 40 の質問）について回答をしていく。これにより得られたデータから、各活動に関してそれぞれの報酬の妥当性の度合いを計算できる。その結果がレーダーチャートの数値軸の値となる。例えば、左上の最初の欄の質問は、「1 育成について対価を受け取るのであれば、あるいは払うのであれば、現金は妥当と思うか？」という内容を意味し、100 人の内 30 人が妥当であると感じるのであれば、1 育成の現金の数値軸が示す値は 30％となる。これが、1 育成において現金が妥当であると感じる人の割合となる。これらの数値軸の値を活動ごとに線で結んでいくと、多角形のグラフを作成できる。このグラフの形状を報酬ごとに観察することによって、住民の報酬意識の大まかな傾向をつかむことが

---

[44]　むチューのコミュニティ・ドックで実施したアンケート調査の中に、これらの質問項目を含めた。

できるはずだ。では、図 5-2 を使って最初にお礼を受け取る場合の報酬意識について観察を進めていこう。8 つの活動項目はそれぞれ、ボランティア活動、住民間の助け合いとケアワークに大きく分けられる。この図の最も上に位置する 1 育成から 4 清掃までが、ボランティア活動となる。この部分を見ると、活動ごとに違いがみられるものの、黒色の点線（無報酬）と黒色の実線（地域通貨）の数値軸の値が概ね高いことを確認できる。一方で、灰色の点線（商品券・金券）や灰色の実線（現金）の数値軸の値は全く確認できない。また、いずれの活動においても黒色の破線（粗品）の広がりはあまりみられないことも分かる。これらの分析結果からまず言える点は、住民がボランティア活動に対する金銭的対価を求めていないということだ。多くの人は、ボランティア活動はなるべく無償で引き受けることが望ましいという報酬意識を持っていると言える。次に興味深い点は、住民が地域通貨に対して高い評価を与えているということである。金銭的対価としても機能する地域通貨が、無報酬よりも高い評価を受けることさえある。例えば、2 お祭りと 4 清掃に対する報酬意識を見てみよう。これらを見てみると、お礼を何も受け取らないことよりも地域通貨で受け取ることを望む住民が多いことがわかる。確かにこの時点においては、1 育成についてはまだ 3 割ほどの住民しか地域通貨を受け入れていない。しかし、この活動における地域通貨の評価はまだまだ低いものの、実はベースラインと比較すると高まっていた。つまり、地域通貨を評価する住民が増えたのである。3 章で詳しく論じたように、流通実験を継続していけばこの活動項目における地域通貨の評価はさらに高まってゆくとみてよい。

　こうした結果は、地域通貨を単なるお金としてとらえていない住民が存在することを意味している。住民の多くが、地域通貨が金銭的対価を有する手段に過ぎないと考えていたのであれば、現金や商品券・金券と同様に受け取ることを拒むはずだ。つまり、地域通貨のレーダーチャートが現金や商品券・金券のそれと同じような形となったに違いない。だが、実際はそうならなかった。だから、地域通貨はボランティア活動の成果を評価する新しい手段として機能できる可能性が非常に高いと言える。ボランティア活動は無償でおこなうべきと感じている住民に対して現金や金券等の金

図 5-2 活動別にみた各報酬の妥当性（お礼を受け取る場合）

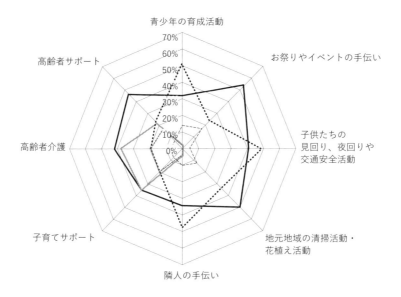

出所：栗田 (2010) をもとに著者作成。

銭的対価を与えることは、自尊心や奉仕の精神を深く傷つけることにつながり、結果的にやる気を削いでしまうかもしれない（Ariely 2008、Frey 1997）。だが、地域通貨は金銭的価値を有しているのにもかかわらず、そうしたことを引き起こさずに済むのである。

　次に、レーダーチャートの最も下に位置する住民間の助け合いについての報酬意識に目を移そう。この部分を見ると、対価を求めず無報酬を評価する住民が比較的多いことが観察できるが、地域通貨を受け入れる住民もいることが確認できる。そして、現金や商品券・金券を評価する住民はいないも同然であり、粗品に対する評価も低い。この時点では地域通貨に対する評価は無報酬に比べれば低いが、流通実験が進んでいくと報酬意識が

変化する可能性も高いので、地域通貨が受け入れられる見込みも少しずつ高まっていくであろう。それゆえ、この活動の取引においても地域通貨は十分機能できるはずだ。

　最後に、ケアワークと報酬の関係について観察してみよう。図5-2の左側に位置する3つの活動（6子育て、7介護、8サポート）がケアワークとなる。この部分を見ると、灰色の実線（現金）の数値軸の値が比較的高いことがわかる。この結果は、肉体的にも精神的にも負担感を強く感じるケアワークのような活動については、それに見合った対価を求める住民が多いことを示している。ただし、8サポートについては現金を望む住民が少ない。8サポートの具体的な活動事例として買い物代行を挙げたことが、こうした結果につながったと思われる。高齢者の買い物代行は、6子育てと7介護に比べると割と気軽にできる活動である。そのため、この活動の対価として現金を望む住民が少なくなったのではないか。ケアワークにおいて注目したいことは、黒色の実線（地域通貨）が示しているように地域通貨が比較的高い評価を受けているということだ。この結果は、現金に比べれば不便な地域通貨であっても、正当な対価を求められるケアワークの報酬としても活用できることを示している。この調査を行う前に私は、住民がケアワークに対する報酬として地域通貨を評価しないのではないか、という予想を立てた。なぜなら、大変な作業であるのに現金よりも使い勝手の悪い報酬を受け取ることは、住民の抵抗感を生じさせると考えたからである。ところが、実際の調査では予想とは違った結果が得られた。住民が地域通貨は現金より機能的に劣った通貨であると認識していたのであれば、こうした結果は決して得られなかったに違いない。地域通貨を好意的に評価した住民は、地域通貨に現金とは違った特有の機能が備わることを理解していたのではないか。そのため、地域通貨に対する評価が高まったと推測できるのである。

　時間を単位とした地域通貨をケアワークの交換に使うツァイトフォアゾルゲという試みが、スイスでおこなわれている。この試みを評価するラワースは、これが、買い物・料理の手伝いや話し相手になること等の高齢者のケアを充実させるための手段として適切に機能していると論じている

(Raworth 2017)。時間通貨と呼ばれるこうした地域通貨の試みは、ケアの領域において十分機能するようである。その理由は、時間通貨が国民通貨との関係性をある程度断ち切ることによって、通貨の受け渡しに対する心理的抵抗感を和らげることに成功するからである。だが、私がここで示した分析結果は、現金との換金も可能とされる商品券型地域通貨であってもケアワークへの報酬として機能する可能性を示唆している[45]。これは一つの発見として評価に値すると言ってよい。

　では、次に図 5-3 を見てみよう。これは、活動のお礼としてどの報酬を渡すのが望ましいのかを表す。最初に、ボランティア活動と報酬の関係を観察していこう。報酬を受け取る場合と比べてみると、黒色の点線（無報酬）の数値軸の値が著しく減少して、その代りに黒色の破線（粗品）の値が高まり、黒色の実線（地域通貨）の値がかなり大きくなっていることに気づく。ボランティア活動を引き受けてもらった住民の多くは、お礼として何も渡さないことは好ましくないと感じており、粗品かそれよりもさらに望ましい手段として地域通貨を渡したいと思っているようだ。ボランティア活動の報酬を受け取る場合においても地域通貨に対する評価が比較的高かったことを踏まえれば、地域通貨をお礼として渡すことは住民の心理的な抵抗感を引き起こすことなく成功するであろう。住民間の助け合いについても同じことが言える。ここでも黒色の破線（粗品）と黒色の実線（地域通貨）の値が高い。助け合いのお礼の受け取りを拒む住民も確かにいるであろうが、地域通貨に対する評価も比較的高かったので、地域通貨を渡すことはそれほど危険ではないだろう。それは、住民間の助け合いにおいても十分に機能し得る手段である。

　最後に、ケアワークと報酬の関係について観察してみよう。この図を見ると、レーダーチャートの形状が報酬を受け取る場合とあまり変わらないということがわかる。ケアワークを引き受けてもらう場合に渡す報酬とし

---

[45] 　むチューは、実際にはケアワークの取引においてはほとんど使用されなかった。だから、むチューがケアワークに使われるようになったときに、もう一度報酬意識を調べてみる必要がある。そうした調査によって、ここで得られた結論が妥当なものかどうかを確かめることができる。

図 5-3 活動別にみた各報酬の妥当性（お礼を渡す場合）

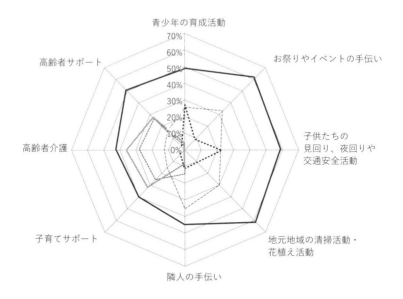

出所：栗田 (2010) をもとに著者作成。

て望ましいのは、金銭的対価を有する現金、地域通貨や商品券・金券である。負担感の強い活動に対してはそれに見合った対価を渡すのが当然である、と感じる住民が多いようだ。現金がケアワークの対価として適当であるのは当然であるが、地域通貨も十分機能しそうであるというのは重要な発見である。

　ここまでの分析結果より、多くの住民が、商品券型地域通貨は単なる商品券ではない、と理解しているということがわかった。住民は 2 つの手段が有する機能を峻別して理解できている。それだから、2 つのレーダーチャートの形状は全く違ったものになったのである。住民は、商品券型地域通貨が商品券と同じように商業取引に活用できる機能を有しているが、

商品券のやり取りでは難しい非商業的な取引も可能にする手段であると気づいていたのではないだろうか。そうした気づきが住民の報酬意識を特徴づけていたとみてよいだろう。次節では、これまでの成果を整理しつつ地域通貨の心理的な意義を考察していこう。

5-4 心理的な観点からみた地域通貨の意義

　ここで住民の報酬意識の傾向をまとめて、地域通貨の心理的な意義について考察を深めてみたい。ここまでの分析によって得られた結論は、主に以下の 3 点に整理できる。

- ボランティア活動において好まれる報酬は、受け取る場合については無報酬及び地域通貨、渡す場合については特に地域通貨であった。
- 住民間の助け合いにおいて好まれる報酬は、受け取る場合については無報酬及び地域通貨、渡す場合については粗品及び地域通貨であった。
- ケアワークにおいて好まれる報酬は、受け渡しいずれの場合においても、現金及び地域通貨であった。渡す場合については、商品券・金券が評価されることもあった。

　以上の結論について、本章の導入部で論じた 2 つの世界の話を思い返しつつ議論を展開してみよう。2 つの世界とは、一つが親密な人間関係のもとで無償が好まれる世界、もう一つがお金のやり取りで関係性を築く有償の世界であった。人は、それぞれの場面において 2 つの世界を切り分けながら生活をしている。だから、無償という考え方を有償の世界に持ち込もうとしてみたり、有償という考え方を無償の世界にあてはめようとすると、人間関係にひびが入ってしまう可能性すらある。報酬意識の調査によって明らかにされた結論は、こうした見方が概ね正しいということを示している。ボランティア活動や住民間の助け合いといった親密な人間関係のもとでおこなわれる取り組みの対価として、商品券・金券あるいは現金といっ

た金銭的価値を有するものを受け取ることは好まれてはいない。住民はそうしたお礼を受け取るよりも、活動の依頼を無償で引き受けることの方が望ましいと感じている。ただ、活動を引き受けてもらう場合については相手に負い目を感じることもあることから、何かによってお礼をしようとする。その一つとして好まれる手段が粗品であった。ボランティア活動や住民間の助け合いは、無償の世界の論理によっておこなわれると言ってよい。

一方、ケアワークは有償の世界の論理で動いている。ケアワークはこれまで家族・親族内の無償の助け合いによって営まれてきたが、現在では金銭的な取引を通じて提供される。つまりケアワークは商品化されている。お金を使ってサービスを購入することが当然となっているのだ。また、サービスを提供する側もお金をもらうことが当然であると思うようになっている。作業負担の強いケアワークはもはや無償でおこなわれるべき活動ではない、という考え方が広まりつつあるとみてよい。こうした状況のもとで生活を営む現代の人々は、ケアワークの対価として金銭的価値を有するお礼を求めることが正しいと感じるようになっている。それゆえ、ケアワークについてはお礼を受け取る場合も渡す場合についても、現金や金券・商品券が妥当な報酬として好まれる傾向にあるのだろう。こうして、それぞれの世界で通用する報酬は、お互いの世界を簡単には行き来できないようになる。それぞれの世界には、取引においてふさわしいとされる報酬がはっきりと存在しているのである。

だが、この調査で明らかとなった地域通貨に対する住民のとらえ方は、こうした見方に新たな知見を加えてくれる実に興味深いものであった。それは、２つの世界で通用できる報酬として認識されていたのである。この地域通貨は金銭的価値を有しており、機能的に見れば現金や商品券・金券に似ているのにもかかわらず、ボランティア活動や住民間の助け合いのお礼として受け入れられていることがわかった。また、利便性という観点から見れば現金に比べると劣る地域通貨が、ケアワークのお礼としても受け入れられているということもわかった。だから、地域通貨はこれら２つの世界の報酬として十分に機能できる可能性を持っている手段であると言える。そして、この地域通貨は商業取引にも利用できる。つまり、現金や商

図 5-4 地域における様々な活動とふさわしい報酬の関係

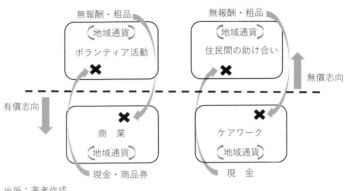

出所：著者作成。

品券・金券と同じようにモノ・サービスの対価として使うことができるのである。こうして、地域通貨は無償志向が広まる世界であっても、有償志向が広まる世界であっても適当なお礼として機能できるのである。図 5-4 が示すように、それは住民の心理的な抵抗を受けることなくどの取引においても活用できる。そのため、地域コミュニティにおいて営まれる様々な活動を活発にできる可能性を有していると言える。この結果は、各取引の間に新たなつながりを生じさせる可能性も示している。3 章で詳しく論じてきたように、むチューは商業取引と非商業取引の間に新たなつながりを生じさせてコミュニティ経済を共創し、その活性化に寄与する。こうした新たなつながりを住民の心理的な抵抗にあうことなく創出できる点に地域通貨の心理的な意義がある、と言えるのではないだろうか。これは、現金や商品券・金券では成しえないことなのである。

5-5 報酬意識のコミュニティ・ドックへの活用と研究上の課題

　報酬意識の調査は、コミュニティ・ドックにおいて有効活用できる。それは、地域通貨が流通実験の対象地において根付いているのかどうかを判

断する材料として使える。むチューの流通実験では実際に、実践者と研究者チームが報酬意識の調査結果について議論をする機会をつくり、むチューの心理的な定着度合いを一緒に観察した。それと同時に、地域通貨を妥当なお礼のかたちとしてまだ評価していない住民もいることを確認した。こうして報酬意識の調査結果を使うことによって、我々は地域通貨の定着度と普及に向けた課題を共有することができたのである。実践者の主要メンバーはこの調査結果を踏まえ、商店主とボランティアの報酬に対する意識改革が地域通貨の流通促進において必要になることを再確認するようになった。報酬意識を調べることは、コミュニティ・ドックの重要な調査手法の1つとして意義を有していると言ってよい。

このように報酬意識の調査は非常に有益な情報を我々に提供してくれるが、研究上の課題もいくつかみられた。まず、今回の調査では、より正確な推測をできるほどの十分なサンプル数を確保できなかったことが弱点となった。サンプル数がそれほど多くはなかったために、社会属性ごとの報酬意識の違いを調べることが難しくなってしまったのである。私の博士論文では、社会属性別の報酬意識の違いを詳細に調べてみた。すると、確かに違った社会属性を有する住民は異なる報酬意識を持っていることがわかった。だが、サンプル数の限界があったために、この推測が妥当なものなのかどうかはさらなる調査によって確かめる必要性が残った。また、今回の調査の結論が普遍的に妥当するものなのかどうかも改めて考えていく必要があるだろう。地域通貨の種類や実践場所によっては、住民が違った報酬意識を示す可能性もあるからだ。むチューのケースでは、確かに地域通貨は住民に受容されている傾向を見せていた。だが、他の地域では違った結果になるかもしれない。そのため、様々な地域で同じ調査をおこなっていくことが重要になる。そうすることで、地域通貨の心理的な意義についての考察をより深めていくことができるようになる。

5-6 結　論

本章では、「地域通貨を使って非商業の世界に商業の世界の論理を持ち

込むこと、あるいは商業の世界に非商業の世界の論理を持ち込むことを矛盾なく成立させることができるだろうか」、という問題について社会心理学的なアプローチを使って迫ってみた。この分析を試みてみたところ、むチューのような商品券型地域通貨は2つの違った世界において取引を活発にできる、ということがわかった。つまり、この地域通貨は、ボランティア（無償の世界）とビジネス（有償の世界）を結び、コミュティ経済の創出と活性化に寄与できる手段であることが明らかとなった。こうした2つの違った世界において活用可能な地域通貨は、それまで評価の難しかった活動の新たなお礼として機能する可能性を秘めている。例えば、無償で頼むことはやや憚られるが、金銭的な対価を渡すほどでもない活動に対して地域通貨は有効に機能できるのではないか。また、ビジネスの要素を全面に押し出したくない地域活動において地域通貨をお礼として活用することもあり得る。その方が、住民の貢献意欲を喚起できる可能性もあるだろう。こうして、この地域通貨は地域の活動の成果を新たに評価できる手段として定着していくのだ。そして、地域通貨が定着していくと、地域通貨だけが取引を許されるモノ・サービスも登場し始めるかもしれない。その対象は、ボランティア的な要素とビジネスの要素を兼ね合わせたものになると言えそうだ。このように、地域通貨が登場することによって、住民は地域の活動に対するお礼の在り方に考えを巡らせ、新しい評価の方法を獲得していくに違いない。

第6章 子どもの学びを支援する地域通貨の意義と可能性——地域通貨「戸田オール」の事例分析

6-1 はじめに

　ここ数年の日本では、子ども向けの金融教育や職業体験が盛んにおこなわれている。学校では将来のお金との上手な付き合い方を子どもに習得させるために、適切な消費や賢い貯蓄の方法を教えている。また、近隣の商店や企業等を訪問し仕事を実体験する授業もアクティブラーニングの一環としておこなわれている。職業体験をビジネスとして事業化した事例もある。キッザニアである。子どもは企業が運営する屋内の施設で様々な職業を疑似体験する。[46] 子どもは、職業体験の成果の証として施設内でのみ利用できる、また貯蓄もできる「キッゾ」という通貨を手に入れる。このような経済教育の目的は共通である。まともな金銭感覚や労働観を育成していくことが主要目的なのである。幼い頃からこうした体験を得る子どもは、お金の適切な使い方、貯め方を自己決定できるようになるであろう。また、自分の適性に合った職業を発見することもできるようになるだろう。こうした試みは、子どもの成長に貢献するだけではない。幼少期からの経済教育は、将来の労働生産性や個人の投資意欲を高めることに貢献し、マクロ経済のパフォーマンスに強い影響を及ぼすかもしれない。それゆえ、国も企業も子どもの経済教育に力を入れてきた。

　ところで、金融教育や職業体験を地域コミュニティの中で取り組むことができたら、とても面白い試みになるのではないだろうか。子どもは、自分の暮らす地域コミュニティの中でこういった教育を受けられる。そうすれば、子どもは地域コミュニティのことをもっと深く知るようになるだろ

---

[46] キッザニアの歴史や展開については Lukas（2008）が詳しい。

う。地域貢献活動に興味を持つ者も現れるかもしれない。社会志向のお金の使い方や投資について考え始める子どもも現れるかもしれない。幼少期からこうした教育機会が提供されることが期待される。なぜならば、子どもの消費、貯蓄や投資の意識は明確に定まっておらず、教育の方法次第では十分に変化していく可能性があるからだ。子どもが小さい頃より、我々は地域志向を育成するような経済教育の機会を提供する必要がある。

　こうしたことに積極的に取り組む地域通貨の試みがある。それは、地域通貨を使って地域コミュニティにおける子どもの学びを支援する。子どもは職業体験やボランティア活動のお礼として地域通貨を手に入れ、近隣の商店やお祭の模擬店等で使う。子どもはこの経済教育に参加することによって、自分の暮らす地域コミュニティの中で現実の経済活動を体験するのである。子どもは、法定通貨とは違った通貨が地域コミュニティで流通して活性化が生じることを学んでいく。この経済教育に期待される点は、地域通貨によって子どものお金の意識を変化させ、地域志向の意識を育てることである。地域通貨を教育に活用する試みは、子どもの意識と行動を変える可能性があり地域コミュニティ活性化にとっては大きな意義を有している。地域志向を持つ子どもは大人になってからも地域貢献活動に積極的に参加する可能性が高い。それゆえ、地域通貨を活用した経済教育は、子どもの成長と地域コミュニティ活性化を同時に目指す新しい試みであると評価できる。そこで、本章は地域通貨を活用した経済教育の意義と可能性について事例分析をもとに考察してみたいと思う。まずこの取り組みの内容と展開を説明し、次に子どもの地域通貨の見方と利用状況について検討していく。地域通貨が子どもに受け入れられているのかどうかを観察することによって、この経済教育の取り組みがうまくいっているのかどうかを判断できる。そして、地域通貨の展望についても考えていくことができるだろう。[47]

---

[47]　子どもを対象とする地域通貨の研究はほとんどおこなわれてこなかった。地域通貨の事例研究の多くは、失業者、農家、商店主や女性といった成人の経済的弱者を対象にしてきたのである。

本章の構成を説明しておこう。2節では、子どもの経済教育のこれまでの展開について概観をして、地域通貨を活用した経済教育の意義について論じる。3節では、民間企業によって実施された公開アンケートの分析結果を用いて、幼少期の経済教育の重要性について考える。4節では、地域通貨を活用する経済教育を実践してきた地域通貨「戸田オール」を紹介しよう。5節では、子どもがオールをどのようにとらえているのかについて調べる。この調査によって、地域通貨が地域コミュニティにどの程度定着しているのかを知ることができるはずだ。オールの広がりを確認するために、6節では入手先と使用先を詳しく調べよう。7節では、ここまでの成果を活用しながらオールの可能性について考えてみたい。本章のコラム⑤は、5節の内容を補足するものである。5節で明らかになる子どもの報酬意識についてさらに詳しく知るために、インタビュー調査の成果について検討していこうと思う。

6-2 子どもの経済教育の展開

　本節では、子どもの経済教育のこれまでの展開を簡単に振り返り、地域通貨を活用した経済教育の意義について考えていこう。まず、小学校において実施されている経済教育から説明をする。日本の小学校では、生活と経済の関わりという視点からお金のことについて教えていく。教師は、「目の前のモノが本当に必要なモノなのかどうかを確認してから買う」ことや、「もらったお金は無駄遣いせずに貯金をする」といったこと等を説明する。教師は子どもの金融リテラシーを高めることを目指すのだ。そうすれば、子どもはお金を有効に使い自分の人生を豊にすることができる。さらに、学校ではモノを大切にする心、労働の尊さや大変さといったことも伝える。こうして小学校では、生活に関わる経済活動の教養教育を進めているのである。

　お金や職業について体験を通して学ばせる試みもある。その代表事例が、ドイツ発祥の経済教育「ミニ・ミュンヘン」である。ミニ・ミュンヘンでは、子どもが学校や公民館等の施設を借りて仮想の町を作る。そして、そ

の町を自主的に運営するのである。子どもは仮想の町の中で行う様々な職業を考え出す。この町にやってきた子どもは、子どもの考えた職業を実際に体験できる。ミニ・ミュンヘン研究会のホームページによると、コック、タクシー運転手、花屋、デパートの店員、デザイナー、アナウンサー、新聞記者、教師、公務員、議員、市長等を体験できるようだ（ミニ・ミュンヘン研究会）。子どもは、職業を体験した証として特別な通貨を手にすることができる。この特別な通貨も子どもがデザインをして発行する。これを使うと、この町のモノやサービスを購入できるようになる。このようにミニ・ミュンヘンは、子どもの、子どもによる、子どものための経済教育であると言ってよい。

　ミニ・ミュンヘンの発想をビジネスとして事業化したのがキッザニアである。子どもは入場料を支払ってキッザニアの住民となる。ここでは様々な職業体験ができる。体験できる職業の種類は実に100種類以上にも及ぶ。こうした職業体験ができるブースを提供するのは有名企業である。だからどの職業も擬似とはいえ本格的なのだ。そのため、子どもはキッザニアに来ることで職業に対する視野を広げることができるようになる。子どもは、職業体験の成果の証として「キッゾ」という特別な通貨を手にすることができる。それは、施設内のショッピングブースで使うことができるし貯金もできる。ミニ・ミュンヘンとキッザニアの共通点は、職業体験の場を擬似的に作り出して子どもの適切な金銭感覚や健全な労働観を育むことを目標にしている点である。そして、両者とも経済教育ではあるが、アミューズメント色が強いという点で似ている。

　ここで紹介した経済教育を地域コミュニティで実践している事例がある。それが、地域通貨を活用した経済教育である。この取り組みは、子どもの教育とともに地域コミュニティ活性化も視野に入れたものであるという点で非常に画期的である。ここではオールの取り組みを簡単に紹介しておこう。小学生を中心とする子どもが職業体験のイベントやボランティア活動に参加して、お礼として地域通貨を受け取る。次に、子供は地域通貨を地元の商店、お祭りの模擬店やおもちゃ交換会等で使う。子どもはこの経済教育に参加することによって、活動の対価を得て使うという経済活動

を実際に体験することになる。この経験は家庭や学校では中々得られないものだ。ミニ・ミュンヘンやキッザニアの取り組みと似ているが、決定的に違う点がある。地域通貨を活用する経済教育は、仮想ではない地域コミュニティという現実に存在するフィールドを用いるのである。そのため、地域コミュニティの様々な個人や団体を巻き込みながら事業を展開してゆける。図6-1が示す通り、子どもが普段から関わりを持つのは学校、学童クラブやPTAであるが、地域通貨を活用すると地域商店、企業や市民団体の関わりも生じてくる。子どもは地域通貨の利用を通して、地域コミュニティのことを知り、地域コミュニティに深く関わっていくようになるだろう。そして、子どもは地域コミュニティの様々な人と関わる経験を持つようになる。その結果、子どもの視野は各段に広がる。地域コミュニティにおいて、子どもの学びがより深まっていくであろう。子どもが健全な成長を遂げていくためには共感力を獲得する必要がある。子どもは複数の文化の共存する地域コミュニティで暮らすことで、様々な立場や考え方を知るようになり共感力を高めることができるようになる（Szalavitz and Perry 2010）。地域通貨は、子どもの共感力を育成するための手段としても機能できる可能性がある。

　地域通貨を活用する経済教育は、日本ですこしずつ広まりを見せてきた。代表例として挙げておきたいものは、埼玉県戸田市で2003年頃から流通するオール、大阪府箕面市で2014年頃に始まった地域通貨「まーぶ」と京都市山科区で2015年に開始された地域通貨「べる」である。これら3つの取り組みは、子どもが利用する地域通貨の仕組みを創り発展させてきた。本章では、オールについて詳しく検討していきたい。この取り組みが、子どもの教育に注目した地域通貨を10年以上も前から実践してきたからである。

6-3 幼少期の経済教育の重要性

　オールの取り組みと発展についてみていく前に、金融教育が日本において広がりを見せてきたわけについて少し考えておきたい。なぜ、子どもが

図 6-1 地域コミュニティにおける子どもの関わり方

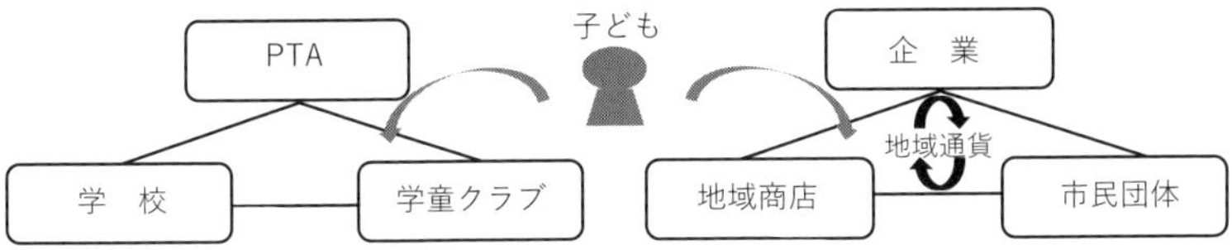

出所：著者作成。

まだ小さい時から金融教育を始める必要があるのだろうか。この問題についてお金の意識の変化という視点から検討してみる。金融広報中央委員会「知るぽると」は、子どものお金の意識について詳しく調べている。最新のアンケート調査は、「子どものくらしとお金に関する調査（2015）」である（金融広報中央委員会「知るぽると」2016）。この調査の目的は、子どもの金融教育を支援するための基礎資料を作成することである。調査の対象者は日本全国の小学校 1 〜 2 年生（4,172 名）、小学校 3 〜 4 年生（5,200 名）と小学校 5 〜 6 年生（6,957 名）であった。アンケート調査では、お金の使い方やお金の意識について詳しく質問をしている。この調査結果を詳しく観察することによって子どものお金の意識を知ることができるので、幼少期の経済教育の意義について考察を深めていくことができそうだ。そこで、この調査結果を活用して子どものお金の意識の変化について調べてみることにしよう。学年別にお金の意識の違いを観察していくことにより、子どもの成長に応じて生じる意識の変化をみていく。[48]

　図 6-2 がその分析結果を示す。これは、アンケート調査の結果の中で特に注目したい 6 つの質問についてみたものである。この図は、それぞれの質問についてそう思うと回答した子どもの割合を表している。例えば、①「お金もちはかっこいい」をみると、この考えに賛成する低学年の子どもの割合は 2 割強いるということがわかる。この調査では学年ごとに同じ質

---

[48]　この調査によって得られたデータはパネルデータではない。そのため、同一個人の意識の変化を追えるわけではないということに注意をされたい。

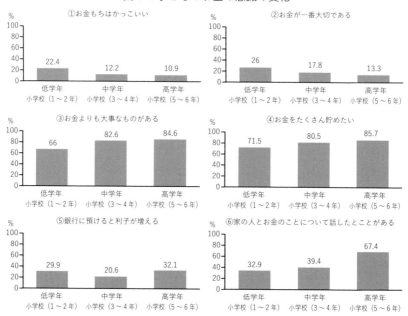

図 6-2 子どものお金の意識の変化

① お金もちはかっこいい

② お金が一番大切である

③ お金よりも大事なものがある

④ お金をたくさん貯めたい

⑤ 銀行に預けると利子が増える

⑥ 家の人とお金のことについて話したとことがある

出所：金融広報中央委員会「知るぽると」「子どものくらしとお金に関する調査」(2016)
をもとに著者作成。

問をしているため、年齢が上がるにつれて子どものお金の意識がどのよう
に変化していくのかを知ることができる。まず①「お金持ちはかっこいい」
と②「お金が一番大切である」という質問について見てみると、学年が上
がるにつれて賛成する子どもの割合が低下していることがわかる。[49] お金が
人生の良し悪しを決定するという考え方に賛同する子どもの割合は、年齢
が上がると減少していくのである。次に、③「お金より大事なものがある」
と④「お金をたくさん貯めたい」という質問についてみると、逆の傾向が

---

[49] これらの質問では、子どもが質問文を読みやすいようにひらがな表記を使った箇所
も多く見られた。だが、ここでは読みやすくするため、漢字表記に変えて分析を進め
ることとした。

示される。学年が上がると、この考え方に賛成する子どもの割合が高まっていくのである。子どもは成長していく中で、お金では買えない大切なものがこの世にはあるということに気づき始めるのだろう。ただし、現実を見るとお金がないと何もできないことに気づく。だから、お金を無駄遣いせずに貯めておくことが大切であると考えるようになる。貯蓄の重要性を認識する子どもの割合が高まるのは、そういった理由があるからだ。⑤「銀行に預けると利子が増える」についてはどういった回答を示すだろうか。図を見ると、低学年と中学年の子どもの割合がやや低いことがわかる。低学年と中学年は、銀行や利子といった言葉が難しいためこの質問の意味を十分に理解できていなかった可能性がある。他方で、高学年になると、お年玉を銀行に預けたり引き出したりする者も現れ始めるので、銀行や利子について理解できる子どもも現れてくる。こうした背景が⑤の質問に対する回答結果に影響した可能性が高い。

　質問の①から⑤に対する回答の傾向を観察してみると、子どもは成長過程においてお金の意識を変化させていくことがわかる。こうした意識の変化は自然に生じるとみてよいだろうか。それとも、環境の変化によって生じるのだろうか。このデータを使うだけでは確定的なことは言えない。しかし、子どもは成長していく中で学校や家庭においてお金に関する様々な教育を受けていく。そう考えると、経済教育が子どものお金の意識に多少なりとも影響を与えてきた可能性が高いと言える。この仮説が正しいことを裏付ける結果が質問の⑥である。⑥「家の人とお金のことについて話したことがある」という質問に対する回答の結果を示す図をみよう。これを見てみると、子どもは、学年が上がるにつれて家族とお金の話をするようになることがわかる。低学年の割合は 3 割強に過ぎなかったが、高学年になるとその割合が 6 割半ば程度にまで上昇している。このことは、子どもが家庭において、お金の意識を育成するための何らかの経済教育を受け

50　質問内容が低学年と中学・高学年で少し異なるが、ここでは「銀行に預けると利子が増える」という内容に統一させ整理している。
51　この質問については、高学年と低学年・中学年で回答の選択肢が異なっていた。ここでは、家族とお金のことを話した経験がある子どもの割合を示すこととした。

ていることを示している。家庭における経済教育は、子どものお金の意識に強い影響を与えるであろう。だから、学年が上がるごとに子どものお金の意識も変化していくのではないだろうか。この考え方が正しいとすれば、学校での経済教育も同様に、子どものお金の意識の形成に大きな影響を与えるに違いない。その結果、子どものお金に関わる行動にも変化が見られ始めるだろう。こうした意味において幼少期からの経済教育はとても重要な意義を有しているのである。

　国や企業は、ここまでの分析が示す事実すなわち子どものお金の意識が変わってゆくということを知っている。だから、子どもが成長している段階においてお金に対する教育を展開することに力を入れているのである。望ましい消費・投資・貯蓄の考え方を子どもに教え込めば、国は健全な消費・投資活動に励む国民を増やすことに成功してマクロ経済のパフォーマンスを高めることができるようになるかもしれない。銀行や企業は、将来有望な投資顧客を獲得できるかもしれない。

　子どものお金の意識が変わるという事実は、地域通貨と社会や地域コミュニティの変革にとっても大きな意味を持つ。地域通貨は、まだお金に対する考え方が十分に定まっていない子どもの意識を変化させて行動を社会志向や地域コミュニティ志向へと転換させる可能性を有している。子どもは地域通貨を利用することで、法定通貨と別の通貨が併存できるということに気づくようになる。地域通貨を利用してみることで現在の貨幣制度が有する様々な問題に関心を持つようになって、消費や投資の在り方に疑問を抱き始める子どもも現れるかもしれない。こうした子どもは、例えばエシカル消費やマイクロファイナンス等の社会的インパクトを与える革新的な投資・金融の方法を正しく評価できるようになる。そのため、子どもが法定通貨とは違った通貨に幼い頃から慣れ親しむ環境を作ることは、そのことと関連した貨幣・金融革新の取り組みを支援し広めていく土壌を作ることにつながる。さらに、法定通貨と別の通貨の併存について知った子どもが地域コミュニティの中に増えていけば、地域通貨がすんなりと受け入れられる土壌も形成されていくであろう。地域通貨の存在を当然のこととして考える子どもが成長して成人になれば、地域コミュニティで地域通

貨を使う住民がもっと増えていくことも期待できる。こうして今はまだ知名度の低い地域通貨も、流通範囲を広めていくことができるようになるであろう。私は、子どもの経済教育の支援を目指す地域通貨は、社会や地域コミュニティを革新させる可能性を有した取り組みであると考えている[52]。長期的な観点からこの取り組みの意義を考える必要があると思うのである。

　次節以降、地域通貨を活用した経済教育を展開してきたオールの事例を分析していくことにしよう。分析の着眼点は、オールの仕組みと子どもの意識の関係性である。両者が適切に結びつくことで、地域通貨を活用した経済教育が発展を遂げていく、ということを論じる。

6-4 オールの誕生と発展

　埼玉県戸田市は、人口 140,261 人（2019 年 8 月 1 日現在）の中規模自治体である。オールはこの市の一部の地域において流通している。戸田市には戸田漕艇場がありボートレースも開催される。この市はボートのまちとして有名である。戸田市は新宿から埼京線を使っておよそ 30 分程度の距離に位置するため、都心へのアクセスが比較的便利な市としても知られている。平成 27 年国勢調査によると人口増加率は 10.6% と県内 1 位となっており、平均年齢も 40.2 歳（2017 年 1 月現在）と非常に若い（戸田市政策秘書室 2018）。都心からのアクセスが良好であるので、転入世帯も増えている。戸田市は活気に溢れており、これからますます発展が期待される

---

[52]　現代社会では、誰もがお金に関する広告宣伝から影響を受けている。お金に関する言葉やイメージは、人間の潜在意識に作用することによって孤独感や利己心を強めてしまう（Vohs・Mead・Goode 2006、2008）。成人は子どもに比べてこうした影響を強く受ける。なぜなら、毎日利用する公共交通機関やテレビ CM 等でお金に関する広告宣伝を見る機会がとても多くなるからだ。よって、成人のお金の意識はそう簡単には変わらない状況が作り出されてしまっている。だからこそ、幼少期から利己的なお金の使い方だけではなく、社会志向に根差したお金の使い方も重要になることを伝えていく必要がある。そうしないと、革新的な金融の仕組みや貨幣制度を創出することが難しくなるのではないか。

自治体の一つとして注目に値するといってよい。

　人口増に寄与するのが、市外からの転入世帯である。戸田市に転入してくる世帯には子育て世帯も多く含まれている。そのため、戸田市では子どもの教育に熱心な保護者も多く見られるのだ。こういった世帯が増えてくる中、戸田市も地域コミュニティと協働しながら子供の教育に関わる政策を推進してきた。戸田市の第4次総合振興計画によると、「心豊かな子どもを地域社会で育み、生涯にわたり学習できるまちを目指す」ということが基本的な目標に掲げられていることがわかる（戸田市総務部経営企画課2011）。戸田市は子どもの教育に熱心な自治体である。そして、保護者を中心にした市民活動が活発におこなわれているということも大きな特徴であると言ってよい。戸田市は、保護者、自治体と市民団体が協働しながら子どもの教育推進に取り組むまちなのである。オールは、こういった環境の中で誕生して発展してきた。

　オール誕生までの経緯をおおまかに振り返っておこう。オールは、市民活動を活発化することを目的として2003年に試験的な流通を開始した。戸田市で地域通貨に注目が集まり試験流通が開始された背景には、特定非営利活動促進法の成立(1998年)という出来事があった。同法の成立によって日本では、市民団体が幅広く活躍できる環境がようやく整って、多くの住民が自主的な市民活動の重要性を認識するようになったのである。戸田市はこうした出来事を踏まえて、市民団体が自主的に楽しく活動できる環境づくりに取り組むことになった。さらに、戸田市は市民活動支援に向けたより具体的な構想を描くために、市民と協働で戸田市市民活動推進基本方針も策定している（戸田市2003）。この方針の中に地域通貨が位置づけられている。基本方針では4つの重点施策が掲げられた。表6-1を見られたい。重点施策の4つの大きな柱は、「1.活動拠点の整備」、「2.情報ネットワークづくり」、「3.市民活動の活発化」、「4.協働をすすめる体制の確立」であった。これを見ると、戸田市が市民活動を応援するための施策案を具体的に提示していることが理解できる。注目したい施策案は、3.市民活動の活発化である。ここを見ると、「地域通貨戸田オールの運用支援」という記述があることを発見できる。施策案の中では、地域通貨は市民活動

表 6-1 戸田市の市民活動を推進していくための 4 つの柱

市民活動のための重点施策	具体案と実行
1．活動拠点の整備	戸田市ボランティア・市民活動支援センターの整備（平成 18 年 7 月開設）
2．情報ネットワークづくり	戸田市ボランティア・市民活動支援センターホームページの作成（平成 17 年 5 月開設）
3．市民活動の活発化	● 地域通貨戸田オールの運用支援（平成 15 年度〜） ● 市民活動サポート補助金の設立（平成 22 年度〜）
4．協働をすすめる体制の確立	「協働への展望」の策定（市民活動団体と行政の協働）（平成 26 年 1 月）

出所：戸田市ホームページをもとに著者作成。

を活発化して活動を支えていくためのシステムである、と紹介されている。オールは市民活動を促進していくための手段として導入されてきた経緯を持っていることが理解できる。ただし、戸田市はオールを裏方から支えることに徹した。戸田市が全面に立ってこの活動を推進していくのではなく、市民団体の活動を応援するという立場を取ったのである。そのため、戸田市は地域通貨の情報を提供しきっかけづくりを促すことに専念してきた。地域通貨を管理運営するのは、あくまでも市民団体とされたのである。

　こうした背景のもと、2003 年頃からオールの試験流通が開始された。オールは 2020 年現在においても流通しているのだから、戸田市では、なんと 17 年近くもの間地域通貨が継続的に運営されてきたことになる。2 章で詳しく論じた通り、継続せずすぐに停止してしまう地域通貨も多数存在してきた。こういった厳しい現実を観察してみると、オールが長期にわたって継続してきたことはとても意義深いと言えるだろう。図 6-3 が、現在流通されているオールのデザインである。ではなぜ、オールの流通は継続してきたのだろうか。その理由は、オールの流通が状況に合わせ変化してきたからである。オールの発展を 3 つの段階に分けて見てみよう。

　最初の段階は、オールの流通実験が開始されてまだ間もない 2003 年頃である。オールの流通は、戸田市の笹目地区と言う場所において試験的に開始された。オール発行の当初の目的は、住民間の助け合いの促進であっ

図 6-3 オールのデザイン

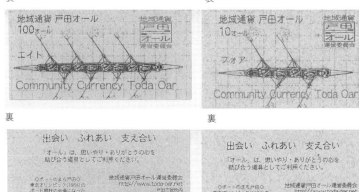

出所：地域通貨戸田オール運営委員会。

た。助け合いの交換を容易にするように、通貨の単位は時間を基準とした。最初に、30分券と60分券というオールが発行された。住民は、助け合いのお礼としてオールを活用した。他の時間通貨と同じように、法定通貨への換金は認められなかった。オールを商店で使うことも最初は認められなかった。よって、この時期のオールはお手伝い券という要素が強い地域通貨であったのだ。そのため、オールの利用範囲は狭く流通もあまり広がらなかった。そこで、2004年頃にオールの運営委員会はオールを全市で使えるようにすることと、特定の商店で使えるようにすることを目指した。こうすれば、オールが住民間の助け合いだけでなく商業取引にも利用できるようになる。かくして、オールは時間通貨から商品券型地域通貨へと変わったのである。この頃がオールの発展の第2段階に当たる。この段階では、いろいろなプロジェクトも開始した。例えば、環境保護活動に参加したお礼としてオールを受け取る試みや、オールを団体に助成する試みも始まった。しかし、こういった地域通貨の展開の仕方は特に目新しいものではない。地域通貨の多くは時間通貨から商品券型地域通貨へと変わってき

たからだ。オールが他の地域通貨と違う点は、経済教育に地域通貨を活用したことである。この試みは 2006 年頃より開始された。これ以降をオールの展開の第 3 段階としよう。まず、2006 年頃に「お仕事体験隊」と呼ばれる経済教育が開始された。このイベントに参加する未就学児や小学生の子どもは、お祭りの模擬店の販売を手伝う。子どもは、店舗の売上を伸ばすために模擬店の前に立って大きな声を出す。子どもは、このイベントによって声出しという営業活動の基本を学ぶことになる。これにより、子どもはお客との交流の楽しさを知りチームワークも学んでいく。子どもは、お手伝いのお礼として 200 オールを受け取る。この試みは、実際の経済活動を体験するという意味で経済教育の一種であると言ってよい。運営委員会は、この試みをさらに発展させた経済教育を開始した。それが、2008 年頃より開始された「とだっ子お店チャレンジ」という店舗運営体験教育である。[53] その目的は、小売業の楽しさと創意工夫を学ぶことである。子どもは、オールで仕入れた商品をお祭りの模擬店で工夫しながら販売していく。子どもは本格的な店舗経営を任される。そのために、子どもはお祭り開催の 1 カ月半程前から販売のための準備をおこなう。事前申込により参加を認められた小学生の子どもが、まず 4 〜 6 名から構成されるチームを作る。これ以降は、チーム単位で動きながら様々なことを学んでいく。例えば、商工会のスタッフから利潤計算の仕方や商品陳列の具体的な方法を学ぶ。チームごとに模擬店のチラシや看板づくりにも関わる。この経済教育で面白い点は、運営委員会がチームごとにオールを貸し出すことである。チームは、借りたオールを使って近隣の商店から商品を仕入れる。仕入れられる商品の多くは、駄菓子やおもちゃである。チームはこの商品を模擬店で売っていく。ただし、単に売るのではない。チームは創意工夫をしながら売っていくのだ。あるチームは、輪投げゲームの模擬店を作った。輪が投げられるポールごとに受け取れる商品に違いを作った。ポールによっては、豪華な賞品を受け取れることもあった。商品の当てくじゲームを取り入れた模擬店もあった。各チームはそうやってゲーム性を持たせた

---

[53]　この経済教育は「お店体験隊」と呼ばれていたが、最近になり名称が変更された。

のである。ゲーム内容は毎年、参加する子どものアイデアによって大きく変わる。この経済教育では、お店づくりを通して子どもの創意工夫が発揮されることになる。図6-4が模擬店の出店までの様子を示している。また、もう一つ大きな特徴がある。それは、オールでのみこのゲームに参加できるという点である。だから、チームの売り上げもオールで計上することになる。各チームは、準備会で学習したことを思い出しながらオールの売り上げを増やそうとする。各店舗の商品が全て売り切れると、いよいよ総売り上げの発表である。一番売り上げたチームは表彰されるが、各チームのオールの売り上げは合算されて参加者の子ども一人ひとりに平等に分配される。こうして、子どもはオールで仕入れ、オールで販売し、オールを売り上げとして受け取る、という経験をする。これは地域通貨を使って経済活動を実際に体験する試みと言ってよい。

　ここで紹介した２つの取り組みは、地域通貨を経済教育にうまく活用した画期的な試みである。子どもはオールを近隣の商店やお祭りの模擬店でも利用できるので、自分で稼いだ地域通貨を地域コミュニティの中で使う体験ができる。この経済教育は、地域コミュニティを舞台として活用することによって子どもに現実の経済活動の一端を経験してもらう貴重な取り組みなのである。

　さて、この段階になると、オールを受け取るあるいは使う方法も多様化してくる。子どもは、清掃ボランティア活動に参加することによってもオールを手にすることができるようになった。オールの使用先としてコミュニティバス、市役所地下の売店やショッピングモール内の駄菓子屋が追加された。使用先のメニューも増えつつある。さらに、小学校との連携も進むようになった。運営委員会と連携関係を深めてきた小学校では、エコライフデーという環境保護活動のための特別な日を設けて子どもの参加を促している。子どもは、小学校で受け取ったシートに省エネ等の環境保護活動の成果を記入する。それを小学校に持っていくと、オールを受け取ることができる。こうして得たオールの多くは、おもちゃ交換会というイベントにおいて使用されている。

　以上みてきたように、オールは３つの段階を経て発展してきた。図6-5

図 6-4 店舗運営体験教育の様子

駄菓子の梱包

模擬店の看板づくり

当日の模擬店の様子

出所：著者撮影

模擬店での「オール」の利用

が示す通り、最初は時間通貨に過ぎなかった地域通貨がまず商品券型地域通貨へと変わり、次に子どもの教育支援の手段として機能するようになった。オールが他の取り組みと違う特徴的な点は、子どもが地域通貨を使うということである。運営委員会は市民のオールの利用を広めていくために、子どもに着目した。子どもがオールを使えば親も興味関心を示すため、オールの流通がもっと広がると考えたのである。子どもがオールを使うことによって生じる意義はそれだけではない。オールを通じて地域コミュニティで活動する経験は、助け合いの心や親切心を養うことにも大きく貢献する。地域通貨は、子どもの対人スキルや地域貢献の意欲を高めるために活用できる。それゆえオールは、地域コミュニティの活性化を将来担う人材を育

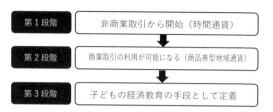

図 6-5 オールの展開の様子

第1段階	非商業取引から開始（時間通貨）
第2段階	商業取引の利用が可能になる（商品券型地域通貨）
第3段階	子どもの経済教育の手段として定着

出所：著者作成。

成するための手段であるとみることもできるだろう。地域通貨の展開可能性を大きく広げた試みとして、オールを大いに評価したい。

6-5 子どもは地域通貨をどうとらえているのか？

　経済教育の手段として地域通貨を活用することは、地域コミュニティを使って子どもの視野を広げられるという意味においてとても意義深い。ただし、子どもが地域通貨についてどう思っているのかはわからない。オールを喜んで受け取る子どももいれば、そうでない子どももいるかもしれない。子どもの意識次第で、地域通貨の展開が決まると言っても過言ではない。人の価値や意識は地域通貨の行く末に大きく影響するのだ（Gómez 2009、2018）。人が持つ価値や意識が新しい仕組みに適応的であれば、その仕組みは存続する可能性が高い。逆に、人の価値や意識が保守的で新しい仕組みに適応しなければ、その仕組みは存続できずに消滅するかもしれない。よって人の持つ価値や意識は、社会の仕組みの持続可能性に対して大きな影響を与える。この点は、オールの今後の展開を考える上でとても重要な視点である。そこで本節では、子どもが地域通貨をどのようにとらえているのか、ということを詳しく調べてみる。そうした分析を試みることで、オールの意義と可能性についての考察を深めていくことができるだろう。

　子どもの地域通貨のとらえ方を調べるために、報酬意識という概念を使

うこととした。報酬意識という考え方を用いることで、地域通貨が人々に
受け入れられているのかどうかを判断できる。ここで用いる報酬意識とい
う考え方も、基本的には5章で論じた考え方と一緒である。ただし、質
問内容は子ども向けに変更してある。それは、ボランティア活動のお礼と
して提示されたものが望ましいのかどうかを判断する内容であった。例え
ば、「ボランティアのお礼として、現金を渡したり、受け取ることはどう
思いますか」という質問に対して、「よい」か「悪い」かで判断してもら
うのである。こうすれば、子どもはすぐに質問内容を理解できる。質問では、
お礼の内容を現金、地域通貨、お菓子、無報酬というように変えていった。
お礼を有償から無償へと段階的に変化させることによって、ボランティア
活動と報酬に対する子どもの見方を詳しく知ることができる。地域通貨は
どのようなお礼として認識されているのか、ということもはっきりとする
であろう。

　調査対象の子どもの年齢をどう決めるのか、という厄介な問題がある。
だが、とりあえず決めてしまわなければ調査を進めていくことができない。
そこで、ここでは12歳までの児童を子どもとみなすことにした。実際に
調査をしてみると、未就学や低学年の児童もいることがわかった。こうし
た子どもについては、保護者や高校生にサポートをしてもらいながら回答
してもらうこととした。質問に協力してくれた子どもは全員、職業体験や
清掃ボランティア活動に参加してオールを手に入れた経験を持っていた。
だから、オールについてはある程度知識のある子どもが調査に協力してく
れたということになる。この調査は、2014年10月に開催された戸田市の
お祭りの会場で実施した。有効回答数は、男性21名、女性40名の合計
61名であった。年齢別にみると、6歳未満の幼児が7名、低学年（6〜8歳）
の児童が21名、中学年（9〜10歳）の児童が17名、高学年（11〜12歳）
の児童が16名であった。61名の内、質問全てに回答した子ども59名を
分析の対象にした。分析結果をツリー図にまとめたものが図6-6である。

　この図では、それぞれの報酬を無償から有償へと段階的に並べた。こう
した図を作成することで、子どもの報酬意識のパタンを詳しく観察するこ
とができるのである。図の見方を簡単に解説しておきたい。図中の一番右

図6-6 子どもの報酬意識の展開図

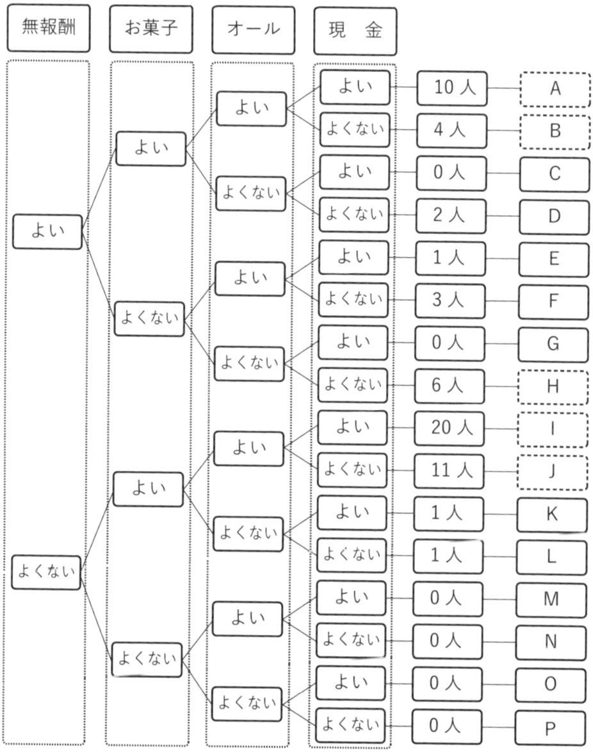

無報酬	お菓子	オール	現　金		
			よい	10人	A
		よい	よくない	4人	B
	よい		よい	0人	C
		よくない	よくない	2人	D
よい			よい	1人	E
		よい	よくない	3人	F
	よくない		よい	0人	G
		よくない	よくない	6人	H
			よい	20人	I
		よい	よくない	11人	J
	よい		よい	1人	K
		よくない	よくない	1人	L
よくない			よい	0人	M
		よい	よくない	0人	N
	よくない		よい	0人	O
		よくない	よくない	0人	P

出所：著者作成。

端に表示されているアルファベット文字は、グループ名を表す。その隣の数字がグループの人数を示している。例えば、無報酬「よい」→お菓子「よい」→オール「よい」→現金「よくない」と回答した子どもは、グループBに入る。このグループの４人の子どもは、ボランティア活動のお礼に何も受け取らないことが本当はよいことであると思っているようだが、お菓子、オールであれば受け取ってもよいと感じている。図をみると、報酬の選択パタンは全部でAからPまでの16通りあることがわかる。

　まずこの図をおおまかに観察してみると、子どもの報酬意識が多様であることが理解できる。特定のグループに人数が集中しているという傾向はみられない。0 人のグループも確かにあるが、ある程度の人数を確認できるグループは 5 もある。点線で囲いをつけた A、B、H、I、J がそれに該当する。この結果は、少なくとも 5 つの違った報酬意識があることを示している。さらに見ていくと、オールを受け入れる子どもの数は非常に多いことが理解できる。オールを「よい」と評価する子どもの数は、図の上から順番に足していくと 10 人＋ 4 人＋ 1 人＋ 3 人＋ 20 人＋ 11 人 ＝49 人いることがわかる。全体の人数が 59 人なので、オールを適切な報酬として評価する子どもの割合はおよそ 83％にものぼる。よって、多くの子どもは地域通貨を好意的に受け入れているということが示されたと言ってよい。

　次に、個別のグループを詳しく観察してみよう。特に注目したいグループは、B と J である。B の子どもの報酬意識はとても興味深い。人数は少ないが、重要な論点を提供しているので検討してみよう。B の子どもは無報酬を望むが、お菓子とオールならば受け取ってもよいと感じている。この子どもらは無報酬を望むのだから、現金を受け取ることは当然よくないことであると判断している。オールは現金と同様に金銭的価値を有する。だから、現金と同じように拒否されてもおかしくはないはずだった。B の子どもは、オールを受け取ることはよいと判断したのである。こうした結果が生じた理由は、B の子どもがオールを単なる金券とみるのではなく、特別な活動を評価する新しい通貨としてみていたからではないだろうか。そうでなければ、オールも拒否されていたに違いない。B の子どもは、オールが金銭的価値を有するだけの手段ではないことに気づいていた可能性が高いと言えるのである。このグループの存在によって、無償志向を持つ子どもも金銭的価値を有する地域通貨を受け入れるということが示された。J の子どもも面白い報酬意識を持っている。J の子どもは基本的には、無報酬をよくないと判断しているのだから有償を望んでいることがわかる。そのため、お菓子とオールを受け取ることはよいと判断している。しかし、この 2 つの報酬よりも利便性に優れた現金はよくない報酬であると判断し

ている。同じ金銭的価値を有する地域通貨が評価され、現金は評価されていないのである。なぜだろうか。Jの子どもは、ボランティア活動の対価にはふさわしい報酬があることに気づいていたのではないだろうか。地域コミュニティの活動に貢献したことを証明する手段は現金ではないだろう。現金を受け取ってしまうと、ボランティア活動の内容が奉仕活動から仕事になってしまう危険性がある。Jの子どもは、こうした感覚を持っているために地域通貨を評価して現金は受け入れなかった可能性がある。実はこうした考え方を持っている子どもが少なからずいた。このことをコラム⑤において詳しく報告しているので、この節と合わせて読んでもらいたい。こうしたグループの存在によって、有償志向を持つが現金は受け取らないという子どもにとっても地域通貨が有効に機能することがわかった。

　地域通貨は無償志向を有する子どもにとっても、有償志向を有する子どもにとっても受け入れられる。それは、子どもの多様な報酬意識にうまく適応できる手段であるとみてよい。子どもの教育活動や地域貢献活動を評価し活性化するための手段として、地域通貨はうまく機能できるのである。

6-6 子どものオールの入手先と使い道

　ここまでの分析から、オールの取り組みは地域通貨を教育に活用した画期的な試みであることと、オールが子どもの多様な報酬意識に適応できる手段であるということがわかった。では、子どもはどのようにオールを受け取りどこで使うのだろうか。オールの入手先と使い道の広がりが確認できれば、地域通貨を活用した経済教育が順調に進んでいるかどうかがわかる。そこで、アンケート調査によりオールの入手先と使用先について具体的に聞いてみることにした。この調査は、2017年10月に開催された地元のお祭り会場に足を運んだ子どもを対象におこなった。しかし、どの子どもがオールの利用経験を持つのかは事前には把握できなかった。そのため、アンケートの配布次第ではオールを一度も使った経験のない子どもも、調査対象になってしまう可能性もあった。つまり、無駄な配布となってしまう危険もあった。こうした状況が生じてしまうことを避けるために、様々

図6-7 オールの入手先と使い道

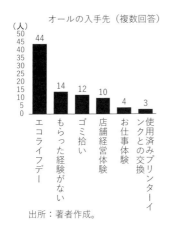

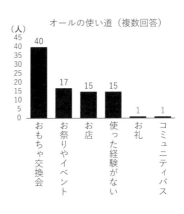

出所：著者作成。

　な子どもをこちらで選んでから調査を実施した。そうすれば、オールの利用経験を持つ子どもが調査対象になる確率が高まる。実際に調査をおこなってみたところ、65 人（男 27 人、女 38 人）が協力してくれた。学年別にみると、低学年が 20 人、中学年が 27 人、高学年が 18 人であった。質問内容はオールを受け取った活動内容と使用先である。図 6-7 は、この調査結果を整理したものである。

　　まずオールを受け取った活動について見てみると、エコライフデーが多いことに気づく。エコライフデーは、毎年 6 月と 12 月に実施されている子ども向けの環境保護活動イベントである。それは、運営委員会と学校側が協力してオールを配布する活動としてよく知られている。このイベントでは、子どもが小学校で省エネ活動成果を記入するシートを受け取る。子どもは、家庭での環境保護活動の成果をシートに書き込み小学校に持っていく。そうすると、オールを受け取ることができる。エコライフデーによってオールを手にする子どもが多い理由は、この活動が小学校を巻き込んだイベントであるため参加人数が必然的に多くなるからである。一方、店舗経営体験やお仕事体験でオールを手にする子どもは多くない。この 2 つの

経済教育は意義深い取り組みではあるものの、年間の開催回数が非常に少ない。そのため、この活動に参加することによってオールを手にする子どももはまだ少ないのだろう。オールを受け取れる活動や経済教育に一度も参加した経験のない子どもも14人いる。これらの結果を知ると、オールを活用した経済教育がまだまだ広がる余地があるということが理解できる。

では、次にオールの使い道について見てみよう。右の図を見てみると、おもちゃ交換会でオールがよく利用されていることに気づく。おもちゃ交換会は、エコライフデーで手に入れたオールを使うために開催される特別なイベントである。子どもは、そこでオールを使って手作りのおもちゃを手にすることができる。次に多い使い道は、お祭り、イベントと商店である。子どもは、オールをお祭りの模擬店や近隣商店でよく使うのだろう。オールをためておいて祭りの模擬店で一挙に使う者もいる。だが、これまでオールを使った経験がない子どもも15人はいる。

この調査によって一つの課題が浮き彫りになった。それは、オールの入手先や使い道があまり多様化していないということである。できるだけ多くの子どもがいろいろな経済教育に参加して、オールを手に入れることが望まれる。だが、実際は入手先と使い道がやや偏っている。このことがオールの課題であるとすると、オールを手にして使う方法を今以上に増やすことが必要になることがわかる。それに成功すれば、この画期的な教育プログラムがさらに発展してゆく可能性がある。この点を次節でもう少し詳しく検討してみよう。

6-7 子どものコミュニティ経済の共創と活性化を目指す　　オールの可能性

地域通貨を活用した経済教育をこれまで以上に浸透させていくためには、オールの入手先と使用先を多様化させていくことが必要になりそうである。ここでは、オールの入手先と使用先についての課題と展望を考えてみる。オールの入手先として非常に多かった活動はエコライフデーであった。そのため、入手先があまり偏らないような対策を考えたい。例えば、

職業体験によってオールを入手できる機会を増やしていくことを提案しよう。方法はいくつか考えられる。まず、このイベントの開催回数を少しずつ増やしていくことができそうだ。オールを活用した職業体験は、地元で開催されるお祭りの日程に合わせておこなわれてきた。そこで、職業体験の開催を目的としたイベントを年に数回開催してみるのもよい。このイベント開催の回数が増えていけば、子どもはこれまで以上にオールを手にするようになるだろう。職業体験の職種を増やしていくことも一考に値する。今後、例えば戸田市や企業が関わる職業体験のプログラムを増やしていくことが考えられる。[54] 職業体験のメニューが増えることによって、子どもの活動の参加意欲が高まるのではないか。そうすれば、子どもがオールを手にする機会も自然と増えていくに違いない。もちろん、こうしたプログラムを企画し運営することは時間と大変な労力が必要になるだろう。だが、オールの取り組みは画期的であって高評価を受けることも多いため、経済教育に関心のある人や団体を次々と巻き込みながら発展していける可能性を十分に秘めている。それは、地域コミュニティをベースにした新しい教育モデルへと発展してゆく可能性を持っていると言ってよい。

　次に、オールの使用先について考えてみたい。エコライフデーの参加によって手にされたオールの多くは、おもちゃ交換会で使われていた。オールの使用先を多様化するためには、商店、お祭りの模擬店や助け合いのお礼等に使える機会をもっと増やしていく必要がある。さらにアイデアを膨らませることもできる。例えば、キャンプ講習会や虫取り探検等の子ども向け教育イベントの利用料金としてオールを活用することも考えられる。こうした取り組みが実現すれば、もっと多くの子どもをオールのイベントに呼び込める。そうなれば、子どもはオールがおもちゃ交換会で使う券に過ぎないという認識を変えるであろう。子どもは、地域コミュニティで活動し、地域コミュニティの独自の通貨を受け取り、地域コミュニティで使うことが当たり前であるかのように行動するようになる。

　このようにオールの入手先と使用先を増やしていくと、子どものオール

---

[54]　まーぶやべるのように、中高生も参加可能な教育プログラムを考案してみてもよい。

のとらえ方もすこしずつ変化していくのではないか。子どもはオールが特別な活動を評価する特別な通貨である、と認識するようになるはずだ。オールはこうして徐々に子どもに受け入れられていく。そして、地域コミュニティに定着するようになるだろう。この状態を目指すためにまずやるべきことは、オールの魅力を高め子どもの意識と行動パタンを変えていくことである。そのために、地域コミュニティの中に様々な支援者を増やしていくことが必要になる。地域コミュニティの住民、商店、企業や行政が協働しながらオールの仕組みづくりを考えることによって、オールの流通を広めていくための土台が形成されていくからだ。そして、オールを手に入れる方法と使い道が広がってゆく。この取り組みがうまくいけば、子どもの報酬意識も変わっていくであろう。子どものお金の意識は変化しやすい。幼い頃より地域通貨に触れる経験は、地域コミュニティ活動とふさわしい報酬に対する子どもの考え方を変えるきっかけとなる。地域通貨が地域コミュニティ活動の成果を評価し活性化するための特別な通貨である、といった考え方を持つ子どもが増えていくことを期待できる。オールはこうして地域コミュニティの子どもに好まれるようになっていく。この取り組みを支援する住民や団体もますます増えていくであろう。図6-8が示す通り、3つの事柄が関係しながら進んでいくことによって、オールは子どものための地域通貨としての地位を獲得し、地域コミュニティに根差した評価の手段となり得る。それは、子どもが参加できるコミュニティ経済を共創し活性化するための特別な手段として機能するのだ。

6-8 結 論

オールは3つの段階を経ながら着実に発展してきた。時間通貨から商品券型地域通貨へと変わる地域通貨は割と多く見かける。しかし、オールが普通の商品券型地域通貨と違う点は、子どものコミュニティ経済を共創するために地域通貨を活用していることである。この試みは、地域通貨と子どもの関係性に着目するという点において非常に画期的であった。オールがあることで子どもは、地域コミュニティの中で地域通貨を活用した経済

図6-8 オールの発展サイクル

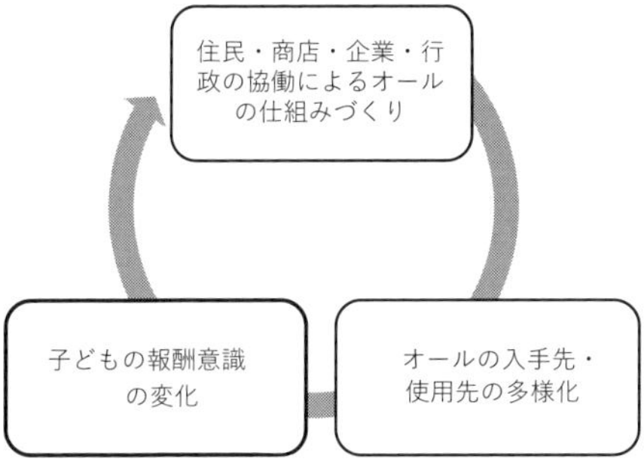

住民・商店・企業・行政の協働によるオールの仕組みづくり

子どもの報酬意識の変化

オールの入手先・使用先の多様化

出所：著者作成。

教育を体験できるようになったのである。報酬意識を調べてみると、多くの子どもはオールを受け入れている。さらに詳しく観察してみると、オールが現金とは違った特別な報酬であるという認識を持つ子どももいることがわかった。こうした子どもにとってオールは、金銭的価値を有した単なる金券ではない。それは、特別な活動を評価するための新しい手段として認識されているのである。今後、オールの入手先と使用先をもっと多様化していくことができれば、オールは広まりを見せるに違いない。そのためには、この取り組みを支援したいと考える住民や団体との協働を一層深めていく必要が出てくるであろう。

　オールは子どもの意識を変容させる可能性もある。子どもはオールの利用を一つのきっかけとして、「お金の適切な使い方」といった問題に関心を示すようになるかもしれない。なぜなら、子どもはオールの利用を通してお金が地域コミュニティの活性化に貢献できるということを実体験していくからだ。こうした子どもは、将来、お金を使って社会変革を試みようとするかもしれない。例えば、倫理的投資やクラウドファンディング等の取り組みに関心を持つようになる。こうして地域通貨は、法定通貨の使い方を変えることに対しても貢献できる可能性が出てくる。地域通貨を活用した経済教育は、子どものお金に対する意識、お金の使い方やお金の投資

を社会志向に向かわせる試みでもあるのだ。それゆえ、長期的な視点に立って地域通貨を活用した教育手法を評価するべきである。

コラム⑤ ‖‖‖
子どもは地域通貨についてどのように考えているのだろうか？

　子どもの報酬意識を調べてみた結果、ボランティアのお礼として現金を受け取ることには抵抗感を示すのに、オールは受け取る意思を示す子どももいることがわかった。オールは買い物に使えるという意味においては現金と変わらない。しかし、有効期限があり使える場所も限られているため現金に比べるとはるかに利便性が低い。それゆえ、報酬という観点から2つを比べると、お礼として現金を選ぶことが合理的な行動となるだろう。しかし、そうした選択をあえてしなかった子どももいたのである。それはなぜか。このコラムでは、ボランティア活動のお礼に対する子どもの意見を尋ねたインタビュー調査の成果を紹介しよう。この調査は2013年9月と2014年9月と10月に実施し、合計23人（男4人、女19人）の協力者を得ることができた。調査結果の中で、特に興味深いことを述べていた子どもの意見を紹介したい。最初に、男子二人の考えを検討してみよう。

　A君（男11歳）
　現金はトラブルになると怖いから、お手伝いのお礼として受け取りたくありません。現金と地域通貨には違いがあると思います。現金は日本全国どこでも使えます。地域通貨は戸田市でしか使えません。現金はお手伝いのお礼として受け取るのは嫌なのですが、地域通貨はお手伝いのお礼として受け取るものだと思っています。

　B君（男12歳）
　お手伝いのお礼として現金は受け取りたくありません。少し抵抗があります。地域通貨は何かお手伝いをしてもらったときに受け取るお金で、現金はきちんと働いときに受け取るお金だと思っています。現金はどこでも使えるので便利ですが、地域通貨はお手伝いのためのお金だと思っているので違いがあります。

下線部が特に重要な箇所である。この２人は、お手伝いのお礼として現金を受け取ることは望ましくないと感じている。現金はこうした活動を評価する手段ではなく、やり取り次第では人間関係を破壊してしまう危険性も有する。それゆえ、社会奉仕のお礼として現金を受け取ることは好まれないのだ。子どもが現金を嫌う理由は、日本の金銭教育と関係している可能性が高い。日本ではお金について語ること自体が避けられてきた。そして、お金は汚れた手段であると教えられてきたのである。だから、多くの子どもは現金が禍々しいものであると認識している。こうした教育を受けてきた子どもは、お手伝いというすばらしい行為の対価として現金を受け取ることに強い抵抗感を示すはずだ。だが、地域通貨は別のようである。２人は、地域通貨が金銭的価値を有する手段に過ぎないとは考えていない。それは、お手伝いの成果を新しく評価するものであり、現金とは違った機能を果たすと思われている。続いて、女子の考えを検討してみよう。

　Ｃさん（女 11 歳）
　お手伝いは相手が困ったときにするのだから、お礼を受け取るのはおかしいと思います。友達を助けたときにお礼を受け取らないのと同じですよね。お菓子やオールであれば受け取ってもいいかなと思うけれども、現金だけは絶対に嫌です。現金を受け取ると、相手に申し訳ない気持ちになると思うし、何か他のもので返さないと気持ちが悪いです。

　彼女は無償を好む。だから当然、現金を受け取ろうとはしない。現金を受け取ってしまうと相手に対する根深い負い目を持つようになってしまうかもしれないことを恐れている。しかし、お菓子や地域通貨であれば受け取ろうとする。このことは、無償志向を有する子どもによっても地域通貨は受け入れられる、ということを示唆している。この彼女にとっても、地域通貨は金銭的価値を有するだけのものではない。それは、社会奉仕活動の成果を新しく評価できる手段であるのだ。そう認識されているからこそ、

地域通貨は受け入れられていると言ってよい。ただし、現金を望む子どもやお菓子を望む子どももいる。次の二人の女子の考えを見てみよう。

> Dさん（女9歳）
> <u>お礼に受け取るのであれば現金がいいです。</u>お菓子は体に悪いものが入っているかもしれないから受け取るのは嫌。<u>オールは使える場所が少ないのでもらってもうれしくない。</u>

> Eさん（女11歳）
> <u>お礼にもらうならお菓子がいいかな。</u>現金をもらうのは嫌ですが、オールは使うところが少ないからもらってもうれしくないです。<u>オールがもっといろいろな場所で使えるようになれば、もらってもうれしく感じると思います。</u>

　Dさんは現金を好ましいと感じ、Eさんはお菓子を望んでいる。この2人は、オールはお手伝いのお礼としてふさわしいとは言えないと考えている。こうした考えを持つ子供がいても不思議ではない。子どもの報酬意識が多様であることの証左にもなっている。しかし、オールの入手先と使用先がもっと多様化すれば、オールを喜んで受け取ろうとする子どもも増え始めるだろう。DさんもEさんも今のところオールを気に入っていないようだが、オールが広まるのであれば受け取る可能性があると述べている。このことは、地域通貨の利用機会を増やしていくことが、子どもの報酬意識を変えていくためには必要であることを示している。実際、Eさんの意見のように、オールを使える場所や機会が今以上に増えていけば、喜んで受け入れると述べる子どもも多く見られるのだ。それゆえ、子どもが地域通貨を受け渡す機会を地域内で増やしていくことが、子どもの報酬意識を変えていくためには必要なのだろう。そうすることによって、子どもの経済教育を進めていくための新しい報酬の手段として地域通貨が認められるようになる。

第7章 中山間地域の林業と地場産業を活性化する地域通貨「モリ券」

7-1 はじめに

　本章は、林業と地域経済の活性化を目指す中山間地域の地域通貨「モリ券」について論じる。中山間地域とは、図7-1が示すように都市部から離れた場所にあって山が多く平地が少ない地域のことを指す（農林水産省）。平地と山間部との間にある地域と、山と山の合間にある地域の両方が、中山間地域に該当する。いずれの地域も、林野が占める割合や高地傾斜の割合がとても高いことが特徴的である。中山間地域は総土地面積の7割強も占め、総人口のおよそ1割が居住している。さらに、この地域の農業産出額は全国のおよそ4割も占めている（農林水産省）。中山間地域は農林業の開発にとって非常に重要な場所として存在すると言えるのだ。

　特に、中山間地域における林業は重要な産業の一つである。[55] 森林は美しい景観を提供する役割を果たすだけではない。森林は、地滑りの抑止や生物多様性の創出にも大きく貢献する。だから、面積の多くを森林が占める中山間地域は、多面的な機能を有する場所として重要な意義を持っていると言ってよい。次の説明が中山間地域の特徴を理解する上で助けとなる。

　　そこでは、自然と人間が共生関係にあり、農林業のような自然資源に依拠した産業の発展と地域社会の持続的な発展とが密接に関わっていた。さらに、農林業には産業として食糧や資源を生産・供給する役割だけでなく、その他様々な多面的機能（国土、自然環境の保全など）が備わっており、それらの活動を維持することは、域内のみならず、

---

[55]　林業の現状や展望について知る場合には田中(2011)や梶山(2011)を参照されたい。

図7-1 中山間地域と平地農業地域の区分

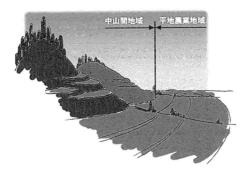

出所：農林水産省.“中山間地域とは”

　　域外にとっても非常に重要である（宮﨑・栗田 2012、p.93）

　この説明の中で大切な点は、農林業の発展がきっかけとなり中山間地域の経済も発展を遂げ、森林の多面的な機能が維持されるということである。農林業の発展が立ち遅れてゆくと、中山間地域の地域経済が衰退して景観や安全性が損なわれてしまう。だが、中山間地域の林業は衰退の一途をたどってきたと言ってよい。その理由の一つは、材木の販売価格が国際的な市場競争にさらされる時代に突入したからである。国内の林業は海外から輸入される価格の安い材木に対抗する必要があるが、主要産業が第 1 次産業から第 3 次産業へと転換してしまった現在においては人材や設備投資の不足が当然のように生じるので、価格競争に打ち勝つことが難しくなってきている。その結果、中山間地域で林業に従事する者が減少し、林業の担い手不足が深刻な問題となってしまっている。こうした現象が生じてくると、中山間地域からの人口の流出に拍車がかかり、過疎化や地域経済の衰退がどんどんと進行してしまうだろう。そうして森林の維持管理もさらに困難になっていく。

　よって、中山間地域では林業の担い手をどのように確保していくのかということが重要な課題となる。かくして国や民間団体は、中山間地域を活

性化するための対応策をいくつも講じてきた。例えば、「山村地域振興法」（1965 年）や「過疎地域対策緊急措置法」（1970 年）等が挙げられる。[56] こうした動きに関連する森林・林業を対象とした振興策にも力が入れられてきた。例えば、国は緊急雇用対策（2009 年）を受けて、「森林・林業再生プラン」を作成した。国の基本的な認識によれば、国内の林業は生産性が低く価格も低迷しており、森林所有者は森林の適正な維持管理をできていない。木材需要が世界的に増加する中、為替変動の影響もあって外材輸入の先行きも不透明な状況だ。国はこういった課題があることを十分に認識しており、林業を再生して担い手を増やすことを目指している。

　しかし、こうした対応策は、中山間地域のヒト・カネ不足といった構造的な課題に対して適切に対処できているとは言えない。国によるトップダウン方式の対応策が功を奏する場合も当然あるのだが、民間団体によるボトムアップ方式の取り組みが有効に機能することも多い。こうした草の根的な取り組みの一つが、本章で取り上げるモリ券である。モリ券は、中山間地域のヒト・モノ・カネという域内資源を有効に活用しながら有機的に結びつけることによって、林業の課題に取り組む試みである。そこで本章では、モリ券の流通スキームを考案した NPO 法人土佐の森・救援隊の活動を事例に取り上げながら、モリ券の意義について論じてみようと考えている。本章の構成を説明しておこう。まず 2 節では、高知県いの町について簡単に説明をして、救援隊の活動を紹介する。3 節では、モリ券の流通の仕組みを発行・流通・償還という視点から説明する。4 節は、モリ券を特徴づける使用上の取り決めと意義について詳しく論じたい。5 節では、アンケート調査の結果を使ってモリ券に対する意識と地域社会の感じ方について報告する。6 節は、モリ券によるコミュニティ経済の共創と活性化について論じる。

---

[56]　中山間地域のような条件不利地の振興策に関する詳しい説明は、大西・小田切・中村・安島・藤山（2011）を参照されたい。

図7-2 いの町の位置

出所：いの町．"いの町の概要"

7-2 高知県いの町の概要と救援隊の活動

　図 7-2 を見ると、高知県いの町が高知県のほぼ中央に位置していることがわかる（いの町）。町の総面積は約 470 ㎢で、その 9 割弱が森林で占められている（宮﨑・栗田 2012、Miyazaki and Kurita 2018）。いの町は豊富な森林資源に恵まれている一方、仁淀川ブルーと呼ばれるくらい高い透明度を誇る仁淀川も流れていて、豊かな自然環境に囲まれた地域と言える。この地域は、土佐和紙の発祥地としても非常に有名である。

　平成 27 年国勢調査によると、いの町の人口は 22,767 人で、高齢者比率はおよそ 36% である（いの町）。就業者人口 10,508 人の産業別構成をみると、第 1 次産業就業者が 817 人（7.7%）、第 2 次産業就業者が 2,171人（20.7%）、第 3 次産業就業者が 7,525 人（71.6%）であることがわかる。第 1 次産業の就業者が圧倒的に少なく、第 3 次産業の就業者がとても多い。このことは、町の 9 割も占めている森林を扱う産業が雇用創出にあまり寄与していないことを示している。こうした事態が林業の担い手不足を生じさせていて、放置林の増加と森林整備の遅れという状況をもたらしているのだ。救援隊はこの状況を改善しようと活動を開始した。平成 15年に NPO 法人設立の認可を受けた救援隊は、高知県内で様々な森林整備

活動の支援に携わってきた。[57] 2011 年 1 月時点のメンバーは 86 名である。林業経験者だけでなく一般の地域住民もこの活動に参加している。地元の商店や飲食店も賛助会員としてこの活動に協力している。さらに、四国銀行、TOTO、NEDO や地方自治体（いの町、仁淀川町、高知市）等の企業や団体も救援隊の活動を支援してきた。救援隊は、こうした企業や団体と連携を取りながら森林の維持管理に関わる技術指導やノウハウの伝承等をおこなってきた。そうした活動の一環として、一般市民も関わることのできる自伐型林業の普及と展開に力を入れてきた。救援隊が林業再生に向けて活動をする理由は、林業の人口ピラミッド構成に問題があるからだ。図 7-3 が林業従事者の種類の構成を表している。

　現状では、森林組合や専業林家等のプロが中心となって森林の維持管理をおこなっている。定年退職者、サラリーマンや学生が、副業やアルバイト等で林業に従事することはあまり見られない。こうした人々は、森林保全によほど興味を持たない限り森林の維持管理活動には参加しないであろう。だが、本当は、こうした人々も気軽に森林の維持管理活動に参加できるのが望ましいはずだ。そうすれば、森林の保全に目を向ける人も増えていくであろう。そのためには、一般市民も気軽に参加できる森林整備活動の仕組みを作ることが必要となる。救援隊は、この仕組みを作るために様々な活動を展開してきた。1 つ目は、森林整備に直接関わる活動である。救援隊は、「土佐の森方式」と呼ばれる仕組みを考え出した。この方式では、山林所有者と提携した救援隊が森林ボランティア参加者とともに森林整備を実施する。救援隊は、この活動で得られた間伐木材の中で用材として機能するものを市場で販売し収益を上げる。その収益は山林所有者に還元されるが、一部は森林ボランティア参加者にも分配される。こうして、救援隊は森林所有者の利益を確保すると同時に、ボランティアが森林整備に参加しやすい仕組みも作り出したのである。

　2 つ目は、林業の新たな担い手を発掘するための企画の立案である。救

---

[57] 救援隊の設立背景や活動内容についてより詳しく知りたい場合には、宮﨑・栗田（2012）、Miyazaki and Kurita（2018）を参照されたい。

図7-3 林業人口ピラミッド

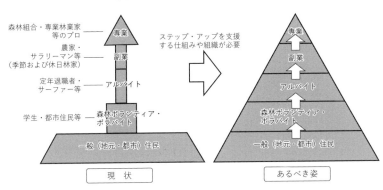

出所：中島（2009）。

援隊は、林業に関わりを持たなかった一般市民を対象にした研修会、シンポジウムやグリーンツーリズム等を開催して、市民の林業に対する興味関心を喚起しようとしてきた。さらに、2009 年より副業型自伐林家養成塾も開講して、林業に関心を持つ県内在住者や高知県への移住に興味がある人の参加を促してきた。さらに、救援隊は町外からの視察も積極的に受け入れて、地元の森林ボランティア参加者と域外住民との交流も促進している。

　3 つ目は、残材の搬出作業によって収集された木材を木質バイオマス資源として有効活用する取り組みである。[58]救援隊はこの取り組みをさらに一歩進め、余った間伐材を希望サイズにカットして薪として活用するプロジェクトも開始している。

　4 つ目がモリ券の発行である。モリ券は紙幣型の地域通貨として流通する。図 7-4 が実際に使用されているモリ券の紙面である。単位は 1 モリで、「森林保全育成活動」と「地域経済浮揚」を目的として発行される。後で

---

[58]　NEDO が 2005 年度から 2009 年度まで「バイオマスエネルギー地域システム化実験事業」を実施してきた。その後、仁淀川町が木質バイオマスエネルギー転換施設を受け継いで、救援隊がバイオマスエネルギーを用いた地域循環システムの企画・運営活動に携わっている。

図7-4 モリ券

出所：救援隊提供資料。

詳しく説明するように、モリ券は単なる地域通貨としてではなく、森林証券として活用されている。それは、森林保全活動に参加したことを証明するための地域通貨なのである。

　救援隊の一連の取り組みは、農林水産省によって高い評価を受けている。農林水産省農村振興局発行の山村振興事例集をもとに救援隊の取り組みを整理してみると、図7-5のようになる（農林水産省農村振興局2009、pp.16-19）。これらの取り組みを見てみると、救援隊が実に様々な活動に携わりながら地域の森林を保全しようとしているということがよくわかる。モリ券はそうした活動の中でも重要な役割を果たしている。次節では、モリ券の仕組みについて詳しく説明していこう。

7-3 モリ券の発行・流通・償還の仕組み[59]

　図7-6を使って、モリ券の発行・流通・償還の仕組みを説明する。最初に救援隊が、個人会員や協賛企業等による支援・協賛金を活用してモリ券を発行する。モリ券の単位は1モリで1,000円相当の価値を有している。発行されたモリ券は、森林ボランティアの謝礼として支払われる。森林ボ

---

[59]　救援隊の活動やモリ券のもっと詳しい内容については、宮﨑・栗田（2012）と Miyazaki and Kurita（2018）が詳しく論じているので参照されたい。

図7-5 救援隊の活動

出所：農林水産省（2009）をもとに著者作成。

図7-6 モリ券の発行・流通・償還の仕組み

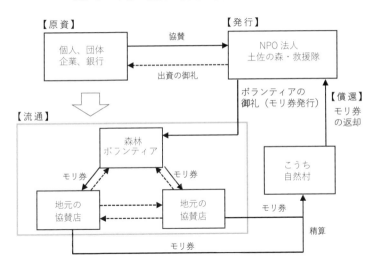

出所：宮﨑・栗田（2012）、Miyazaki and Kurita（2018）をもとに著者作成。

ランティアの主な作業は、間伐と材木の収集・運搬である。搬出された材木の重量に応じたモリ券が、森林ボランティア参加者に渡されることになる。3、4時間程度の森林整備に参加すると、4、5モリを受け取ることができる。調査時のデータによると、モリ券の発行枚数は平成21年度が3,286

枚、平成 22 年度が 2,703 枚であった。

　次に、森林ボランティア参加者は受け取ったモリ券を協賛店で使用する。モリ券の協賛店は高知県内におよそ 30 店舗存在する。例えば、スーパー、カフェ、酒蔵、農園、精肉店、物産店、木工所、資材所等が協賛店となっている。1 モリは、そういった協賛店で取り扱われている地場産品と交換することができる。地場産品とは、地域で生産され地域で販売される商品を指す。1 モリは 1,000 円以内の地場産品と交換することが可能である。ここで「交換」と表現した理由は、モリ券は確かに 1,000 円相当の価値を有する地域通貨であるが、あくまでも地場産品との交換券であるからだ。このことについては、次節でもう少し詳しく説明をしたい。また、特別な活動のお礼として配布されるモリ券はガソリンスタンドでも利用できる。モリ券は協賛店同士で利用されることもある。そのため、モリ券は商品券型地域通貨の機能を有していると言ってよい。ただし、モリ券は個人間の助け合いの謝礼としては活用されてはいない。モリ券の発行目的は森林保全と地域経済活性化である。

　協賛店はモリ券をこうち自然村（モリ券清算業務任意団体）に持ってゆくと、法定通貨に換金できる。ただし、協賛店は 1 モリあたり 1,000 円を受け取るのではなく、モリ券の利用額のみを受け取ることができる。例えば、森林ボランティア参加者が 1 モリと 700 円の地場産品を交換した場合、協賛店はモリ券の実際の利用金額となる 700 円を受け取る。1 モリは 1,000 円相当の価値を有する地域通貨であるのだから、換金時において発行額との差額 300 円が生じることになる。この差額がモリ券ファンドとして積み立てられ、次のモリ券発行のための原資となる。なぜ、こういった仕組みが取り入れられているのだろうか。次節で詳しく論じていこう。

7-4 モリ券使用のユニークな決まり事

　1 モリは 1,000 円以内の地場産品と交換できる。ただし、使用についての決め事がある。

　まず、モリ券と現金の併用は禁止されている。あなたが 1,400 円の地場

産品を購入するとしよう。この時、あなたは 1,400 円の地場産品を 1 モリ ＋ 400 円では交換できない。次に、モリ券を使った取引ではつり銭が発 生しない。あなたが 950 円の地場産品を購入するとしよう。この時、あ なたは 1 モリを渡せばこの地場産品を手にすることができるが、本来は差 額として発生するはずの 50 円をつり銭というかたちで受け取ることはで きない。そのため、モリ券は普通の商品券型地域通貨とは少し違った特徴 を持っている。なぜ、こうした仕組みを使っているのだろうか。ここでは、 4 つの意義を指摘しておきたい。

　第 1 に、この仕組みはモリ券の発行原資の確保に貢献できる。1,000 円 以内のモリ券の利用であれば、必ず差額が生じる。この差額を積み立てて ゆくことによって、次のモリ券の発行原資を捻出できる。先の例で言えば、 950 円の地場産品とモリ券 1 枚と交換したので、差額 50 円がモリ券の発 行原資として積み立てられることになる。

　第 2 に、森林ボランティア参加者が、活動と謝礼の関係性について考 える機会を得られる。救援隊は、モリ券が商品券ではなく交換券であるこ とを強調している。1 モリは、確かに 1,000 円以内の価値を有する地場産 品と交換できる地域通貨である。だが、それは額の記載された単なる券で はない。モノと交換できる券なのである。図 7-7 を見てみよう。この図で は、700 円の日本酒を 2 本手にするケースを考えた。この日本酒は地場産 品としよう。交換例①のケースでは、ボランティア参加者がモリ券を 1 枚 だけ持っている。よって、モリ券を使う場合、700 円の日本酒を 1 本だけ 手にすることができる。モリ券 1 枚 ＋ 400 円で 2 本手にすることはでき ない。日本酒 2 本を手にしたいのであれば、1 本はモリ券で、もう 1 本は 現金 700 円で交換・購入する必要がある。交換例②のケースでは、ボラ ンティア参加者がモリ券を 2 枚持っている。このケースでは、モリ券を 1 枚ずつ使って 700 円の日本酒を 2 本手にすることができる。このように、 モリ券は 1,000 円以内の地場産品と交換できる券にすぎないということが わかる。

　モリ券は交換券であるため、利用者によって価値が変わる。700 円の地 場産品と交換される 1 モリ券は 700 円の価値があり、900 円の地場産品と

図7-7　モリ券の使い方

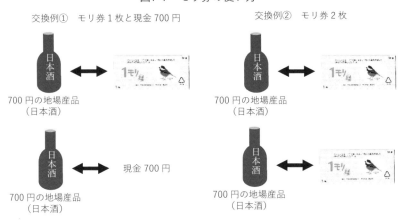

交換例①　モリ券1枚と現金700円　　　　　交換例②　モリ券2枚

700円の地場産品
（日本酒）

700円の地場産品
（日本酒）

700円の地場産品
（日本酒）

700円の地場産品
（日本酒）

現金700円

出所：NPO法人土佐の森・救援隊パンフレット「モリ券のススメ」をもとに著者作成。

交換される1モリ券は900円の価値があることになる。そのため、森林ボランティア参加者は1モリ券の価値を自分自身で決めることができる。活動内容への貢献を自己評価して、受け取るべき地場産品の価値を自由に決定できる。例えば、雨の日の活動と晴れの日の活動では労力の使い方に差が出るだろう。時と場合に応じて、受け取った1モリ券の価値も当然変わってよいはずだ。この仕組みは、ボランティア参加者の心理的な抵抗感を和らげる効果を持つ。ボランティア参加者の中には、現金や金銭的価値を有する商品券を受け取ることを嫌がる者もいるだろう。だが、モリ券は交換券であって価値も自分自身で決定できる地域通貨であるのだから、そういった感情を生じさせずに済むのではないか。

　第3に、モリ券は地域の資源に対する利用者の見方に影響を与える。モリ券は交換券であることから、森林ボランティア参加者は自分の労力の成果が地場産品というモノとなって返ってくる感覚を得られる。こうした物々交換に似た仕組みがあるおかげで、住民は地域の資源を有効に利活用している感覚を持つことができる。1モリが1,000円相当の価値を持つとすれば、1モリ＝1円とみなした1,000モリ券を発行することもできるか

214

もしれない。だが、そうしてしまうと 1 モリ券は 1,000 円の価値を持つ地域商品券とみなされてしまう。その結果、モリ券は地場のモノと交換できる券というより、金銭的価値を持つ券になってしまう。これら 2 つの券は同じようにも見えるが、実はかなり大きな違いを有しているのではないか。自分の労力と地場で生産されたモノが交換され活用されてゆく、という地域のことを意識する考え方を持ってもらうためには、交換券という考え方は有効である。

　第 4 に、モリ券の使用上の決め事は協賛店に利益をもたらす。モリ券に現金を付け足して使うことは認められていない。また、モリ券を使っておつりが生じるとしても受け取ることはできない。だから、モリ券を使おうとする人は、利用限度額に近い価値を持つ地場産品を手に入れようとする。このことは、普段あまり購入されない高級な地場産品とモリ券が交換される可能性を高める。よって、モリ券は地域の協賛店の活性化にも貢献するであろう。

7-5 モリ券に対する意識と地域社会の変化の感じ方

　モリ券に関わりを持つ者は、このユニークな地域通貨についてどう思っているのだろうか。ここでは、アンケート調査から得られた人々の意識を紹介しよう。[60] 2011 年 8 月 25 日〜 10 月 24 日をアンケート調査の実施期間と定めて、スノーボール・サンプリングで調査協力者を集めた。調査票は 176 部配布して 49 部を回収できた。この調査では、分析に向けた十分なサンプル数を確保できたとは言えない。だが、アンケート調査以外にもインタビューも実施したので、その成果も参考にしながら分析結果について論じることとした。

　最初に、モリ券を渡したとき（もしくは受け取ったとき）の気持ちにつ

---

[60]　アンケート調査では、地域社会や生活満足度等の様々なことについて質問した。紙幅の関係もあってここで全ての結果を紹介できないので、モリ券についての質問に焦点を絞って論じる。この調査結果についてさらに詳しく知りたい場合には、宮﨑・栗田（2012）と Miyazaki and Kurita（2018）を参照されたい。

いてみてみよう。ここでは、モリ券のことを知っており入手・利用経験のある回答者を分析した。表 7-1 を見ると、「もっと森林ボランティア活動に参加して、『モリ券』を受け取りたいと思った」という回答者が 14 名（45.2%）と最も多いことがわかる。そして、「もっと、『モリ券』を使って、何か人に頼んでみようと思った」と「何かこれまでとは違う人と人とのつながりや関わり方を発見したような気持ちがした」という回答をした人がそれぞれ 2 割以上いることもわかる。この結果を見ると、森林ボランティア参加者がモリ券の意義を徐々に知り始め、その存在を受け入れつつある、ということが理解できる。ただし、「『モリ券』を使えるいろいろな商品やサービスがたくさん欲しいと感じた」という回答者が 11 名（35.5%）いることも確認できる。この結果は、モリ券で交換できる地場産品の種類がまだあまりないということを示している。モリ券と交換できる地場産品の種類が豊富になれば、モリ券を受け取ろうとする森林ボランティア参加者ももっと増えていくであろう。この質問に対する回答で特に注目すべき点は、「正直モリ券をもらったり、使うのはわずらわしいと感じた」という回答者がわずか 1 名（3.2%）しかいなかったことである。地域通貨を渡したとき（もしくは受け取ったとき）の気持ちについては別の調査でも調べている。例えば、苫前町の地域通貨 P の利用者に対しても同じ内容の質問をしたことがある。その分析結果をみると、他の質問項目と比べた場合に、地域通貨に対してわずらわしさを感じた住民が多いということが観察できた（宮﨑・栗田 2012）[61]。2 つの地域通貨を比べると、モリ券は P に比べて住民に受け入れられていた可能性が高いと言える。もちろん、2 つは流通の仕組みや実施期間が大きく異なる。その目的もかなり違う。だから、両者を単純に比べることはできない。しかし、この調査から一つ言えることは、モリ券が住民に嫌われず受容されつつあるということだ。

　次に、モリ券が始まることによって地域の様子は変わったのかどうかを観察してみる。表 7-2 を観察すると、「大きな変化を感じた」と「少し変化を感じた」という回答者を合わせると 14 名（45.2%）もいた。つまり、

---

[61]　このことについての詳しい説明は、西部編著（2005）を参照されたい。

表 7-1 モリ券を渡した（受け取った）ときの気持ち（複数回答）

モリ券を渡した（もしくは受け取った）ときの気持ち	度　数	％
1.　もっと、「モリ券」を使って、何か人に頼んでみようと思った	7	22.6
2.　もっと森林ボランティア活動に参加して、「モリ券」を受け取りたいと思った	14	45.2
3.　何かこれまでとは違う人と人とのつながりや関わり方を発見したような気持ちがした	8	25.8
4.　「モリ券」を使えるいろいろな商品やサービスがたくさん欲しいと感じた	11	35.5
5.　正直モリ券をもらったり、使うのはわずらわしいと感じた	1	3.2
全ケース数(n)	31	100.0

出所：宮﨑・栗田（2012）。

表 7-2 地域社会に対する変化の感じ方

変化の感じ方	度数	％
大きな変化を感じた	4	12.9
少し変化を感じた	10	32.3
どちらともいえない	12	38.7
ほとんど変化を感じない	6	12.9
まったく変化を感じない	1	3.2
合　計	31	100.0

出所：宮﨑・栗田（2012）。

およそ半分の住民は何か変化を感じ取っている。一方、「まったく変化を感じない」と「ほとんど変化を感じない」という回答者を合わせると 7 名（16.1％）しかいなかった。この結果を見ると、モリ券が地域に対して良い影響を与えてきた可能性が高いことがわかる。

表 7-3 モリ券の利用頻度と地域社会の感じ方の関係性

	定期的に使う	定期的に使わない	
	平均値	平均値	p
地域社会の変化	3.73	2.94	.024*
n	15	18	

*:p<.05(両側検定)

出所：宮﨑・栗田（2012）。

　こういった変化を感じ取るのは、モリ券をよく使用する森林ボランティア参加者である可能性が高い。それが確認できれば、モリ券が森林整備活動や地場産業の活性化に貢献できているという証拠を得られる。なぜなら、こうした出来事を間近で体験しているのが森林ボランティア参加者であり、そういった者が地域社会の変化を真っ先に感じ取るからだ。そこで、モリ券の利用頻度と地域社会の変化の感じ方の間に関係性がみられるのかを調べてみることにした。「ほぼ毎日使う」、「週に数回程度使う」と「月に数回程度使う」という回答者を定期的に使うグループ、「年に数回程度使う」という回答者を定期的に使わないグループに分けて分析をおこなった。そして、地域社会の変化の感じ方を5段階に分けて2つのグループの平均値を計算した。表7-3がその結果を表す。この表を観察すると、モリ券を定期的に使うグループの平均値が3.73であったのに対して、モリ券を定期的に使わないグループの平均値は2.94であったことがわかる。この平均値の差は統計的に見ても有意であった。それゆえ、森林ボランティア参加者はモリ券を手にして実際に使ってみることで、地域社会に変化が生じていることを感じ取ったと言えるだろう。こうしたことの積み重ねが地域社会に少しずつ変化をもたらしてきた、ということが理解できる。

7-6 モリ券によるコミュニティ経済の共創と活性化

　モリ券の意義は、持続可能な森林整備を実現するために地域住民や各種諸団体が協働できるスキームを構築していることにある。モリ券使用の決

め事は、そうした協働を促進するために機能していると言える。このスキームと使用の決め事のおかげで、林業と地場産業の活性化を同時に達成することができるようになる。モリ券の意義をさらに深く考えるために、ここで関係者の関わり方をもう一度振り返っておこう。救援隊は、作業道整備、間伐や林地残材の搬出等非常に多岐にわたる活動を担う。こうした団体が森林整備活動を地道に続けていくことはもちろん大切である。だが、林業の担い手不足や後継者の不在と言う問題はどうしても生じてしまう。一団体の力だけでは解決できない課題が当然出てくるであろう。そこで、団体、企業、金融機関、住民、ボランティアの間に有機的な関わりを創り出して、中山間地域の森林資源を有効に利活用する仕組みが必要となるのだ。地元の団体、企業や金融機関は、地域貢献の一環として協賛金を提供する。救援隊は、この協賛金を原資としてモリ券発行事業を実施する。森林ボランティア参加者は、森林整備活動の謝礼としてモリ券を受け取る。そして、モリ券を地元の協賛店で使用する。地元の協賛店はモリ券を受け取り、地場産品を提供する。こうして、地域の地場産業を支援する仕組みができ上がる。以上のように、モリ券を介して地域のヒト・モノ・カネがうまく活用されていることが理解できる。モリ券は、様々な人や組織が林業と地域経済の活性化を目標とするコミュニティ経済を共創する手段として有効に機能できている。地域通貨はそうした新しい経済を創出するために貢献できる手段なのである。

7-7 結　論

　モリ券は、森林保全と地域経済活性化を同時に目指す地域通貨である。よって、この地域通貨は商品券型地域通貨の一種であるとみてよい。ただし、モリ券を使う時の取り決めは、他の商品券型地域通貨にはみられない特徴であった。この取り決めが、地域通貨の発行原資の確保、森林ボランティア参加者による活動の振り返り、地域資源を意識した考え方の育成や地元協賛店の活性化に貢献している。モリ券は、こうした使い方の方法をうまく取り入れることで地域のヒト・モノ・カネを有効活用できる域内循

環スキームを構築した。森林資源の保全と利活用を進めていくためには地域の各方面の協力が欠かせないということを、モリ券は明らかにしたと言ってよい。それゆえ、モリ券の取り組みはコミュニティ経済の共創と活性化のよい事例なのだ。これまでの地域通貨は、人と人との関係づくりや地域経済活性化に重点を置くものが多かった。だが、モリ券の調査によって、地域通貨が流通の仕組み次第では自然環境の維持管理と資源の利活用においても有効に機能できることがわかった。地域通貨は、中山間地域の活性化にも大きな貢献を果たす手段である。モリ券の意義が広く認められることとなり、この仕組みを取り入れた地域通貨を始める地域が増えてきた。泉と中里によると、モリ券の仕組みはこれまでに 70 カ所近くで導入されたと言う（泉・中里 2017）。モリ券はその仕組みの全国展開に成功してきた数少ない地域通貨の一つである。モリ券は、中山間地域の活性化にとってそれだけ重要な意義を有し、今後の展開可能性を大きく期待できる地域通貨であると言えるだろう。

第8章 移住者コミュニティの経済を共創し活性化するための地域通貨 LETS——相模原市旧藤野町の地域通貨「よろづ屋」のフィールドスタディ

8-1 はじめに

　本章の目的は、相模原市旧藤野町で地域通貨 LETS が活用されるようになった経緯を詳しく論述して、LETS がうまく機能している理由を明らかにすることである。そして、LETS が共創するコミュニティ経済の意義について論じたい。LETS は参加メンバーの潜在能力を有効活用したり、有休資源や不要品等を有効利用するために始められる。LETS の典型的な取引について説明しよう。LETS のメンバーは、「できること・提供できるモノ」と「してもらいこと・提供してほしいモノ」について情報を共有するため、取引できるモノ・サービスのメニュー表を始めに作成する。次に、メンバーはこのメニュー表を見て、希望する取引を相手にオファーする。取引条件について相手と直接交渉したり、あるいはコーディネーターを介して間接交渉してもらうことによって、お互いの提示条件が一致すれば、LETS で用いられる固有の地域通貨で取引をおこなう。ここで、直接お互いの要求を共有できる仕組みがあれば、メニュー表は必ずしも必要ない。モノ・サービスを提供した人はプラス、提供を受けた人はマイナスを記録してゆく。プラスはモノ・サービスを提供した証、マイナスはモノ・サービスを受け取った証である。個人は、LETS コミュニティの中で他のメンバーと自由に取引を交わしていく。それゆえ、LETS は、メンバーが固有の地域通貨を用いて自律・分散的に取引をおこなう貨幣のシステムである、と言ってよい。こうして日々交わされる取引の結果は、メンバーの紙の通帳やオンライン上の口座にその都度記録されていく。メンバーが LETS を活用する理由は様々である。LETS のメンバーは地域通貨を自由に発行

できるので、不況期の法定通貨の不足に対処でき、有休資源となっている労働力を有効活用するようになる。また、現金あるいは無償での取引が難しい活動に対しても LETS をうまく活用できる。例えば、花壇の水やりや犬の散歩等の日常の助け合いにも LETS の仕組みを使うことがある。

　LETS はこれまで世界中で広がりを見せてきた。ここ日本においても、通帳型の LETS が一時急速に広まったことがある。このことは、LETS を取り上げている学術文献数の多さをみれば理解できるだろう。やや古くはなるが、Schroeder・Miyazaki・Fare（2011）の研究成果が参考になる。この研究は、地域通貨に関する論文を数えていくことで、どのようなタイプの地域通貨が世界で普及してきたのかを明らかにしている。この論文の著者の一人である宮﨑によれば、「LETS に関する研究は、特に先進国を中心に世界各国で幅広く展開されている。その背景には、LETS の実践的な取り組みの知名度が高いことや事例数が豊富なことが関係している。現代の地域通貨システムのプロトタイプである LETS は、1980 年代初頭に登場して以来、非常に注目を集め、わずか 10 年足らずで世界的に有名な地域通貨システムとなった。」（宮﨑 2012 p.21）と言う。LETS は世界で最も普及してきた地域通貨と思ってよい。

　ところが、日本では、LETS で提供される財・サービスメニューの質の悪さや種類の少なさを原因とする取引の停滞や運営上の問題等が生じることによって、停止に追い込まれていく試みも少なくなかった。ただし、LETS の仕組みに問題があったためにこうした現象が生じてしまったと考えるべきではない。運営母体の問題やコミュニティの性質が、LETS の成否を左右していたと考えるべきだ。だが、ここ数年の日本の地域通貨の動向を観察してみると、非常に興味深い現象が起きていることもまた事実である。里山への移住者を中心にして形成されるコミュニティにおいて、LETS がうまく活用されているのである。それらの試みとして注目に値するのが、千葉県鴨川市のあわマネー、千葉県いすみ市の米や旧藤野町の地域通貨よろづ屋である。中でもよろづ屋は雑誌の記事に紹介されることも

非常に多く、地域通貨の成功事例の一つとして見られている[62]。よろづ屋が
メディアに注目されてきた理由の一つとして、LETS による取引成立の見
込みが非常に高いことを挙げられる。後で見るように、よろづ屋のメンバー
同士の LETS を使った取引は高確率で成立する。また、移住者コミュニティ
が生活に根差した地域通貨の活用法を提案していることも、メディアの興
味関心を引き寄せる効果がある。いわゆるコミュニティデザインの一事例
としてこの地域の活性化を取り上げることも可能である。さらに、ここ最
近では学術論文も旧藤野町での様々な実践を取り上げ始めてきた[63]。それゆ
え、この地域における取組みは、コミュニティ経済の共創と活性化の一事
例として論じる意義があることを十分に示していると言えるだろう。ただ
し、こういった雑誌の紹介記事や報告はよろづ屋の断片的な説明にとど
まっているために、LETS がなぜ機能するのかということについてまで踏
み込んだ考察をしてはいない。そこで、本章では、よろづ屋の仕組みにつ
いて丁寧に説明することだけにとどまらず、LETS がなぜこの地域でうま
く機能しているのかということを考察してみたい。私が調査を通じて注目
するに至った点は、(1) よろづ屋を生み出した社会環境と (2) よろづ屋
メンバーの LETS に対する認識である。本章では、こうした点に着目を
しながらよろづ屋が活用される理由を多面的に考察していく。

　この課題に取り組むために、私はこれまでに旧藤野町を足繁く訪れて
フィールドワークやインタビュー調査をおこなってきた。フィールドワー
クでは、藤野体験 1day ツアー、トランジション藤野のミーティングやシュ
タイナー学園開催のイベント等への参加を通じて見聞きしたことを書き留
めてきた。インタビューは旧藤野町の発展を理解する上で欠かすことので
きないキーパーソン、例えば、都会からの移住者、シュタイナー学園の関

---

[62]　例えば TURNS Vol.26（2017）、暮らしのおへそ実用シリーズ『わが家のお金を、
整える』（2017）、クロワッサン No.966（2018）、ソトコト No.233『地域のお金の回
し方』（2018）等の雑誌の記事は、よろづ屋を地域通貨の成功事例として紹介している。
[63]　白井・松尾（2016）はよろづを取り上げて、それが機能する理由を説明している。
香川（2018）はアソシエーションやマルチチュードという観点から旧藤野町の様々
な活動について論じている。

係者や自治体の関係者等に対しておこなった。本章はこうした調査の成果をもとに、旧藤野町で起きてきた出来事を丁寧に説明していく。これは本書でこれまで展開してきたような仮説検証型の実証研究ではなく、地域の現象を言葉によって厚く記述していく研究となる。こうした方法を使うことによって、旧藤野町のLETSが活用されている理由を明らかにできると考えている。

では、本章の構成を述べておこう。2節では、よろづ屋の理念と仕組みについて説明をする。3節では、旧藤野町におけるいくつかの注目すべき出来事に焦点を当てながら、この地域の歴史や特徴を明らかにして、よろづ屋が機能する理由について多面的に考察をしていく。4節は、よろづ屋のメンバーがLETSのマイナスをどう認識しているのか、について考える。ここでは、メンバーのLETSのマイナスに対する意識の共有化がよろづの活用を促していることを明らかにする。5節は、よろづ屋の意義をコミュニティ経済の共創と活性化という観点から論じてみようと思う。コラム⑥では、よろづを使った具体的な取引内容について紹介したい。

8-2 よろづ屋の理念と仕組み

よろづ屋は、後で述べるトランジション藤野のワーキング・グループとして2009年11月に15名でスタートし、現在ではおよそ500世帯ほどが参加する地域通貨のグループである。よろづ屋は、現代経済が成長至上主義を推し進めていくことから格差や搾取を生み出していると考え、共生による持続可能な経済への転換を目指そうとしている。メンバーは経済という概念について考え方を深めることによって、こうした理念を抱くようになった。このグループは、オイコス（家・共同体）とノモス（法・ルール）という二つの概念を併せ持つ現象として経済をとらえている。メンバーによれば、本来の経済とは「顔を合わせることのできる距離の範囲で共に生きる仲間たちが、お互い豊かに生きるための有形無形の法のことであり、与えられるものではなく自分たちでつくるもの」である。それは、コミュニティの生活を豊かにするためのルールを意味すると言ってもよい。この

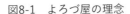

図8-1　よろづ屋の理念

出所：よろづ屋．"藤野地域通貨「よろづ屋」"、
　　　"地域通貨はこんな可能性のあるお金です！"

　ルールは、コミュニティの仲間同士が討議することによって形成され維持
されている。ただし、ルールを形成するメンバーは、ルールを望むように
変更することもできるだろう。よろづ屋は、そうしたルールの一つとして
貨幣という制度に注目した。メンバーは、貨幣制度をコミュニティの生活
にうまく適応するようにデザインできれば、共生にもとづく持続可能な経
済を実現させられると考えた。地域通貨はそのための手段の一つであった
のだ。図 8-1 は、よろづ屋が目指す 4 つの理念を示している。それによ
ると、よろづ屋は、(1) 住民同士のつながりを創出し安心感を生み出す、(2)
地球環境に配慮した生活を送る、(3) 貨殖を目的とするマネーゲームと縁
を切る、(4) 地域の中でお金を循環させる、といった目標を実現するため
に活動している。地域通貨はこの目標を達成していくために活用される重
要なツールである。
　よろづ屋は LETS の仕組みを使った地域通貨を運営しており、メンバー

は個別に所有する通帳を使ってモノ・サービスの取引をおこなう。このグループに参加を希望する者は、最初に説明会に参加しなければならない。この説明会において、参加希望者は地域通貨の意義や活用方法について学ぶ。よろづ屋の運営目的は、メンバー同士の信頼関係を構築して誰かに頼れる安心感を醸成していくことにある。だから、まずは住民同士が顔の見える関係を形成していくことが求められるのである。最初の説明会は、そうした関係づくりのための最初の一歩として大切な役割を果たしている。参加希望者は入会費として1世帯あたり1,000円を支払う。これは主に、通帳の印刷費用やシステム運営の経費等に使われている。参加希望者は入会を認められると、通帳（図8-2）を入手しメーリングリストを使ってモノ・サービスの取引をおこなっていく。メーリングリスト上では、「できること・提供できるモノ」と「してほしいこと・提供してほしいモノ」についての情報が共有される。そこで、条件の合う者同士が個別に取引を進めてゆく。ただし、メーリングリストを使わずに近隣の人と取引をおこなう住民もいる。

　次に、実際の取引の進め方を説明しよう。よろづ屋では、よろづという地域通貨の単位を使って取引が交わされる。1よろづは1円としてみなされる。ただし、よろづは円には換金できない。メンバーはこれを通帳に書き込みながらモノ・サービスを交換していくのである。通帳の記載項目は、図8-3が示すように「日付」、「取引の内容」、「取引額（プラスかマイナスどちらかに計上）」、「残高」、「サイン」である。この通帳は残高ゼロからスタートする。

　実際の取引は図8-4のイラストの通りに進む。このイラストの例では、AさんがBさんに畑仕事を1時間1,000よろづで依頼し、Bさんがそれを引き受けることで取引が成立している。そして、Aさんの通帳にはマイナス1,000が、Bさんの通帳にはプラス1,000が記帳される。この場合、Aさんが1,000よろづという地域通貨を発行して、Bさんから畑仕事のサービスを受け取ったと考えてよい。こうして、この時点におけるAさんの残高はマイナス1,000に、Bさんの残高はプラス1,000となる。お互いのサインは取引が成立した証として記入される。よろづを使ったモノ・サー

図8-2　よろづ屋の通帳

出所：小山宮佳江氏提供資料。

図8-3　通帳の中身

日付	取引の内容	プラス	マイナス	残高	サイン
4/5	おちゃわんのぶ		-100	-56,280	イヤハウスミ
4/17	清見オレンジ		-500	-54,680	775
5/15	X代	4,000		-53,680	多治見のばし
6/15	おちゃわんのぶ		-150	-53,830	ア イヤハウスミ
7/4	おちゃわんのぶ		-50	-53,880	イヤハウスミ
7/12	おちゃわんのぶ		-50	-53,930	イヤハウスミ
7/19	おちゃわんのぶ		-150	-54,080	イヤハウスミ
8/30	ライトハウス　石けん		-128	-54,208	藤野ライトハウス

出所：小山宮佳江氏提供資料。

図8-4　よろづを使った取引の様子

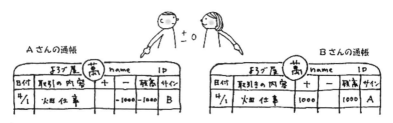

出所：よろづ屋．"よろづ屋の仕組み"

ビスの価格づけは、各自に任されている。よろづ屋は、あえてモノ・サービスの適正な価格を提示していない。こうすることで、メンバーはモノ・サービスの適正価値を自分で判断するようになる。そうすると、市場では売買の難しいモノ・サービスであっても、よろづでは高い評価を受けることも生じるかもしれない。こうしてメンバーは、よろづを使った取引を通じて法定通貨によって表示される価格の正当性に対して考えを深めるようにもなる。よろづは円と併用され利用されることもある。例えば、100 円＋ 100 よろづ等というようにモノ・サービスを提供することも可能だ。

　よろづ屋では、メンバーはよろづのマイナスをいくらでも増やすことが認められている。メンバーによっては地域通貨を次々と発行して取引をおこなう者もいる。だが、このメンバーが地域通貨を発行し続けてモノ・サービスを受け取るばかりで、何も提供しないということは生じない。その理由は、メンバー同士が LETS のマイナスに対してある価値観を共有しているからである。このことが、よろづ屋を継続させる秘訣となっている。これについては後でもっと詳しく論じる。

　よろづで取引されるモノ・サービスのメニューは、以下で示す「日常生活での困りごと」、「特技の交換」、「不用品、農産物や食料品の交換」等である。

①送迎や保育、留守中のペットや植木の世話、田植えや稲刈り等日常生活での困りごと

②傘修理、刃物研ぎ、ヘアカットや整体等特技を活かしたサービス

③木工家具、不用品、地元で生産した農産物、自家製のパンなどモノや
　食料品

　よろづを使った取引は、かなり高い確率で成立するという。よろづ屋の
メンバーの一人でありシュタイナー学園理事長の高橋靖典氏によると、葬
儀用の靴や車のタイヤ等のかなり珍しいモノであっても取引が成立するこ
とがあるそうだ。また、よろづは地元で栽培された農産品や地元で作られ
た食料品においても活用されている。よろづはメンバーの日常生活を支え
る手段として利用されているのである。なぜ、よろづ屋の試みは旧藤野町
において広まりを見せ、そして機能できているのだろうか。フィールドワー
クとインタビュー調査を重ねてゆくことで私は、よろづ屋を生み出した旧
藤野町の社会環境が一つの重要な要因になっている、と考えるようになっ
た。そこで次節において、この地域の発展史の中によろづ屋の取り組みを
位置づけてみることにしよう。

8-3 旧藤野町の発展史とよろづ屋の誕生

　旧藤野町の歴史は、行政による芸術家の支援とそれに伴う芸術活動の
活発化という現象によって特徴づけられる。そして、そうした背景のもと
で地域通貨が導入され発展を遂げてきたのである。ここでは、こうした歴
史の展開を詳細に論じることによって、地域通貨が地域コミュニティにお
いて定着した理由について探っていくことにしよう。

8-3-1 旧藤野町の概要と特徴

　新宿駅から 1 時間程電車に乗ると、旧藤野町に到着する。ここはもとも
と一つの自治体（町）であったが、平成 19 年 3 月に相模原市、城山町と
合併して相模原市に編入された。そのため、この調査地を現在において正
確に表記するならば、相模原市旧藤野町地区ということになるだろう。し
かし、これでは長いので本章では「旧藤野町」と簡単に表記することとし

た。戦前の芸術家らの移住とともに旧藤野町は発展してきた。第二次世界大戦中に洋画家の藤田嗣治や猪熊弦一郎といった芸術家が、自然豊かで創作活動に向いていた旧藤野町に疎開してきたのである。芸術家の疎開時代から約半世紀後、神奈川県が 1986 年に相模川流域 12 自治体の環境保全や地域活性化を目的とした「いきいき未来相模川プラン」を開始した。このプランの策定と実施は、藤野にとって重要な出来事となった。なぜなら、これにより旧藤野町が「森と湖の創造拠点」として位置づけられ、芸術と自然を組み合わせた地域活性化事業が開始されることになったからだ。この事業は「藤野ふるさと芸術村構想」と呼ばれている。当時の町勢要覧を読んでみると、この構想の目的が旧藤野町地域の芸術、文化、教育、産業などを相互に連関させ、町の活性化に結実させることにあったことがわかる（藤野町町勢要覧 1989）。このあたりは湖を擁し県の貯水池としての機能も果たしていたため、工場や企業の誘致を中心とする大規模開発が許される土地ではなかった。そのため、町は県の事業を一つのきっかけとして、この地で展開されてきた芸術活動を軸に据えた地域政策を講じていくことを決めたのである（栗田 2019）。芸術村構想の理念は、今に至るまで継承されている。例えば、1988 年に、旧藤野町の芸術と自然を中心にしたまちづくり構想をアピールするため、町と市民が協力して「藤野ふるさと芸術村メッセージ事業」を開始した。この事業は当初、県、町や企業を中心に進められてきたが、その回数が重ねられていくにつれて地元の芸術家や市民が主導するようになった。

　こうして、旧藤野町は「森・湖・芸術のまち」として広く知られていくことになった。そして、この地域が有名になるにつれて、新たな芸術家が移住してくるようになった。旧藤野町を訪れてみると、このあたりが芸術のまちであることを実感できるであろう。散策してみると、まちの至るところにアートが根付いていることを発見できるのだ。芸術作品が自然と一体化しながら旧藤野町の里山を彩っている（図 8-5）。

　芸術家が形成するコミュニティは、この地域の至るところにある。芸術のジャンルは、絵画、陶芸、藍染め、音楽や木工家具など多岐にわたっている。移住してきた芸術家によって形成されてきたコミュニティが地域活

図8-5　藤野の芸術と自然

出所：一般社団法人 相模原市観光協会
　　　"藤野の雑木林と野外アート作品：自然・風景：自然・文化を観る"

性化に一役買っていることも、旧藤野町の大きな魅力となっている。旧藤
野町には、まちの地域活性化拠点とも言われている商店街が存在しない。
駅前では売店や土産物店が営業しているが、まちの中にはコンビニが2軒
しかない。だから、旧藤野町を初めて訪れた人は、この地域はひっそりと
して静まりかえっているといった印象を受けるかもしれない。だが、旧藤
野町でフィールドワークを進めていくと、この地域の面白さを知ることに
なる。旧藤野町には芸術活動、伝統工芸や自然農法などに取り組むスポッ
トが各地に点在しており、それらが互いにゆるやかな関係を形成しながら
まち全体を活性化しているのだ。廃工場を廃材でリノベーションして限界
集落にディープ・コミュニティを生み出す廃材エコヴィレッジゆるゆる、
持続可能な生活のデザインを探究するパーマカルチャー・センター・ジャ

パン、芸術としての教育を展開するシュタイナー学園、無農薬・有機栽培農法を体験できる「百笑の台所」、日本の伝統織物づくりを体験できるワークショップの場、芸術作品や工芸品の販売とコミュニケーションの場を形成する「ふじのアートヴィレッジ」、有機農法で栽培された地元野菜と食材を販売するローカルファーマーズマーケット「ビオ市／野菜市」などの実に多様な取り組みが各地で展開されている。

　このように、旧藤野町では芸術や自然を大切にする様々なコミュニティが、面白いことを実験し続けてきた。では、こうした社会環境の中でよろづ屋は、どのように始められどのような発展を遂げてきたのだろうか。この課題に取り組むため、次項からは、旧藤野町の発展史の中によろづ屋の試みを位置づけていこう。まずは、旧藤野町で生じた2つの出来事（シュタイナー学園の開校とトランジション藤野の始動）に着目しながら、よろづ屋の誕生までを描く。そして、よろづ屋がなぜこの地域に根づくことができたのかということを明らかにするために、それぞれの出来事の事項間の関係性を表した歴史年表を用いながら論じていく。そうすることで、よろづ屋のヴィジョンについての理解が一層深まり、それが機能できる理由も見えてくるに違いない。

8-3-2 芸術としての教育を進めるシュタイナー学園[64]

　シュタイナー学園は、ドイツの神秘思想家であり教育者でもあったルドルフ・シュタイナー（Rudolf Steiner、1861年-1925年）の人間観に基づいた教育を行う学校法人である。この学校の特徴は、子供の発育年齢に応じて適切な教育をおこなうということにある。シュタイナー教育は子供の中に眠る潜在的な力の存在を信じて引き出そうとするため、発達段階に応じたきめ細やかな教育をおこなって創造性を育むことを目指す。そのため、生徒が主体的に学んでゆく実践型の学びを積極的に取り入れてきた。シュ

---

[64]　シュタイナー学園が旧藤野町に与えた影響は大きいものだった。だが、本書ではこのことについては深く論じない。シュタイナー学園と地域コミュニティの関係をもっと詳しく知りたければ、栗田（2019）を参照されたい。

タイナー学園の授業方法は独特である。まず、シュタイナー学園では教育効果を高めるため、クラスを変えない。初等部に入学してから8年生までの8年間を生徒は同じクラス、そして同じ担任の先生のもとで学んでいく。次に、教育内容を簡単に見てみよう。例えば、以下に挙げる3点が特徴的である（学校法人シュタイナー学園 2012）。

- 実際に手足を動かしながら学ぶアクティブラーニング型授業の展開。例えば、コメの栽培や家づくりなどを挙げることができる。
- エポック授業の展開。この授業では、深い学びを実現するために同じ科目をある程度の期間を取りながら集中的に学んでいく。
- 教科書の手作り。生徒は特定の課題について自分で考察をして得られた結果をノートにまとめてゆく。その成果が一冊のオリジナルな教科書として完成する。

　今でこそこうした教育方法を実践することは当たり前であると思われているが、シュタイナー学園は30年以上も前からこの方法に取り組んできたのである。だが、シュタイナー教育は非常に独創的でありドイツを中心に受け入れられてきたものの、ここ日本においては決して高い評価を受けてこなかった。なぜなら、それは従来の日本の教育方針や方法とは大きく違っていたからだ。こうした状況を変えるきっかけとなったのが、シュタイナー学園が学校法人格を取得して2005年に旧藤野町で開校したことだった（学校法人 シュタイナー学園）[65]。この出来事によって、シュタイナー学園の認知度も少しずつ高まるようになり、この教育方法の意義に気づく人も増え始めたのである。

　シュタイナー学園は、生徒の力を引き出して伸ばすというユニークな教育の展開に取り組んできた。だから、この学園に子供を入学させたいとい

---

[65]　シュタイナー学園が都内から旧藤野町に移転して開校するまでの経緯については、栗田（2019）が詳しく論じている。本章とこれを合わせて読むと、シュタイナー学園の開校の意義を深く知れるようになる。

う保護者も多い。だが、そうした家庭は旧藤野町から離れた場所に住んでいることもある。そこで、子供の入学に合わせてこの地域への移住を決断する家庭もある。シュタイナー学園に子供を入学させる保護者にはある特徴がみられる。シュタイナー学園の独創的な教育方針に共感できる保護者は、建築士、医師、企業家や事業経営者等のクリエイティブな発想を要する職業に就いていることが多い。いわゆるクリエイティブクラスに属する保護者が、子供のシュタイナー学園への入学に合わせて移住してくることも多くみられる。こうした保護者の多くは、想像力に富みエネルギッシュである。そのため、シュタイナー学園における活動にとどまることは決してない。経済の持続可能性を考えたり、人間の秘めたる力を引き出す方法を考えたりもする。そして、そうした考えを実践に移すこともやってのけるのだ。シュタイナー学園の保護者が移住者コミュニティを形成しながら未来志向の面白い活動に取り組むことが、旧藤野町の地域活性化に大きく貢献していると言ってよい。シュタイナー学園の理事長の高橋靖典氏は、この地域で起きている現象を次のように語っている。

　　藤野は芸術村構想やアーティスト移住の積み重ねがありますが、シュタイナー学園関連で移住してくる家族だけでも 100 世帯は超えています。学園の保護者は新しい動きを生み出してそれをつなげていくことも試みているので、お互いの活動が相乗効果を持ちながら進んでいるのだと感じています。

　そうした活動の一つとして、2009 年に開始したトランジション藤野を挙げることができる。トランジション藤野は、シュタイナー学園の保護者やパーマカルチャー・センター・ジャパンに関係する者たちによって始められ発展してきた。それは、移住者を中心とするコミュニティを形成して広げていく役目を果たしてきた。そして、トランジション藤野の始動をきっかけとして、地域通貨よろづ屋が誕生することになったのである。次項ではトランジション・タウンについて説明し、トランジション藤野とよろづ屋の誕生までを描いていこう。

8-3-3 トランジション藤野とよろづ屋の誕生

　トランジション・タウンは、イギリスのトットネスにおいて 2006 年に開始された社会運動である。この社会運動は、我々の経済システムが持続不可能な状態に陥っていると考え、新しい社会への移行を目指す。ここでは、トランジション・タウンの考え方を知るために、その提唱者とされるホプキンスの議論を紹介したい（Hopkins 2008）。

　ホプキンスは、現代社会が枯渇が確実視されている石油資源や天然ガス資源などに過度に依存しており、持続可能ではないと言う。この社会は地球温暖化問題を起因とする海面上昇や食糧不作による飢饉等を生じさせて、いずれ地域に壊滅的な打撃を与えるであろう。だから、枯渇エネルギーへの依存と二酸化炭素排出を前提とした社会から自然エネルギーの供給を支えとする社会への転換、すなわちトランジションが必要になる。このトランジションを進めていくためには、エネルギーを大量に使用する都市型の大量生産・大量消費社会を自然エネルギーの供給で賄うコミュニティレベルの暮らしへと変えていくことが必要である。住民によって創出されるこのコミュニティは、生産・消費の構造の転換を促してエネルギーの供給やモノ・サービスの供給の外部地域への依存を少しずつ減らしていくであろう。そうなれば、たとえ外部環境の激変による経済的・社会的なショックが生じたとしても、このコミュニティは柔軟にそしてしなやかに対応していくことができるはずだ。この対応力はレジリエンスと呼ばれている。さて、コミュニティのレジリエンスは、太陽光発電やバイオマス発電等の自然エネルギー開発によって高められるだけでなく、貨幣改革によっても強化できるだろう。例えば、持続可能なコミュニティの共創と活性化に寄与する地域通貨を発行することが考えられる。地域通貨は特定の地域・コミュニティの内部でモノ・サービスの取引を活発にする。それは、法定通貨による取引を一部代替もできる。だから、コミュニティの外部で破局的な経済ショックが起きてしまったとしても、とりあえず地域通貨を活用した経済圏は維持され機能できる。こうして、地域通貨がコミュニティのレジリエンスを高めることに大きく貢献するはずだ。そして、レジリエンス

を高めていくために特別な指標を開発することも必要になる。例えば、コミュニティで生産される農産物の割合、住民の通勤距離の平均値、コミュニティで供給されるエネルギーの比率、コミュニティ内で交わされるモノ・サービスの取引の全体に占める地域通貨を使った取引の割合、といった指標を使うことでコミュニティのレジリエンス度を観察するのである。こうした指標を使えば具体的な数値目標を設定できるので、レジリエンスを高めていくための構想を描くことができるようになる。こうした実践を継続していくと、住民は自分たちの潜在的な力に気づくようになる。なぜなら、住民はこの社会運動への参加を通して物事が少しずつ変わっていく感覚を得られるからだ。それゆえ、トランジション・タウンは人々の意識の改革にも寄与する社会運動なのである。

　以上の説明が、ホプキンスによるトランジション・タウンの考え方である。トランジション・タウンはホプキンスがイギリスで始動した取り組みではあるが、世界中どこにおいても始めることが可能だ。参加を希望するグループ・団体は、トランジション・タウンネットワークに参加を表明して書類を提出することによりメンバーとして公式に認められるようになる。NPO法人トランジション・ジャパンによれば、日本では、2019年1月現在で53のトランジション・タウンが活動している。いずれのグループもホプキンスが語ったトランジション・タウンの理念を共有しているが、それぞれの地域色を出しながら多様な取り組みを展開している。そうした取り組みの一つとしてトランジション藤野がある。シュタイナー学園の保護者やパーマカルチャー・センター・ジャパンの受講生らが中心となって、2009年にこの活動を始めるようになった。旧藤野町への移住者がホプキンスの思想を継承し新しいコミュニティの共創に着手し始めたのである。トランジション藤野は3つの目標を掲げている。第1の目標は、脱依存である。トランジション藤野は、石油エネルギーへの依存を脱して、太陽光発電を中心とした再生可能エネルギーを活用するコミュニティを生み出すことを目指す。グローバル・マーケットを通した食糧輸入への依存を少しでも減らし、コミュニティにおける食糧生産の向上も目指す。第2の目標は、脱依存を達成してレジリエンスを強化することである。そのために、

図8-6 地域の団体の種類

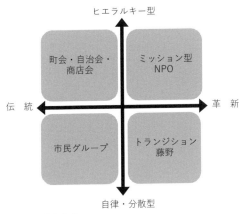

出所：著者作成。

地域通貨を発行して地域経済の循環と自立化を目指す。さらに、自然現象の変動ショックに対する耐性を強化することも考えている。そのために種子保存や森林保全活動もおこなう。コミュニティの自立を高めていくために、こういった取り組みがおこなわれてきた。第3の目標は、トランジション藤野のメンバーの持つ潜在能力を引き出し活用することである。トランジション藤野は、人間の中に眠っている未活用の力こそ重要な資源と考えている。トランジション藤野は、自己変革を成し遂げ成長できる存在として人間をとらえているのだ。トランジションを進めていくためには、そういった人間の力を結集していくことが必要になる。トランジション藤野は人間が有する秘めたる能力の発揮に期待をかけているのである。

　こうしてトランジション藤野は、メンバーが語るように、「市民が自らの創造力を発揮しながら、地域の底力を高めるための、実践的な提案活動」を進めていく。実践的な提案活動を試みているトランジション藤野の組織形態は、従来の地域の団体のものとはかなり違う。それが、旧藤野町で多様な活動を創造していくためにうまく機能している。ここでは、トランジション藤野の組織形態について図8-6を使いながら少し考えてみる。この

図は、地域の団体をヴィジョン（伝統あるいは革新）と組織形態（ヒエラルキーあるいは自律・分散）という観点から整理したものである。まず、左上の町会・自治会・商店会を観察してみよう。これらの団体は上意下達方式の運営方法をよいものと考えているのでヒエラルキー型の組織形態を取り入れ、お祭りや地域行事などの地域の伝統を守ることをヴィジョンに掲げた活動をしている。次に、右上のミッション型 NPO を見てみよう。これはヒエラルキー型の組織で活動しているが、地域の伝統を守ることよりも社会制度の改革を目指した活動を進めていく。社会的企業やコミュニティビジネスなどが当てはまる。左下の市民グループに目を移してみよう。この団体は、メンバー同士の関係性がフラットで参加・退出も割と自由である。ここには、地域活性化を目指す団体が多く含まれる。例えば、地域の伝統保存会や散策グループ等が該当する。最後に、右下のトランジション藤野を見てみよう。トランジション藤野に参加するメンバーは、各グループにおいて自由に活動を進めている。そして、社会のトランジションを目指すためヴィジョンは革新的である。だから、トランジション藤野は一つの組織として考えるべきではなく、実験や運動としてとらえた方が正確であると言えるかもしれない。このメンバーは旧藤野町内を自由に動き回りながら思考を深めて、画期的なアイデアを着想する。仲間同士がそのアイデアを実行するために連携を深めていくようになる。こうしたことが自然に起きる理由は、トランジション藤野の組織形態が自律・分散的であるからだ。自由に発想でき自由に行動できる環境があるからこそ、革新的なアイデアが生まれてくる。

　この中で生まれた革新的なアイデアを実行に移すのがワーキング・グループである。図 8-7 が示されるものが主なワーキング・グループとされる。

- 自然エネルギーの活用を目指す「藤野電力」
- 医療への過度な依存を防ぐことを目指す「健康と医療」
- 森林の維持を目指す「森部」
- 地域の伝統的な食材の種子の保存を目指す「お百姓クラブ」

図8-7　トランジション藤野の目標を実現するワーキング・グループ

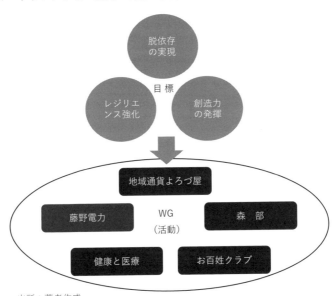

出所：著者作成。

● 自立的な地域経済を共創しレジリエンスを高める地域通貨「よろづ
　屋」

　ワーキング・グループの中で特に活発に動いている取り組みが、よろづ
屋である。よろづ屋はトランジション・タウンの理念を実現するために、
メンバーの知識や技能を活用しようとする。そうして、信頼に基づくよろ
づ経済を共創し精神的に豊かな暮らしを実現しようとするのだ。こう聞く
と、よろづ屋は資本主義経済の仕組みを強引に乗り越えるためのプロジェ
クトであるかのように思う読者も出てくるかもしれない。だが、メンバー
は急進的な社会変革を目指そうとはしていない。ワーキング・グループの
活動を楽しみながら少しずつこれまでの考え方や社会の仕組みを変えてい
く、ということを志向しているのである。500 世帯ほどがよろづ屋に参加
している。平成 27 年国勢調査によると、旧藤野町の世帯数は 3,255 であ

る（総務省統計局）。よって、旧藤野町のおよそ 15% の世帯がよろづ屋のメンバーということになる。都会から離れた里山において、これほど多くの世帯が参加している地域通貨も珍しいのではないか。このことは、よろづ屋にはそれだけの魅力があり、機能できる環境があるということを示す。次に示す旧藤野町の住民の一人の語りから、よろづ屋のメンバーになることがいかに魅力的なのかを知ることができる。

> 震災のとき、あらゆるモノが津波で流されている映像を見て、たくさん感じることがあって、所有の概念が崩れました。ほんと「モノはシェアしてなんぼ」って思った。そういうのを＜よろづ＞で、自分がマーケット開いたり、出店料払って、わざわざ時間つくって売ったりして、本当に欲している人が来るかどうか賭けに出るよりも、＜よろづ＞があれば、自分で写真撮って、メールで流して、「こういう不要品があるんですけど、欲しい方がいたら連絡ください」って、それが九割の確率で成立しちゃう。洗濯機からチャイルドシートからなんでも。交友関係でわざわざ＜よろづ＞を使用しないときもあるけど、本当に有効だと思う。この仕組みを使えば、まだ面識のない人同士が、メーリングリストで知り合うことができる。（スペクテイター Vol.28, p.71）

　この取材の中で語られていることは決して誇張とは言えない。旧藤野町において実際に起きている現象なのである。取引の成立見込みが低いと思われるオファーも予想外に成立することが多い。ヤカンの修理、子どもの葬儀用の靴や不要タイヤ等などのオファーも成立したことがある。では、なぜ、よろづ屋は旧藤野町において定着することができたのだろうか。次項では、旧藤野町の出来事を描いた歴史年表を用いてこの問題について検討していく。

8-3-4 旧藤野の歴史からみたよろづ屋の特徴
　よろづ屋が旧藤野町で広まった背景には、このまち特有の歴史があると考える。このことを考察するために、旧藤野町の歴史をコミュニティ形成

という観点から振り返ってみよう。図 8-8 は、旧藤野町における 75 年ほどの歴史を地元住民コミュニティ、移住者コミュニティと自治体・国という 3 つの視点から描いたものである。この歴史年表を見ると、生じた出来事や各事項の関係性を大まかに知ることができる。まず、旧藤野町では疎開画家による移住者コミュニティが形成された出来事が重要だ。それにより、旧藤野町と芸術活動の間に接点が生じるようになった。次に、こうした背景のもとで新しい芸術家による移住者コミュニティが形成されていくようになった。この動きは、県や旧藤野町の講じた芸術活動の推進政策と少なからず関係していると見てよい。その後、旧藤野町では大きな出来事が起きた。それがパーマカルチャー・センター・ジャパンの開設である。パーマカルチャーとは自然環境に適応した生活の在り方を志向する実践的思想である（Mollison and Slay 1991）。パーマカルチャーは、パーマネント（永久不変の）、アグリカルチャー（農業）とカルチャー（文化）という 3 つの概念を含んでいる。

　持続可能な農業や自然に適応した文化の在り方を追求していくのが、パーマカルチャーであると言える。パーマカルチャー・センター・ジャパンは、そういった実践的思想を実行し展開していくために、旧藤野町の支援のもと 1996 年に開設された[66]。

　こうして、旧藤野町には芸術活動という流れと自然を志向した活動という 2 つの流れが生まれることになった。2005 年にはシュタイナー学園が学校法人として、旧藤野町で開校した。芸術としての教育を進めてきたシュタイナー学園は、旧藤野町の芸術志向のまちづくりを継承する存在として始まった。学園の開校をめぐって最初は地元住民コミュニティとの対立が生じたが、徐々にそうした対立関係は解消に向かっていった。そして、この学園の開校は旧藤野町の地域コミュニティ活性化に大きく寄与してきたのである[67]。シュタイナー学園の開校は、地域通貨にとって重要な出来事と

---

[66]　パーマカルチャー・センター・ジャパンの設立背景は非常に面白いが、ここでは詳しく論じない。相川（2015）が設立背景について詳しく説明しているので参照されたい。

[67]　栗田（2019）が、シュタイナー学園開校による地域コミュニティ活性化効果につい

なった。この学校の開校をきっかけとして、旧藤野町外から様々な移住者がやってきてトランジション藤野を開始したからである。そして、旧藤野町では様々なライフスタイルを革新する活動が始まり、その活動の中の一つとしてよろづ屋が誕生した。旧藤野町ではよろづ屋と別の地域通貨も使われている。廃材エコヴィレッジゆるゆるの地域通貨「ゆーる」とシュタイナー学園内で使われる地域通貨「廻（めぐり）」である。このように、ここでは複数の地域通貨が活用されているのだ。トランジション藤野のコアメンバーの中には、これら３つの地域通貨をうまく使い分けている者もいる。そして、旧藤野町の地域通貨が使えるマーケットも登場した。それが、旧藤野町の農業を活性化するためのプロジェクト「ビオ市／野菜市」である。ビオ市は旧藤野町内で定期的に開催される。そこでは、地元で生産された農産物が取引される。一部代金を地域通貨で取引することも可能だ。

　この歴史年表を見てみると、旧藤野町の最大の特徴は移住者コミュニティが中心となって様々な出来事が生まれ発展してきた、ということがわかる。そうした出来事の積み重ねがこの場所を魅力的にさせ、新たな移住者を呼びよせる役目を果たしてきた。パーマカルチャーやシュタイナー学園に関係する者だけが旧藤野町に移住してくるのではない。旧藤野町の自然環境やここで暮らす魅力的な人に惹かれて移住してくる都会人も多いのである。旧藤野町の移住者と話すと、皆がポジティブなエネルギーを持っているということを知る。それは、押し付けがましいものではなく楽しさに満ち溢れたものである。ここで暮らす人々は、そうしたポジティブなエネルギーを周りに発することが人と人との関係を形成する上で最も大切なことなのだ、と気づいているのだろう。だから、ここには次々に新しい移住者がやってくる。こうして、旧藤野町は里山に新たな人材を呼び込み定住させることに成功しているのである。

　旧藤野町のこういった発展の歴史を観察していくと、よろづ屋がこの地域で定着することができた理由も見えてくる。この歴史年表を見ると、トランジション藤野とよろづ屋の活動はそれ以前の出来事と全く関係がない

て詳しく論じているので参照されたい。

図8-8 旧藤野町の出来事と関係性

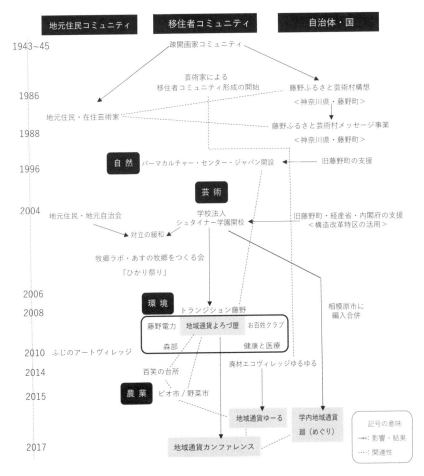

出所：スペクテイター Vol.28、藤野町町勢要覧（1989）、
　　　中村賢一氏提供資料、各種パンフレット、
　　　広報や住民へのヒアリングなどをもとに著者作成。

ものとは言えない、ということがわかる。トランジション藤野は、経済の
持続可能性や人間の潜在的な力の可能性を高めていくことを目指す。それ
ゆえ、それは芸術活動の推進や自然環境の維持という考え方と親和性が高

い。思想という観点から見ると、芸術やパーマカルチャーと同じ志向性を持っていると言えるだろう。LETS は、経済の持続可能性の追求、シェアエコノミーの推進や潜在能力の開発を達成しようとする。だから、よろづ屋の取り組みを、旧藤野町におけるそれ以前の芸術・自然志向にもとづく活動の系譜上に位置づけることが可能である。このことは、地域通貨という社会実験がごく自然に馴染める環境が、旧藤野町においてすでに土壌として形成されていたことを示している。社会環境やそれによって形成される住民の意識が、地域通貨の定着に対して重要な影響を与える。新しく革新的なものを受け入れる意欲がその地域になければ、地域通貨は定着してゆかない。逆に、そうした新たな取り組みを受け入れる環境があると、地域通貨は定着しやすくなるだろう。コアメンバーの創意によって始動した地域通貨を普及していくためには、そのアイデアを受け入れ実現しようとする周りの人々の意識改革も必要になる（Gómez 2009、2018）。旧藤野町ではすでにそういった環境や意識が形成されていたので、よろづ屋のメンバーもすこしずつ増えていったのではないか。芸術活動やパーマカルチャーを目的として移住してきた者は、同じ発想を有している地域通貨に対して抵抗感を持つことなく受け入れるであろう。また、こういった旧藤野町の環境に惹かれて移住をしてきた者も地域通貨の可能性に気づくはずだ。こうして移住者コミュニティを中心にして、よろづ屋が広まっていくことになったのである。

　ただし、ここまで利用世帯が増えてきた理由は、よろづ屋を活用する利点もあったからだろう。住民同士でよろづ屋の仕組みをうまく活用している状況が地域通貨の魅力を高め、新たなメンバーを引き寄せていくことになった。次項では、よろづ屋が機能する理由をこの地域の置かれている環境と取引されるモノという観点から検討してみたい。

8-3-5 よろづ屋が機能する理由

　よろづ屋がうまく機能する理由の一つは、このあたりの地理的な特性にある。旧藤野町は都心から電車を使って約一時間の距離にある。スーパー・コンビニは、身近にたくさんあるわけではない。日常の生活において不便

が生じたときに欲しいモノをすぐに買う、ということは簡単にできない環境だ。だから、移住者は地域通貨によってモノ・サービスをシェアするという発想に興味関心を示すようになる。そうして、シェアという考え方が当然であるかのように受け入れられていく。周りのメンバーも同じ考え方を持つはずなので、よろづを使った取引が促される。都会に住んでいると、お金を出せば何でもすぐに手に入る。そのため都会では、お金を出して問題を解決しようとする考え方が当然のように行き渡っている。困ったときに誰かに頼るという気持ちはそう簡単には芽生えてこないのではないか。都会ではシェアエコノミーという発想は簡単には育たないと言える。しかし、旧藤野町では誰かに頼るということが生活を豊かにする上で必要となる。お金を出して必要なモノ・サービス買うのではなくモノのシェアや技能の交換によって問題を解決するという考え方が、自然な発想として受け入れられている。このことは、手間のかかる生活ということが地域通貨の広まりにとって重要な要因になることを示してもいる。

　よろづ屋が機能するもう一つの理由として、地元で育てられた無農薬の農産品や食品の取引によろづを利用できることが挙げられる。「荒々しい野菜 佐藤農園」を運営している佐藤鉄郎氏（現藤野観光協会）の提供する野菜は、よろづを使って取引をすることができる。佐藤氏はシュタイナー学園の革新的な教育方法に深い感銘を受け、学園の事務局長への転職を決意した。そして、転職をきっかけとして旧藤野町へ移住を決めた。佐藤氏は現在、藤野観光協会で働く傍ら地元での野菜栽培にも力を入れている。佐藤氏に育てられた無農薬の野菜は、地元で高い評価を受けている。よろづ屋のメンバーは、よろづを使って佐藤氏の野菜を手に入れることが多い。もう一人のメンバー池辺澄氏が営む小さなパン屋「ス・マートパン」も、商品代金の一部をよろづで受け入れている。池辺氏も旧藤野町の住環境を気に入り、夫妻で都内から移住をしてきた。近隣にパン屋がなかったことから、家庭用にパンを焼き始めたのが最初のきっかけだ。彼女の焼くパンは近隣住民から高い評価を受けるようになり、お店を開業するに至った。メンバーは、このパンの取引によろづを使うことが多い。メンバーの通帳から取引の実態を観察していくと、佐藤氏の野菜や池辺氏のパンによろづ

がよく使われている様子が見えてくる。詳しい取引の様子は、コラム⑥で観察してみたい。よろづを農産品や食品に使えることが、よろづ屋を機能させる重要な要因となっている。地域通貨は食に関連した取引に利用できるようになると、魅力を高める。食べる行為は日常生活に欠かせない。地域通貨がこうした日常の生活場面において利用されるようになると、取引の回数も自然と増えていくのだ。地域通貨が食に関連した取引に使えれば、地域通貨にありがちな、魅力のあるモノ・サービスがないという問題を回避できるようになる。

8-4 よろづ屋のメンバーは LETS のマイナスをどう認識しているのか？

　よろづ屋が機能するとても重要なもう一つの理由を論じよう。それは、メンバーの LETS に対する認識である。メンバーによる LETS のマイナスのとらえ方が、よろづの利用を増やしていく重要な役目を果たしている。この点を明らかにするために、まず LETS の仕組みをおさらいしておこう。LETS のメンバーは、通帳やコンピューターの記録装置を用いて固有の通貨単位で取引をおこなう。取引が成立すると、モノ・サービスの売り手の口座にプラスが記録され、買い手の口座にマイナスが記録されていく。メンバーは口座残高ゼロの状態から地域通貨を使った取引を開始するので、メンバーの口座を観察してみると、誰かのプラスは他のメンバーのマイナスとなっていることがわかる。そして、LETS のメンバー全員のプラス残高とマイナス残高を足し合してみると、合計は必ずゼロとなる。この地域通貨の仕組みを使うことで、モノ・サービスの取引に合わせた貨幣発行ができるようになる。また、LETS の地域通貨には利子がつかないため、この仕組みのもとでは貨幣が貨幣を生むという資本増殖が防がれるだろう。それゆえ、LETS はコミュニティの経済成長に合わせた貨幣発行を実現できる仕組みである。[68]

---

[68]　LETS の理論的意義をさらに知りたいのであれば、西部（1999）と丸山（2007）の

　LETS のマイナスは、我々が考える借金とは全く違った意味を持つ。西部は、LETS の本質的な意義がマイナスの考え方にあると論じている（西部 1999）。西部によれば、法定通貨の債権債務関係のもとでは、カネの貸し手は借り手の返済能力を確認してから貸すかどうかを判断するという。ここでポイントは、貸し手が借り手のことを「経済力」という観点から評価するということである。貸し手は、借り手が元本に利子をつけて返せるようであれば貸し出すであろうし、返せないようであれば貸し出さないであろう。お互いの間でカネの貸し借りの契約が成立すると、債権債務関係が生じて借り手が貸し手に対して借金を負うことになる。こうして、借り手は貸し手から借りたカネを利子付きで返済してゆくことになる。だが、LETS のメンバーは、その仕組みに参加したからといってこうした債権債務関係を結ぶことはない。確かに口座残高がマイナスの状態にあるメンバーは、いずれマイナスを解消する義務を負っている。しかし、そのために、このメンバーが他の特定のメンバーに対して借金を負っていると見るべきではない。このメンバーは特定メンバーに対するマイナスの返済義務を負っているのではなく、LETS コミュニティに対して返済の義務を負っているのだ。LETS コミュニティとは、メンバーによって構成される特定の集団を意味している。そこで、西部は LETS で生じるマイナスは借金ではなく、LETS コミュニティに対して返済される「コミットメント」であると主張する。西部はこうした経済的な関係性を形成する通貨を「信頼貨幣」と定義している。彼は次のように述べている。彼によれば、信用は「経済的利益」をもとに形成され、信頼は「価値・文化・規範」などといった「非経済的利益」をもとに築かれてゆく。そして、LETS では信用ばかりではなく、信頼に基づく総合的な判断によって貨幣が発行され取引が促されていくのである。そうした意味において LETS の貨幣は「信頼貨幣」である、と言う（西部 2000）。LETS では地域通貨のマイナスを抱えるメンバーを経済的な観点からだけではなく、非経済的な観点も合わせて総合的に評価

　論文を読むことをおすすめしたい。両氏は LETS が地域経済活性化のための重要な手段になり得ることを経済学の理論を駆使しながら説明している。

する。LETS コミュニティでは、マイナスを持つメンバーは単に借金を負った者とはみなされないのである。この貨幣発行の仕組みのもとであると、マイナスを記録していく者は LETS コミュニティに対して実は何か特別な貢献を果たしているのだ、という寛容な見方が可能となる。ここで信頼するということは、そういった態度で LETS のメンバーを評価するということである。

　よろづ屋のメンバーは LETS の信頼貨幣という考え方を共有できている。そのため、よろづのマイナスを悲観的な現象であるとはとらえない。マイナスを増やしていくメンバーを負債者とは考えないのだ。むしろ、LETS コミュニティに対して何か特別な貢献を果たした者としてみる。このコミュニティのメンバーは、LETS のマイナスはメンバーの力を引き出した証と考えるのである。というのは、マイナスが生じることは、メンバーの有するモノや技能を引き出し有効活用できたことを意味するからだ。よろづのマイナスの蓄積は非難される行為とは決してみなされてはいない。よろづのマイナスを増やすメンバーは、個人の力を引き出せる賞賛されるべき能力を有する者としてみなされるのである。そのため、メンバーはよろづのマイナスを増やすことに躊躇しない。メンバーが皆そうした意識を共有しているので、よろづを使った取引が自然と増えていく。

　よろづコミュニティではマイナスを増やすことが賞賛されるのであれば、どのメンバーもこぞってモノ・サービスの提供ばかり受けようとするのではないだろうか。ところが、決してそうはならない。どのメンバーもマイナスを減らすためコミュニティへのコミットメントの意欲を見せる。マイナスを持つメンバーは、自分がよろづコミュニティに対してどのような貢献ができるのかということを考えてみるようになる。その結果、メンバーは自分の潜在的な力を再発見することになる。そうやって、マイナスが一つのきっかけとなりメンバーの力がまた引き出され発揮されていく。よろづ屋はメンバー同士の力を引き出して活用させるためにうまく機能していると言ってよい。そうしたことが可能になるのは、メンバーがよろづを信頼貨幣であると理解しているからなのだ。

　よろづ屋が機能できる理由を探るためにおこなったインタビューに対し

て、よろづ屋のコアメンバーである池辺潤一氏は、「よろづのプラスが多いメンバーは、経験豊かでいろいろな知識や技能を持っています。マイナスが多いメンバーは、他のメンバーの能力を引き出すのが得意で関係づくりがとても上手です。こうした違いを持つメンバー同士がよろづを活用すると、つながりが生まれ、お互いの信頼感が醸成されていくのだと思います。」と述べていた。よろづ屋があることによって、移住者コミュニティのつながりが強化され安心感や信頼感が形成されていくということがよくわかる。よろづ屋が利用される理由は、メンバーが LETS の地域通貨が信頼貨幣であると認識できているからに他ならない。メンバーは、信頼貨幣が法定通貨とは違い人々の潜在的な力を引き出し活用できる手段であると理解している。そういったメンバー同士の意識の共有化が、よろづ屋の利用を促進し機能させる役割を担っていると言えるのだ。

8-5 よろづ屋によるコミュニティ経済の共創と活性化

よろづ屋のメンバーは、LETS のマイナスをコミュニティに対するコミットメントと理解する。どのメンバーも、マイナスを持つメンバーは自分の技能を使っていずれコミュニティに貢献すればよいのだ、という考え方を持っている。こういった考え方は、プラスを持つ者が債権者で、マイナスを持つ者が債務者という見方とは全く違った視点を有している。信頼貨幣よろづは、互酬性にもとづくコミュニティ経済を創り出すために機能していると言えるのだ。こうした関係性がメンバー同士の連帯感覚を強化し、お互いの信頼感を醸成することに大きく寄与する。そして、このコミュニティ経済は、メンバーのモノ・農産品・技能をシェアすることを促進し、持続可能な生産・交換・消費の体系を創出することに貢献していく。よろづ屋は、移住者コミュニティの経済をメンバー同士によって共創し、活性化するためにうまく活用されているのだ。

よろづ屋が形成するコミュニティ経済があるおかげで、メンバーは 2 つの貨幣制度と経済(法定通貨の経済と LETS の経済)への帰属が可能になった。それは、主に 2 つの意義をもたらす。まず、コミュニティのレジリエ

ンスの強化が可能になる。メンバーは、よろづ屋に参加することでコミュニティの誰かに頼れる安心感を持てるようになると言う。そうして形成されるコミュニティは、大災害や大不況等の経済ショックに対しても上手く適応できる可能性を持つ。何かショックが生じると、法定通貨が機能しなくなる場合がある。自然災害が起きるとモノが不足するため、売買によって生活物資を得られなくなるかもしれない。経済的なショックは、法定通貨の信頼性を損なうように作用し使いものにならないようにしてしまうかもしれない。地域通貨が発行され広まってきた背景には、そういった事情もあった。よろづ屋のメンバーはモノ・農産品・技能をお互いにシェアすることでこの当面の危機を乗り越えていくことができるであろう。現代社会は複雑性を増しており、一つのショックをきっかけとして次々と影響が伝播してゆく。それは、破局的な影響をもたらす（Casti 2012）。その被害を受けるのは、地域コミュニティであることが多い。だが、よろづ屋を活用する移住者コミュニティは、そういった被害を最小限に食い止めることができるはずである。

　次に、メンバーはよろづを活用することによって法定通貨への依存心を減らすことができるようになる。このコミュニティではモノや技能のシェアは当然であると思われているので、メンバーは法定通貨の余計な出費を抑えることができる。都会ではお金を払って手にするモノやサービスを、ここではよろづ屋のメンバーを頼ることによって得られるようになる。こういったシェアのトレーニングを少しずつ積んでいくと、富や幸福に対する考え方が変わってゆく。消費だけでは得られない真の富や幸福の在り方に対する感覚が磨かれてゆく。つながりや安心感を得られるコミュニティこそが、幸福感を与えてくれる存在であることに気づくようになるのだ。都会の消費生活ではそういった感覚を得ることは難しいであろう。だが、ここでは地域通貨を使うことによって、都会とは違った幸せに対する見方を得られるようになる。2つの貨幣制度と経済に帰属することは、こういった意識の転換に対しても大きく貢献するのである。

　ただし、よろづ屋だけでここの生活の物資全てを賄うことは当然難しい。法定通貨を使って旧藤野町外からモノを仕入れることもある。その意味に

おいて、よろづを活用したコミュニティ経済は、既存の経済を完全に代替することを目的としてはいない。それは、法定通貨の経済では評価することが難しい資源や技能を再活用することを目指すのである。だから、よろづ屋は法定通貨の経済を補完する役目を果たしているのだ。

8-6 結　論

　本章は、移住者コミュニティにおいて LETS が機能する理由を明らかにするために、旧藤野町の地域通貨よろづ屋を対象にして考察をおこなってきた。旧藤野町は芸術家の移住を特徴としてきたが、パーマカルチャー・センター・ジャパンの開設やシュタイナー学園の開校を大きなきっかけとして、新たなライフスタイルの実現を目指す移住者もどんどんと増えていくまちへと変貌を遂げた。移住者コミュニティはこれまでの旧藤野町の歴史を継承しつつも新たな活動に取り組むことで、この地域の魅力を一層高めている。そして、その魅力に惹かれた都会の居住者が旧藤野町にまた移住をしてくるのである。こうした現象が繰り返されてきたことによって、旧藤野町は人材の宝庫となった。旧藤野町のこういった環境は、よろづ屋の定着にとって好都合であったといえる。なぜなら、地域通貨の理念と旧藤野町を特徴づける芸術・自然・農を志向する考え方や取り組みの間には親和性があるからだ。だから、シェアエコノミーを推進することで持続可能な経済を創出するというよろづ屋の理念は、この地域において自然と受け入れられたといえる。

　よろづ屋が機能する別の理由は、よろづを活用することで生活の利便性を高めることができるからだ。旧藤野町にはスーパー・コンビニがたくさんあるわけではないので、すぐにモノやサービスを手にすることができないこともある。そうした時に、よろづ屋が活躍することになる。メンバー同士によるモノや技能のシェアは、旧藤野町での生活をサポートする役目を果たすのである。また、農産物やパンなどの食品の取引によろづを利用できることも大きな意味を持つ。食に使える地域通貨は魅力があるため、取引の回数も自然と増えていくからだ。そして、メンバーの LETS のマ

イナスに対する特徴的な考え方が、よろづの利用頻度を高めることに貢献している。どのメンバーもよろづのマイナスを債務とはとらえてはいない。それはむしろ、他のメンバーの力を引き出した証であると考えられているのだ。それゆえ、メンバー同士はよろづを気軽に活用し、お互いのモノや技能をシェアするようになっていく。

　このようによろづ屋は、移住者によるコミュニティ経済を共創し活性化するためにうまく機能している。そうして、このコミュニティはレジリエンスを強化でき、メンバーは富や幸福に対する考え方を再考するようになる。それは自分自身の生き方を改めて考え直すきっかけを提供してくれるだろう。地域通貨を受け入れる環境が整って住民の意識の共有化が進めば、地域通貨は十分に機能できることをよろづ屋の事例は示してくれる。その意味において、よろづ屋の取り組みは地域通貨の今後の展開を考える上で欠かすことのできない事例と言えるのだ。

コラム⑥ ||||||||||||||||||||||||||||||||||||||||||||||||||||||||||||||||||||||||||||||||||||||||
メンバーはよろづをどう活用しているだろうか？

　古くからよろづ屋のメンバーであり、NPO 法人トランジション・ジャパンの共同代表をつとめる小山宮佳江氏の取引記録を最初に観察してみよう。図 8-9 がその記録である。1 ページ目の取引記録を見ると、小山氏はよろづを使って古着、石油ストーブ、すみ、たな、テーブルなどのモノやヘアカットのような技能の提供を受けていて、パンやキムチなどの食品も手に入れていることがわかる。そして、トランジション・タウンの説明会の開催料金や長屋の場を提供する見返りとしてよろづを受け取っている。1 ページ目の取引記録を見るだけで、よろづが様々な取引に使われている様子が浮かび上がる。2 ページ目と 3 ページ目の取引記録は、よろづ屋が機能する理由をはっきりと示す。2 ページ目の記録を見ると、小山氏が「スミちゃんのパン」でよろづをよく使うことに気づくだろう。「スミちゃんのパン」とは、本章で説明したス・マートパンの提供するパンである。3 ページ目を見ると、よろづが「さとうさんのおやさい」によく使われているこ

図8-9　小山宮佳江氏のよろづ取引記録

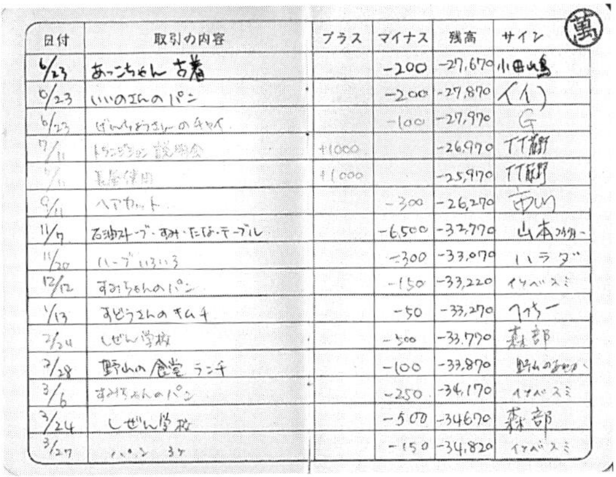

253

日付	取引の内容	プラス	マイナス	残高	サイン
5/19	macのマウス	150		-48,880	角田
6/16	スミちゃんのパン		-100	-48,980	イヤハスミ
6/23	〃		-50	-49,030	イヤハスミ
7/6	〃		-100	-49,130	イヤハスミ
8/16	ざさい他		-200	-49,330	
	さとうさんのやさい 半分・パクリ他		-400	-49,730	さとう
10/4	さきブルフラワー	300		-49,430	
10/5	スミちゃんのパン		-50	-49,480	イヤハスミ
10/18	美4キ 石ぞ		-200	-49,680	渡辺
10/19	スミちゃんのパン		-100	-49,780	イヤハスミ
12/15	スミちゃんのパン		-50	-49,830	イヤハスミ
12/22	スミちゃんのパン		-100	-49,930	イヤハスミ
1/21	薪		-2000	-51,930	wood
2/16	スミちゃんパン		-50	-51,980	イヤハスミ
	スミちゃんのパン		-50	-52,030	イヤハスミ

日付	取引の内容	プラス	マイナス	残高	サイン
7/9	つくしこんのカート		500	-45,560	土?
7/22	さとうさんのやさい 枝豆とうもろこし		100	-45,660	さとう
7/28	さとうさんのやさい とうもろこし他		200	-45,860	さとう
7/30	ジャーニー		500	-46,360	オヤジゲハルエ
8/4	さとうさんのやさい おうか他		100	-46,460	さとう
8/11	さとうさんのおやさい 空心菜他		100	-46,560	さとう
8/18	さとうさんのおやさい モロヘイヤ他		100	-46,660	さとう
8/20	さとうさんのおやさい なすおくら他		100	-46,760	さとう
8/25	さとうさんのおやさい きゅうり他		100	-46,860	さとう
9/1	さとうさんのおやさい おくら他		100	-46,960	さとう
9/8	さとうさんのおやさい きゅうり他		100	-47,060	さとう
9/16	さとうさんのおやさい しょうが他		100	-47,160	さとう
10/4	さとうさんのおやさい 玉ねぎ 下仁田ねぎ他		300	-47,460	さとう
10/15	おけてんのパン		50	-47,510	イヤハスミ
10/22	さとうさんのおやさい 里いも他		100	-47,610	さとう

出所：小山宮佳江氏提供資料。

とがわかる。これは、本章で述べた佐藤鉄郎氏の育てた野菜である。とうもろこし、スイカ、空心菜、モロヘイヤ、きゅうりやオクラなど実に様々な野菜がよろづで取引されている。佐藤氏が育てた様々な野菜が、旧藤野町の人々の食卓を彩る様子が目に浮かんでくるであろう。よろづで取引されるパンも野菜も価格は 100 〜 500 程度である。取引価格が低く設定されているため、頻繁に取引がおこなわれている。また、小山氏の残高にも

図8-10　高橋靖典氏のよろづ取引記録

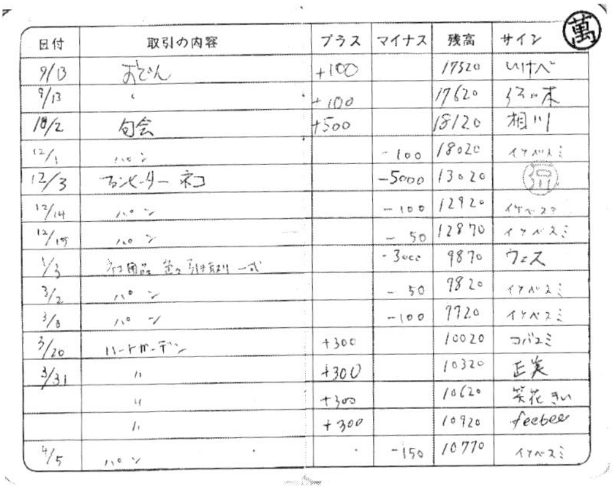

日付	取引の内容	プラス	マイナス	残高	サイン
9/13	おでん	+100		17520	いけべ
9/13	〃	+100		17620	[illegible]
10/2	句会	+500		18120	相川
12/1	パン		-100	18020	イケベスミ
12/3	ファンヒーター ネコ		-5000	13020	[illegible]
12/14	パン		-100	12920	イケベスミ
12/15	パン		-50	12870	イケベスミ
1/3	[illegible] 一式		-3000	9870	ウェス
3/2	パン		-50	9820	イケベスミ
3/8	パン		-100	9720	イケベスミ
3/20	ハートガーデン	+300		10020	コバユミ
3/31	〃	+300		10320	正美
	〃	+300		10620	笑花きい
	〃	+300		10920	feebee
4/5	パン		-150	10770	イケベスミ

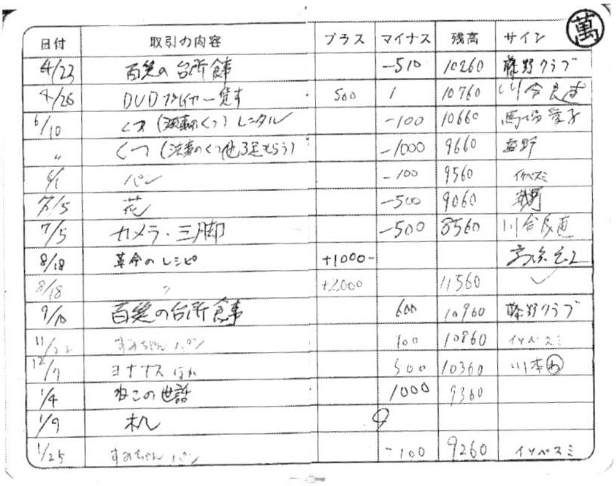

日付	取引の内容	プラス	マイナス	残高	サイン
4/23	百姓の台所食事		-510	10260	藤野クラブ
4/26	DVDプレイヤー貸す	500	/	10760	川合良[illegible]
6/10	くつ（[illegible]のくつ）レンタル		-100	10660	馬場[illegible]
〃	くつ（[illegible]のくつ他3足もらう）		-1000	9660	[illegible]野
6/1	パン		-100	9560	イケベスミ
7/5	花		-500	9060	[illegible]
7/5	カメラ・三脚		-500	8560	川合良[illegible]
8/18	革命のレシピ	+1000			[illegible]
8/18	〃	+2000		11560	✓
9/10	百姓の台所食事		600	10960	藤野クラブ
11/22	すみちゃん パン		100	10860	イケベスミ
12/7	ヨナナス ほか		500	10360	川本㊞
1/4	ねこの世話		1000	9360	
1/9	机		0		
1/25	すみちゃん パン		-100	9260	イケベスミ

出所：高橋靖典氏提供資料。

注目したい。マイナスが蓄積されている様子が見える。小山氏はよろづ屋を活用して、メンバーの能力を次々に引き出す役目を担っていることが理解できる。これが可能である理由は、メンバー同士がよろづを信頼貨幣であると理解しているからだ。

次に、シュタイナー学園の理事長でトランジション藤野のメンバーでもある高橋靖典氏の取引記録を観察してみよう。１ページ目を観察すると、

高橋氏も池辺氏のパンによろづを利用することが多いとわかる。ス・マートパンの提供するパンは、移住者コミュニティの住民の間で評判がよいことを示している。猫の世話やDVDプレイヤーの貸し出しといったサービスの交換にもよろづが活用されている。2ページ目の通帳の記録を見ると、さらに興味深い取引を発見できる。3行目と4行目の靴のレンタルに注目しよう。これを見ると、法事用と書かれている。こういった珍しい取引のオファーも成立しているのだ。500世帯ほどがよろづ屋に参加していることから、様々なモノ・サービスの取引の成立を見込めると言ってよい。メンバーの通帳記録を詳しく観察してみると、よろづ屋が住民の日常生活を支える重要な手段になっていることに気づくであろう。

終　章 地域通貨の可能性をとらえ直す

　本書では、地域通貨を活用したコミュニティ経済の共創と活性化のヴィジョンについて論じ、地域通貨の歴史と展開について詳しく説明をしてきた。それを踏まえて、地域通貨によってコミュニティ経済がどのように共創され活性化されてゆくのかということを4つの事例分析をもとに論じてきた。私がこの本の中で強調したかった点は、地域通貨の取り組みによってそれぞれのコミュニティが、固有の共有価値にもとづいて新しい経済の仕組みを創り上げようとしていることであった。それぞれが描くヴィジョンは、地域経済やボランティア活動の活性化であることもあれば、子どもの教育推進、森林資源の利活用や移住者のライフスタイル変革といったものまで様々であった。こうした事例分析から学ぶことによって、地域通貨が特定の集団や地域コミュニティの中で定着していくためには、コミュニティの共有価値が最も重要な役割を果たす、ということが理解できるであろう。地域通貨は、コミュニティの関係性を共有価値に合わせて再編成していくことができる。それゆえ、それはモノ・サービスの取引を促す手段であるだけでなく、新たな関係性を生み出し発展させてゆく機能を有している。そういったコミュニティの内部に固有の理念にもとづく経済を創出し、その経済の中でモノ・サービスの取引をおこなおうとするのであれば、地域通貨はそれにふさわしい手段となり得るはずだ。終章では、地域通貨の展望について論じ、その可能性をとらえ直してみよう。

　地域通貨の今後を展望していくとき、テクノロジーの進歩について触れないわけにはいかない。情報技術革新の著しい進歩が、地域通貨の取り組みを後押ししてゆくのは間違いないからである。すでに消費者は、企業が発行するマイルやポイントの中で好ましいと思うものを自由に選択して使用することができるようになっている。これは、個人が望ましいと思う決済の方法を自由に選べることが可能になりつつあるということを意味す

る。情報技術革新がさらに進んでゆくと、貨幣の発行と選択も自由にできる社会が到来するであろう。電子決済技術の進化を専門とする技術者のバーチは、テクノロジーが新貨幣の発行コストを限りなくゼロに近づけることによって様々な貨幣が登場し始める可能性を指摘している（Birch 2017）。彼は、信頼にもとづいて形成される個別の集団がテクノロジーの各段の進歩を契機として、独自の貨幣を発行して活用するようになる未来を展望している。貨幣が簡単に生み出され流通する時代が目の前に迫りつつある。近い将来には、複数の貨幣制度が併存しながら互いの流通圏の獲得を争う社会が出現し始めるだろう。この状況は経済を混乱に陥れるものであると考えるのではなく、人々が良いと思う貨幣を選択して望ましい経済を共創していくプロセスであるとみるべきだ。そうなるとおそらく、公衆が良いと思う貨幣が使われ流通していくようになるだろう。それに応じて、公衆が実現したいと思う経済の仕組みが創出され発展していくことになるだろう。貨幣の選択が自由に許されるようになると、我々は望ましいと思う良き貨幣を自らの意思によって選び取る必要に迫られるであろう。地域通貨も複数の貨幣の中から選択されるべき 1 つの手段として位置づけられるはずなので、その流通可能性を高めコミュニティ経済を共創していくためにも良き貨幣についての理解を深めておく必要がある。

　我々公衆が望ましいと思う貨幣とは一体どういった性質を有しており、どのようにすれば流通させることができるようになるのだろうか。ハイエクがこの問題について真剣に検討をしている（Hayek 1980）。ハイエクの議論を簡単に振り返っておこう。ハイエクによれば、公衆は価値の安定している貨幣を好ましいと思う。通貨価値が激しく変動するものは、使う

---

[69] 読者の中には、このような社会を批判的にとらえる者もいるであろう。複数の貨幣制度の乱立は金融システムの安定性を脅かす可能性を孕む、という批判もあり得る。また、複数の貨幣制度の流通圏をめぐる競争の結果として、巨大な企業の貨幣が結局力を持って貨幣発行権を独占してしまうのではないか、という疑問も生じるかもしれない。本書では、こうした問題については詳しく論じてこなかった。しかし、地域通貨の可能性を探っていくためにも、今後はこのような問題についても研究を進めて考察を深めていく必要があると考える。

258

方も受け取る方にとっても使いづらい。そういった貨幣は、モノ・サービスの取引には向かない悪しき貨幣である。では、価値の安定化した貨幣はどのように流通させることができるだろうか。ハイエクは、貨幣間同士の発行と流通をめぐる競争が良き貨幣を創出することに貢献すると考えている。なぜなら、新貨幣の発行事業者は貨幣発行事業を継続的に運営していくために、公衆の望む貨幣を発行しようとするからだ。こうした貨幣発行事業者は公衆の期待に応えるために、通貨価値の安定化を試みようとする。ハイエクが最も望ましいと考える通貨価値の安定化の方法は、商品バスケットによる裏づけというものである。価格の安定している商品バスケットを裏づけにして発行される貨幣の価値は、当然安定化するはずである。選ばれる商品の種類は、市場の情勢に応じて適宜変更されてゆく。新貨幣の発行事業者は、商品の市場価値を日々調べながら最も価値の安定した商品を選び取り、通貨価値の裏づけとして活用しようとする。

　ハイエクによれば、このような価値の安定した貨幣こそが公衆の望む良き貨幣となる。そして、貨幣発行事業者同士の競争がそうした貨幣を生み出して流通させることに貢献してくれるのである。良き貨幣を発行する事業者は公衆に信頼され生き残り、そうでない貨幣を発行する事業者は公衆の信頼を得ることができずに淘汰されてしまうであろう。ハイエクが述べている通り、価値の安定化している貨幣が良き貨幣であることは言うまでもないが、良き貨幣という考え方を別の視点から深めてみることもできる。ここからは、私の試論を述べてみたい。まず、経済の再生産の維持という視点から貨幣の良さを評価することを考えてみたい。例えば、新しく発行される貨幣を使って生じた取引金額の内の一定割合が、経済の再生産の維持に貢献できる自然エネルギーの創出事業や労働者の福祉向上への投資に振り向けられるとすれば、その貨幣に対する公衆の評価は高まるだろう。公衆はこの貨幣を良き手段として認識するようになるはずだ。このことを実現するための方法は、いろいろと考えられる。例えば電子情報技術を活用した貨幣であれば、決済において生じる取引コストの一部をそういった貢献事業に回すという方法が考えられるであろう。紙幣型の貨幣でもこれを実現することは可能である。新しい貨幣の販売の一部や取引において生

じたコストの一部を貢献事業に使うという宣言をすれば、公衆はその貨幣を評価して購入しようとするかもしれない。こうした発想を取り入れた地域通貨もある。例えば、トロントダラーやキームガウアー等が挙げられる。トロントダラーは、地域通貨の換金時に手数料を課した（西部編 2013）。この手数料は地域コミュニティにおける福祉事業に使われることになった。そうすることによって、トロントダラーの発行目的が明確化された。消費者はこうした貢献事業を良き取り組みとして評価するに違いない。そうして、実際にトロントダラーの販売が伸びていったのである。つまり、公衆はトロントダラーを良き貨幣として認識して購買するようになった。キームガウアーの仕組みでは、換金手数料の一部が公衆によって選ばれた地域貢献プロジェクトへと寄付される。そうすることによって住民は、この地域通貨が法定通貨とは違う側面を持った良き貨幣であると認識するようになる。いずれの取り組みもコミュニティ経済の維持や再生産を目指すことによって、地域通貨の良さをアピールしようとする。

　この考え方について考察を深めていこうとするとき、福田徳三の貨幣論が参考になる（福田 1930）。福田によれば、貨幣は価値の移転のための手段として機能するものだ。価値の移転が起きるのは、モノ・サービスの交換が生じるときである。個人はモノ・サービスを他人から受け取るとき、相手に貨幣を渡すだろう。このとき、価値を有するモノ・サービスとある標準単位を使ってその価値を示す貨幣が、互いの交換相手に移転してゆく。これが、彼の述べている双務的な価値の移転という現象である。ところが、人類史を観察してみると、貨幣を用いた双務的な価値の移転は普遍的な現象ではなかった、と彼は述べている。実は、一方的な価値の移転という現象が普遍的であったのだ。過去の人類社会においては、個人や集団が神や部族長等の権力者に対して価値を有するモノ・サービスを一方的に供与してきた。神には奉幣し、部族長には貢納するのだ。これらは、価値を一方的に相手に渡す行為であるといってよい。なぜ、こうした行為が普遍的にみられていたのだろうか。その理由は、一方的な価値の移転という行為が罪や穢れの解消と深く関係していたからである。昔の人々は神の逆鱗に触れたことによって禍を受けることになってしまった、と感じることがあっ

た。そうしたとき、神の怒りを鎮めて穢れを浄化するためにお供えや奉幣をするのが常だった。現代社会においては、神の加護を受けるために奉納することもあるだろう。しかし、過去の人類社会では、神への許しを請う行為が日常生活と深い関わりを持ちながらおこなわれてきたのである。福田によれば、こういった権力者への一方的な価値の移転を可能にする手段として貨幣が誕生したという。そもそも貨幣とは、彼によれば等しい価値を有したモノ同士の交換を可能にする手段ではなく、祈祷のための道具として活用されてきたものなのである。それゆえ、その特徴は公衆を支配する神という権力構造という視点から理解されねばならない。そして福田は、この権力構造と貨幣の関係性を継承し発展させてきたのが国家であると論じる。国家の最大の特徴は、一方的な価値の移転を可能にする貨幣を税徴収のための手段として活用することに成功した点にある。国家は貨幣を唯一の税徴収のための手段として定めることによって、公衆から資金を自動的に得られる権利を手にすることになったのである。国家による公衆からの税徴収は強制的に履行されるのだから、この関係性は一方的なものである。福田が強調している点は、この一方的な権力関係こそが貨幣の流通を可能にしてきたということである。国家は貨幣の発行者となり、税徴収というかたちでその貨幣を受け取る立場になることができる。こうなれば、国家は自らによって発行される貨幣を公衆に強制的に使わせることができるようになる。利用可能性という点において国家のお墨付きを得た貨幣は、公衆の信頼を得て広く流通するようになるだろう。福田はこれ以上詳しくは論じてはいないものの、国家によって発行される貨幣が信頼される理由はもう一つあると考えられる。国家の貨幣が公衆の信頼を受けて流通するわけは、国家が徴税機能を発揮することで自ら発行した貨幣を回収して、それを使って公共事業や福祉事業を広く展開していくからである。この点は自明に思われるかもしれない。なぜなら、そういった事業に使われるために税が徴収されるからだ。しかし、このことに失敗する国家も当然あり得るだろう。国家によっては徴収された税が、特定個人や特定集団のために使われてしまうということもあるだろう。そうなると、徴収された税が国家によって不当略取されていることになる。おそらく、公衆はこ

の国家の発行する貨幣を信頼しなくなるのではないか。そして、この貨幣[70]はいずれ使われなくなってしまうかもしれない。だから、新しい貨幣を発行して流通を維持していくための条件を探るには、徴税機能という視点からだけでなく、その貨幣が発行者によってどのように活用されていくのかという視点からも考えていかねばならない。これから良き貨幣を発行し流通させようとする事業にとって、この点は参考になるのではないか。新貨幣を発行して流通させようとする事業は、貨幣の発行方法や流通スキームだけでなく、その使い方にも十分に気を配る必要がある。貨幣発行事業から得られた利益の一部が経済の再生産の維持に向くのであれば、公衆はその貨幣を信頼するようになるだろう。その貨幣は良き貨幣として認識され、流通圏を獲得するようになるのではないか。良き貨幣は価値の安定化を通じてモノ・サービスの取引を促進させることにとどまらず、公衆の暮らし改善や自然環境の維持といった目的にも貢献を果たすものでなくてはらない。そうした貨幣こそが公衆に選択され流通していくに違いない。新貨幣によって果たされる貢献事業の質が国家と同じ程度に高まってゆけば、公衆はそうした新貨幣を法定通貨と同じように評価するだろう。そうなれば、国家は税の一部を新貨幣によって徴収せざるを得なくなるかもしれない。こうした可能性も視野に入れながら新貨幣の発行事業を展開していかねばならない。つまり、その新貨幣発行事業で社会に対して一体どういった貢献をなし得るのかといったことを考え実践することこそが、新貨幣を流通させるための条件となる。法定通貨は決済を可能にする必要不可欠な社会インフラであるのだから、新貨幣はこの社会インフラでは達成が難しい部分を補っていくことが求められる。地域通貨もこういった視点に立ちながら事業を展開していくことが求められる。

　さらに違った視点から貨幣の良さを考えてみることもできる。貨幣の流通経路をある程度知ることができれば、その貨幣の良さを評価できるようになるのではないか、という考え方を提案してみたい。情報技術革新のおかげで貨幣の流通経路をある程度把握することができるようになれば、あ

---

[70]　国家のデフォルトはこうして生じ、法定通貨に対する信用が失われていく。

る基準を満たした企業や組織の提供するモノ・サービスの取引においてその貨幣がどの程度利用されてきたのか、ということを知ることができるようになるだろう[71]。例えば、次のような場合を考えてみることができる。自然環境保護志向を有する公衆から信頼を得る貨幣は、環境投資に積極的に関わったり自然エネルギーの利用を高めたりする企業同士における取引や、それらが提供するモノ・サービスでの取引においてよく利用されている必要があるはずだ。貨幣の流通経路をある程度の水準で見える化できるのであれば、特定の基準を満たした企業・組織におけるその貨幣の利用頻度を知ることができるようになるだろう。貨幣の発行事業者は、この特定の基準を公表しそれらの基準を満たしている企業・組織同士の間とそうした企業・組織を評価する消費者によってのみ流通できる貨幣を発行しようとする。こうした取り組みがおこなわれる社会においては、公衆が望ましい貨幣とそれが創出する経済を選び取っていくことができるようになる。よって、貨幣の流通経路は貨幣の良さを知るための判断材料となり得る[72]。

　ここで掲げたヴィジョンは、認証ビジネスと地域通貨の融合によって実現できるかもしれない。ビジネスと公益性を同時に追求している企業を評価し広めていくBコープラボのプロジェクトがある（B Lab）。この非営利の認証機関が取り組んでいることは、コミュニティ、環境、顧客、ガバ

---

[71]　こういったことを述べると、個人情報の保護という問題を提起する人も出てくるであろう。しかし、個人の詳細な取引記録は全く必要ではない。我々が欲しい情報は、生産活動の進め方を明らかにできる貨幣の流通経路である。その生産活動の進め方が適正であると認められるのであれば、貨幣は望ましい企業を通過してきたことになるだろう。逆に、あまり望ましくない進め方で生産活動に従事する企業を通過してきた貨幣は、好まれなくなるだろう。こういったレベルにおいて貨幣の流通経路を特定できれば、我々は新貨幣の良さを判断することができるようになり、望ましい貨幣を生き残らせていけるようになる。

[72]　貨幣の特徴は匿名的であるという点にある。誰が、どこで、どれくらい使ったということは知ることができない。そのため、その貨幣が媒介した取引内容が良きものなのかどうかも知ることができない。情報技術革新がさらに進んでゆけば、貨幣の流通経路は簡単に追うことができるようになる。この情報を公表するのかどうかは難しい判断となるだろうが、あえて公表することによって貨幣の望ましさを判断してもらう機会を作ることは考えられるのではないか。

ナンス、労働者という5つの観点から企業の事業内容を評価し、ある基準を満たせば公益志向を有した優良な企業として認めるというものだ。これにより認証を得た企業は、「良き企業」として社会から認められるようになる。これは、企業によって生み出される現代社会の様々な弊害、例えば貧困、不平等、自然環境破壊や軽んじられる労働者の尊厳といった問題を解決していくために、認証制度を使って取り組むプロジェクトなのである。現在、およそ3,000近くの企業が認証され、その産業の種類は150ほどにも及ぶ。世界70カ国ほどの企業がこのラボの認証を受けており、これからも広がりを見せていくことが期待される。こうした企業の集まりを一つのコミュニティ経済とみなしたとすると、このコミュニティ経済の内部とこのヴィジョンに共感した消費者の間で流通する地域通貨を想像できる。ここでは、そうした地域通貨を仮に「Bコープマネー」[73] と呼ぶことにしよう。5つの公益志向を重視しながら事業を営む企業同士やそのような企業が製造するモノや提供サービスに対して、Bコープマネーは使用されている。そのため、この地域通貨が辿ってきた流通経路を観察すると、地域通貨の媒介によって、公益に資するやり方で生み出されたモノやサービスの取引が成立してきたことがわかる。Bコープマネーは、そのような望ましい流通経路の実現を保障する地域通貨であるのだ。どこで、どのように使われるのかが定かではないマネーの流通経路を我々の望む経済の仕組みに合わせて特定化することができる。Bコープマネーが良き通貨として、Bコープコミュニティの中で流通していくだろう。企業はこのコミュニティに参加する資格を得れば新たなブランド力を得られ、顧客獲得に成功する。地域通貨をコミュニティの中で発行する事業によって、顧客の囲い込みも期待できるだろう。今は3,000程度の企業が参加しているプロジェクトであるが、認証される企業がさらに増えてある程度の産業構造を包含できるようになれば、Bコープマネーを使った仕入れと生産も可能になるかもしれない。Bコープマネーが広がりを見せていけば、地域通貨による融資も

73　ここで述べる「Bコープマネー」は実際には存在しない。私が構想するヴィジョンに基づくものである。

できるようになる。地域通貨による融資は低利あるいは無利子にすることによって、より公益性の高い事業が出現してくる可能性が高まる。消費者は、このコミュニティ経済ではあらゆるモノ・サービスが全て公益志向を重視したプロセスによって生み出されることを認識できるため、倫理的な価値観を持つ消費者がこのコミュニティへの帰属を望むようになる。それによって、彼らは安心感や満足感を得られる。こうして認証を受けた企業と消費者は、お互いに共有するコミュニティの価値観をもとに経済活動を営んでいくであろう。そうした活動を推し進めていくためのツールとして地域通貨を有効活用できるのではないか。このように、認証ビジネスの中に地域通貨の仕組みを取り入れることによって地域通貨本来の目的である人間と自然の持続可能性を追求していくことができるようになる。

　良き貨幣を創るためのアイデアは、まだまだ他にもたくさん考えられるだろう[74]。地域通貨はこうしたアイデアを実現していくための手段としてとらえるべきと考える。そう考えることで、地域通貨に対する見方が大きく変わり、それが持つ可能性についても考えを深めていくことができるようになる。そもそも地域通貨が目指してきたことは、経済の持続可能性であった。地域通貨は、人間と自然の再生産を通じて経済が持続可能になるための方法を模索してきたのだった[75]。つまり、地域通貨は公衆にとって良き貨

---

[74]　法定通貨が最も良き貨幣であると考える必要は全くない。それは、経済成長を促す手段としては最適に機能してきたかもしれないが、長期的視点に立つならば決して良き手段とは言い切れないかもしれない。経済成長に伴う自然環境の変容によって人類の生存が脅かされるのであれば、例えば、地球温暖化や海洋汚染などの事態が深刻なレベルで生じているのであれば、そうした状況を生じさせてきたかもしれない貨幣制度の良し悪しについて改めて詳しく検討されなければならないはずだ。

[75]　このことについて議論を深めていくにあたって、合田の考えが助けとなる。こうした合田の考え方は、貨幣・金融史を新たな視点から捉え直そうとするものであり示唆に富む。そして、彼の考え方は、我々が地域通貨の意義を捉え直すきっかけを与えてくれるのだ。彼は、人類の歴史を資源拡張期と資源制約期の変遷という視点から描き、エネルギーの枯渇や地球温暖化といった問題が深刻化しつつある資源制約期においては、これまでの貨幣・金融のシステムが通用しなくなる危険性を指摘している（合田2018）。地球上の資源には限りがあるというのに、現行の貨幣・金融システムは複利の獲得を前提とした経済成長を促してゆく。これではシステム全体がいずれ破綻して

幣となることを目指してきたとみてよい。だから、地域通貨は物々交換経済への回帰を目指す取り組みではなく、経済の仕組み自体を良きものへと変革していくための試みであるといえよう。それは、貨幣革新を実現することを通じて、人々が望ましいと考えるコミュニティ経済を創出してゆくためのプロジェクトとしてとらえるべきなのだ。地域通貨は決してちっぽけなものではなく、我々の考え方や生き方そのものを変革していくための試みであると考えたい。

しまうに違いない。それゆえ、時代状況に合わせた新しい貨幣・金融の仕組みを考え出さねばならない。

あとがき

　私が地域通貨に強い関心を抱くことになったきっかけは、学部時代に
ある論文を読んだことである。その論文タイトルは「＜地域＞通貨 LETS
貨幣・信用を超えるメディア」（西部忠 1999）である。部活動の帰りに立
ち寄った書店でこの論文にたまたま出会い、その内容に衝撃を受け、魅了
されたことを思い出す。今でも時折この論文を読み返して、貨幣の本質に
ついて考えを深めることがある。その論文は、経済学に対する私の見方を
大きく変え、私の研究活動にとって重要なものとなっている。ただ、私が
地域通貨についてもっと勉強しようと思うまでは紆余曲折があった。修士
課程と博士課程の 5 年目頃までは（つまり大学院生活の 7 年近くの間は）、
主に経済思想史の研究をしていた。しかし、当時の私は、この研究分野で
一人前になるまで研究を続けていくことに全く自信を持てず行き詰まりを
感じ、大学院を中退し帰京することも真剣に考えていた。そんなある日、
指導教官であった西部先生から、北海道の苫前町で地域通貨の流通実験を
やるから君も参加してみないか、というお誘いを頂いた。最初は興味本位
からこのプロジェクトに参加したのだが、振り返ってみると実にいろいろ
なことを学ぶことができた。社会調査のいろはから実践者との交渉スキル、
電話対応に至るまで多くのことを学び、そして吸収してきた。当然ながら
困難に直面することも度々あった。アンケート調査を巡る商工会との調整
は難航することもあった。札幌から苫前町に到着するまで車で通常は約 4
時間かかるのだが、真冬に起きた交通事故の影響で 10 時間近くかかって
しまったこともある。だが、このプロジェクトを通じて私は「地域」を対
象にする研究の醍醐味を知ることになり、この頃から地域通貨を活用した
まちづくりや経済活性化ということについて興味関心を抱くようになって
いった。

　そして数年後、「幸運にも」苫前町と同じタイプの地域通貨の流通実験

が、私の育った武蔵野市でも始まることになった。なぜ「幸運」かというと、苫前町で実験してみたコミュニティ・ドックを自分がよく知る武蔵野市でも試せる好機だったからだ。個人的に親交のある商店や団体がこの実験に参加してくれる見込みが得られ、コミュニティ・ドックがうまくいくと確信した。そこで、私は思い切って経済思想史研究から大きな方向転換をして、地域通貨をテーマにした実証研究で博士論文を執筆することを決めた。博士課程7年目にしてようやく論文の方向性が定まったことになったが、研究の方向転換は自分にとって生易しいことではなくとても苦しい経験となった。なぜなら、統計学や開発学等の手法を基礎から学び直す必要があったからだ。だが、様々な先生方の温かいサポートもあり、あれこれ工夫しながらなんとか博士論文を完成させることができた。本書の3章と5章は、博士論文の成果を活用して執筆したものである。様々な先生、実践者の方々や友人達との多くの出会いに恵まれて、このような周囲のサポートがあったからこそ、私は博士論文を書き上げ就職することもできたと思う。そして、この書籍の出版に漕ぎつけることもできた。この場を借りて、これまでお世話になった方々に感謝の念を表明したい。

　まず、私の恩師である西部忠先生（現専修大学）に心から感謝の念を申し上げる。西部先生との出会いのおかげで、私は様々な地域通貨の実践地に同行することができた。苫前町、更別村、寝屋川市、韮崎市、北杜市、アルゼンチン、ブラジル、カナダ、ニューヨークといったように実に様々だ。こうした調査の経験を重ねていくことによって、自分の視野の範囲を格段に広げることができた。このような一つ一つの経験が私の研究の土台を形成している。西部先生に出会わなければ、こういった貴重な経験を得ることもなかったであろう。大学院時代常に悩み途方に暮れている私に対して決してあきらめずサポートしてくださったことについても、感謝の言葉を見つけることができない。

　吉地望先生（現北海道武蔵女子短期大学）は私の人生の師匠である。大学院時代、精神的にも身体的にも常に極限状態にあって悩み苦しむ私の姿を見て、先生はいつも温かい励ましの声をかけてくださった。数々の励ましの言葉によって私は本当に何度救われたことだろうか。心がポキッと折

れてしまった時でもあともう一歩前に進んでみよう、と気持ちを立て直せたのは吉地先生のおかげである。共同研究の打ち合わせの後、札幌の暗い夜道を二人で長い間歩きながら「生きる」ということについて深く話せたことは、今でも私の歩みの糧となっている。

　草郷孝好先生（現関西大学）との出会いによって、私の研究に対する姿勢は大きく変わった。私は先生から社会調査と統計分析の手法について多くのことを教わり、先生との共同調査を経験する中で「住民主体の地域活性化」の意義について知ることになった。ゼミ生でもなかった私に惜しげもなくその知識を授けてくれた先生に心から感謝したい。先生との出会いがきっかけとなり、私は博士論文を書くことができたと思っている。先生と大阪で議論した内容を収めてある当時のワード文書は、私の宝物だ。

　橋本敬先生（北陸先端科学技術大学院大学）からは、研究に向ける情熱や好奇心を持つことの大切さを学んだ。先生の研究分野はとても広く多様だ。どのような研究分野に対しても興味関心を持って研究を進めていかれる先生の姿勢から多くのことを学んだ気がする。調査のために一緒に訪れたアルゼンチンではワインや食についてもいろいろと教わった。この地で私は、乾燥イチジクと生ハムを一緒に食べると美味ということを初めて知った。

　4人の先生方の温かい励ましやサポートがなければ、私は研究者の道をとっくに諦め別の道に進んでいたに違いない。改めて感謝を申し上げたい。常日頃から温かい励ましをくれる友人たちにも感謝を捧げよう。吉田昌幸さん（上越教育大学）、生垣琴絵さん（沖縄国際大学）、吉井哲さん（名古屋商科大学）、山本堅一さん（北海道大学高等教育推進機構）、舛田佳弘さん（北海商科大学）と三上真寛さん（明治大学）には特に感謝したい。皆さんと一緒に数々の経済学の古典や専門書を読破した経験が、本書執筆に大いに役立っている。吉田さんとは苫前町で共に貴重な経験を得ることができた。あの2年近くにわたる共に得た貴重な経験が、今の自分の原点になっている。小林重人さん（札幌市立大学）には貨幣意識の調査プロジェクトでお世話になった。小林さんの研究に対する姿勢や分析能力の高さにはいつも刺激を受ける。その分析の切り口は発想力に富んでおり学ぶこと

がとても多い。貴重な時間を割いて、本書の草稿を読みチェックしてくださったことにも本当に感謝したい。私の共同研究者である宮崎義久さん（仙台高等専門学校）には特別な感謝の意を表明しておこう。本書は10年近くにわたる2人の共同研究の成果を大いに活用している。フランス、オランダ、ブラジルと様々な地域通貨の実践地に訪れたことを思い出す。宮崎さんに対しては感謝の言葉を簡単には見つけることができない。彼にはどれほど助けてもらったことであろうか。彼の支援がなくては、私の地域通貨や地域活性化の研究は進まなかったであろう。この原稿を最後まで細かくチェックしてくれたことにも本当に感謝したい。本書の内容とかきぶりが初稿に比べて良くなっているとすれば、それは彼の功績に帰するところが大きいだろう。

　私は大学院修了後、行政での調査実務を6年間ほど経験している。そこで得た経験も本書執筆において大いに役立った。横須賀市都市政策研究所と新宿区自治創造研究所では、データ分析手法や自治体政策について広く学ぶことができた。横須賀市で共に調査を進めた笠井賢紀さん（慶應義塾大学）と横手典子さん（株式会社 分析屋）には特に感謝申し上げたい。お二人と一緒に働くことで私は国・自治体の調査データの取得方法と分析手法を深く学ぶことができた。新宿区では、金安岩男先生（慶応義塾大学名誉教授）と牧瀬稔先生（関東学院大学）に大変お世話になった。両氏のおかげで私は行政実務について深く知ることができたと思っている。外務省経済局国際経済課での2年間も私にとって本当に貴重な経験となった。この経験はローカル経済の意義を考え直すきっかけにもなった。

　この書籍の中で論じてきたフィールドでお世話になった方々に謝意を表したいと思う。藤田宜久さん（地域通貨むチュー）、沖島祥介さん（地域通貨むチュー）、吉澤慎行さん（地域通貨むチュー）、NPO法人むさしの経営支援パートナーズのみなさん、高下雅史さん（北広島町）、服部昌英さん（北広島町）、林冬彦さん（戸田市議会議員）、高本久美子さん（地域通貨戸田オール運営委員会）、西塔幸由さん（地域通貨戸田オール運営委員会）、園田耕三さん（戸田市商工会）、矢作圭翼さん（戸田市役所）、黒田浩介さん（グランデザイン株式会社 代表取締役）、NPO法人「土佐の森・

救援隊」のみなさま、中村賢一さん（元藤野町職員）、高橋靖典さん（シュタイナー学園理事長）、池辺潤一さん（よろづ屋事務局）、小山宮佳江さん（トランジション藤野）、傍嶋飛龍さん（廃材エコヴィレッジゆるゆる村長）、榎本英剛さん（よく生きる研究所）、佐藤鉄郎さん（藤野観光協会事務局長）、土屋拓人さん（ビオ市／野菜市事務局）、影山知明さん（クルミドコーヒーオーナー）、合田真さん（日本植物燃料 CEO）、阿部喨一さん（PEACE COIN OÜ CEO）、池田正昭さん（タイヒバンオーナー）、甲斐かおりさん（フリーライター）、Greenz「コミュニティ経済と地域通貨、そして未来のお金クラス」受講生の皆さま、RAMICS 2019 第 5 回「飛騨高山大会」貨幣革新・地域通貨国際会議運営者の皆さま。皆さんの温かい支援と協力、そして有益な議論がなければ、私は本書を書き遂げることができなかった。心より感謝申し上げる。

　川崎市立看護短期大学の学生のみなさんにも感謝したい。皆さんの学業に取り組む真摯な姿勢から大きな刺激を受けることができた。ありがとう。

　本書の刊行にあたって、専修大学出版局の上原伸二さんには本当にお世話になった。私のような者に本を執筆する機会を与えてくださり、心からの感謝を申し上げたいと思う。私にとって本の執筆は初めての経験であり、幾度となくご迷惑をおかけしてしまった。この原稿が仕上がるのを辛抱強く待っていただいたことについては、感謝の念しか思い浮かばない。上原さんのサポートと的確な助言がなければ、この本が世に送り出されることはなかった。

　なお、第 7 章の現地調査については、公益財団法人生協総合研究所から助成金を受けている。また、第 8 章の現地調査を進めるにあたって、滋賀大学経済学部附属リスク研究センター客員研究員（平成 29 年度）として良好な研究環境の提供を受けた。改めて感謝したいと思う。

　最後に私の家族にありがとうの気持ちを。いつも温かく見守ってくれる妻抄苗さんと朋寛君に感謝したい。彼女らのあたたかい励ましがなければ、私は研究者の道を進むことをとっくに放棄していたに違いない。本当にありがとう。

参考文献

相川俊英（2015）『奇跡の村　地方は「人」で再生する』集英社.

相田愼一（2000）「シルビオ・ゲゼルの貨幣＝利子理論——『自由地と自由貨幣による自然的経済秩序』第四版（1920年）を中心に」『専修大学北海道短期大学紀要（人文・社会科学編）第33号』、pp.81-113.

泉留維・中里裕美「日本における地域通貨の実態について——2016年稼働調査から見えてきたもの」『専修経済学論集』第52巻、第2号、pp.39-53.

岩井茂（1941）『異説貨幣論研究』大同書院.

大西隆・小田切徳美・中村良平・安島博幸・藤山浩（2011）『これで納得！集落再生』ぎょうせい.

甲斐かおり（2019）『ほどよい量をつくる』インプレス.

香川秀太（2018）「『未来の社会構造』とアソシエーション, マルチチュード, 活動理論: 贈与から創造的交歓へ」『実験社会心理学研究』第58巻第2号、pp.171-187. https://www.jstage.jst.go.jp/article/jjesp/58/2/58_si4-5/_pdf/-char/ja（accessed 2019-09-25）

影山知明（2015）『ゆっくり、いそげ』大和書房.

影山知明（2018）「お金との付き合い方を考えたい 今、エンデを読む意味」『新・お金の、答え（ブルータス No.870)』マガジンハウス、pp.34-35.

学校法人シュタイナー学園（2012）『シュタイナー学園のエポック授業——12年間の学びの成り立ち』せせらぎ出版.

梶山恵司（2011）『日本林業はよみがえる』日本経済新聞出版社.

加藤敏春（1998）『エコマネー——ビッグバンから人間に優しい社会へ』日本経済評論社.

加藤敏春（2001）『エコマネーの新世紀——"進化"する21世紀の経済と社会』勁草書房.

金子邦彦（2018）『現代貨幣論——電子マネーや仮想通貨は貨幣とよべるか』晃洋書房.

河邑厚徳＋グループ現代（2000）『エンデの遺言「根源からお金を問うこと」』NHK出版.

川端一摩（2018）「地域通貨の現状とこれから——各地域の具体的な取組事例を中心に」『調査と情報 No.1014』（国立国会図書館）. http://dl.ndl.go.jp/view/download/digidepo_11159896_po_IB1014.pdf?contentNo=1,（accessed 2019-08-01）.

吉地望・栗田健一・丹田聡・西部忠（2007）「地域通貨を通じた社会関係資本形成への多面的接近——通貨流通ネットワーク分析とアンケート・インタビュー調査に基づく」『経済社会学会年報』29、pp.207-222.

金融広報中央委員会「知るぽると」(2016)．"子どものくらしとお金に関する調査（第3回）2015年度 小学生低学年"．https://www.shiruporuto.jp/public/data/survey/kodomo_chosa/2015/pdf/15ps101.pdf（accessed 2019-07-25）

金融広報中央委員会「知るぽると」(2016)．"子どものくらしとお金に関する調査（第3回）2015年度 小学生中学年"．https://www.shiruporuto.jp/public/data/survey/kodomo_chosa/2015/pdf/15ps201.pdf（accessed 2019-07-25）

金融広報中央委員会「知るぽると」(2016)．"子どものくらしとお金に関する調査（第3回）2015年度 小学生高学年"．https://www.shiruporuto.jp/public/data/survey/kodomo_chosa/2015/pdf/15ps301.pdf（accessed 2019-07-25）

草郷孝好(2007)「アクション・リサーチ」小泉潤二・志水宏吉編『実践的研究のすすめ——人間科学のリアリティ』有斐閣，pp.251-266.

草郷孝好（2015）「市民主導の地域社会構築とアクション・リサーチ——ながくて幸せのモノサシづくりの実践」『人間福祉学研究』（関西学院大学）8（1）pp.27-40.

草郷孝好・西部忠（2012）「コミュニティ・ドック——コミュニティの当時主体による制度変更型政策手法」『進化経済学論集』（進化経済学会）Vol.16, pp.505-528.

栗田健一（2006）「C.H. ダグラスの草案スキーム再考——中央政府と分権的生産者銀行による協調的融資の意義と問題点」『経済学研究』（北海道大学）第56巻、第1号、pp.115-128.

栗田健一（2007）「地域通貨思想の起源——E. C. リーゲルの経済思想再考」『経済社会学会年報』29、pp.65-73.

栗田健一（2010）『地域通貨プロジェクトの効果と課題——学際的アプローチに基づく地域コミュニティ活性化の評価と考察』博士学位取得論文（北海道大学）．

栗田健一（2019）「旧藤野町におけるシュタイナー学園開校の意義——地域コミュニティ活性化効果という視点からの考察」金安岩男・牧瀬稔編著『都市・地域政策研究の現在』一般財団法人地域開発研究所、pp.109-129.

熊野英生（2018）「マネーストック1,000兆円の矛盾」第一生命経済研究所マクロ経済分析レポート、pp.1-3.

合田真（2018）『20億人の未来銀行』日経BP社.

白井信雄・松尾祥子（2016）「地域におけるライフスタイル変革の可能性——日本国内のトランジションタウンの事例から学ぶ」『地域イノベーション』（法政大学地域研究センター）Vol.8, pp.101-110.

多辺田政弘（1990）『コモンズの経済学』学陽書房.

田中淳夫（2011）『森林異変——日本の林業に未来はあるか』平凡社新書.

鶴山芳子（2013）「ふれあい切符と時間通貨」西部忠編著『地域通貨』ミネルヴァ書房、pp.202-206.

戸田市（2003）"戸田市市民活動推進基本方針". https://www.city.toda.saitama.jp/uploaded/attachment/12477.pdf,（accessed 2019-08-01）

戸田市総務部経営企画課（2011）"戸田市第4次総合振興計画 概要版". https://www.city.toda.saitama.jp/uploaded/attachment/6722.pdf,（accessed 2019-07-26）

戸田市政策秘書室（2018）"戸田市ライフブック". https://www.city.toda.saitama.jp/uploaded/attachment/27184.pdf,（accessed 2019-07-26）

中川功（2013）「複数回流通型地域通貨・ゼロ金利債」西部忠編著『地域通貨』ミネルヴァ書房、pp.213-216.

中嶋健造（2009）「多彩な流通スキーム構築——農林家参加型・地域通貨発行・林地残材販売」『間伐・間伐材利用コーディネーター養成研修報告書』国土緑化推進機構、pp.66-69.

西部忠（1999）「＜地域＞通貨 LETS 貨幣・信用を超えるメディア」柄谷行人編著『可能なるコミュニズム』太田出版、pp.89-162.

西部忠（2006）「地域通貨を活用する地域ドック——苫前町地域通貨の流通実験報告から」『地域政策研究』第34号、pp.40-56.

西部忠（2008）「地域通貨の流通ネットワーク分析——経済活性化とコミュニティ構築のための制度設計に向けて」『情報処理』Vol.49, No.3、pp.290-297.

西部忠（2010）「進化経済学と政策」江頭進・澤邉紀生・橋本敬・西部忠・古田雅明編『進化経済学基礎』日本経済評論社、pp.241-274.

西部忠（2013）「地域通貨のメディア・デザインとコミュニティ・ドック」西部忠編著『地域通貨』ミネルヴァ書房、pp.25-35.

西部忠編著（2005）『苫前町地域通貨流通実験に関する報告書』北海道商工会連合会.

西部忠編著（2013）『地域通貨』ミネルヴァ書房.

西部忠編著（2018）『地域通貨によるコミュニティ・ドック』専修大学出版局.

農林水産省農村振興局（2009）"山村の元気は、日本の元気——山村振興事例集", http://www.maff.go.jp/j/nousin/tiiki/sanson/img/pdf/ikkatu1.pdf,（accessed 2019-08-01）.

長谷川誓一（2013）「『地域通貨クリン』のはじまり」西部忠編著『地域通貨』ミネルヴァ書房、pp.207-212.

土方直史（2003）『ロバート・オウエン』研究社.

福田徳三（1930）『経済学原理』改造社.

ポランニー・カール（1975）『経済の文明史』玉野井芳郎・平野健一郎編訳 日本経済新聞社.

町井克至・矢作大祐（2018）「地域通貨は地域金融システムに何をもたらすか」『大和総研調査季報 2018 年 春季号 Vol.30』、pp.50-67. http://www.dir.co.jp/report/research/policy-analysis/regionalecnmy/20180423_030004.pdf,（accessed 2019-08-01）.

丸山真人（2007）「資本に転化しない地域通貨」春日直樹編『貨幣と資源』弘文堂、pp.299-330.

水島照子（1983）『プロの主婦・プロの母親——ボランティア労力銀行の 10 年』ミネルヴァ書房.

宮﨑義久（2012）『地域社会の持続的発展に向けた地域通貨の展望と課題——大恐慌期アメリカと現代日本の比較研究』博士学位取得論文（北海道大学）.

宮﨑義久・栗田健一（2012）「中山間地域の活性化に向けた地域通貨の活用方法に関する研究——高知県いの町 NPO 法人「土佐の森・救援隊」の活動を中心に」『第 8 回生協総研賞研究奨励助成事業研究論文集』生協総合研究所、pp.92-111.

三和清明（2013）「『構造改革特区』の地域通貨『げんき』」西部忠編著『地域通貨』ミネルヴァ書房、pp.217-221.

武蔵野市財務部財政課（2008）"武蔵野市の年次財務報告書 平成 19 年度版".http://www.city.musashino.lg.jp/_res/projects/default_project/_page_/001/010/233/630-5.pdf,（accessed 2019-06-20）

村田光二・山田一成編著（2000）『社会心理学研究の技法』福村出版.

室田武（2004）『地域・並行通貨の経済学』東洋経済新報社.

森野榮一（2013）「貨幣減価の着想と補完通貨」西部忠編著『地域通貨』ミネルヴァ書房、pp. 45-55.

安冨歩（2008）『生きるための経済学〈選択の自由〉からの脱却』NHK 出版.

山﨑茂（2008）「地域団体間の関係強化に寄与する地域通貨——大阪・寝屋川市での取組を通して」『都市研究』、第 8 号、pp.79-97.

山﨑茂（2012）『地域再生の手段としての地域通貨に関する実証的研究：「エコマネー」の可能性と限界に注目して』博士学位取得論文（大阪市立大学）.

山﨑茂（2013）『地域再生の手段としての地域通貨：「エコマネー」の可能性と限界に注目して』大阪公立大学共同出版会（OMUP ブックレット No.39）.

山﨑茂・矢作弘（2009）「地域通貨の可能性と限界について——大阪府寝屋川市での取り組みを通して」『季刊経済研究』（大阪市立大学）、Vol.32、No.1・2、pp.95-103.

結城剛志（2013）『労働証券論の歴史的位相——貨幣と市場をめぐるヴィジョン』日本評論社.

Ariely, D.（2008）*Predictably Irrational: The Hidden Forces That Shape Our Decisions*, Levine Greenberg Literary Agency.（熊谷淳子訳『予想どおりに不合理』早川書房、2008 年.）

Beer, M.（1940）*A History of British Socialism*, London: George Allen & Unwin.（大島清訳『イギリス社会主義史』岩波書店、1968-75 年.）

Birch, D.（2017）*Before Babylon, Beyond Bitcoin: From Money That We Understand to Money That Understands Us*, London Publishing Partnership Limited.（松本裕訳『ビットコインはチグリス川を漂う——マネーテクノロジーの未来史』みすず書房、2018 年.）

Borsodi, R.（1989）*Inflation and The Coming Keynesian Catastrophe—The Story of the Exeter Experiments With Constants*, E. F. Schumacher Society and the School of Living.

Bowles, S.（1998）"Endogenous Preferences: The Cultural Consequences of Markets and Other Economic Institutions," *Journal of Economic Literature*, Vol. 36, Issue1, pp. 75-111.

Bowles, S. and Gintis, H.（1996）"Efficient Redistribution: New Rules for Markets, States, and Communities," *Politics & Society*, Vol. 24, No. 4, pp. 307–342.

Boyle, D.（2002）*The Money Changers*, Earthscan Publications.

Bradshaw, T. K.（2000）"Complex community development projects: collaboration, comprehensive programs, and community coalitions in complex society," *Community Development Journal* 35, Issue2, pp.133–145.

Casti, J. L.（2012）*X-Events: The Collapse of Everything*, Harper Collins.（藤井清美訳『X イベント——複雑性の罠が世界を崩壊させる』朝日新聞出版、2013 年.）

Cole, G. D. H.（1944）*A century of co-operation*, George Allen & Unwin.（中央協同組合学園コール研究会訳『協同組合運動の一世紀』家の光協会、1975 年.）

Delanty, G.（2003）*Community*, Routledge.（山之内靖・伊藤茂訳『コミュニティ——グローバル化と社会理論の変容』NTT 出版、2006 年.）

Douglas, C. H.（1919）*Economic Democracy*, London: Cecil Palmer.（清水乙男訳『エコノミック・デモクラシイ』春陽堂、1930 年.）

Douglas, C. H.（1920）*Credit-Power and Democracy*, London: Cecil Palmer.（岩村忍訳『金融信用論』春陽堂、1930 年.）

Douglas, C. H.（1922）*The Control and Distribution of Production*, London: Cecil Palmer.（石黒定一訳『生産の統制と分配』春陽堂、1931 年.）

Douglas, C. H.（1924）*Social Credit*, 3rd revised and Enlarged ed., London: Eyre & Spottiswoode.（岩村忍訳『信用機関の社会化』中央公論社、1929 年.）

Douthwaite, R.（1999）*The Ecology of Money*, Green Books.（馬頭忠治・塚田幸三訳『貨幣の生態学』北斗出版、2001 年.）

Fisher, I.（1933）*Stamp Scrip*, New York: Adelphi.

Frey, B. S.（1997）*Not Just for the Money: An Economic Theory of Personal Motivation*, Edward Elgar Pub.

Frey, B. S. and Jegen, R.（2001）"Motivation Crowding Theory," *Journal of Economic Suveys*, Vol.15, Issue5, pp.589-611.

Frey, B. S. and Stutzer, A.（2002）*Happiness and Economics*, Princeton University Press.（佐和隆光監訳・沢崎冬日訳『幸福の政治経済学——人々の幸せを促進するものは何か』ダイヤモンド社、2005 年.）

Galbraith, J. K.（1975）*Money-Whence it Came*, Where It Went, Houghton Mifflin Co., Boston.（都留重人監訳『マネー その歴史と展開』TBS ブリタニカ、1976 年.）

Gatch, L.（2013）"Dr. Borsodi's 'Constant'," *Paper money*, No.287, pp.339-345.

Gesell, S.（1920）Die natürliche Wirtschaftsordnung durch Freiland und Freigeld, 4 letztmalig vom Autor überabeitete Auflage, *Silvio Gesell: Gesammelte Werke*, Band 11, Gauke: Berlin, 2007.（相田愼一訳『自由地と自由貨幣による自然的経済秩序』ぱる出版、2007 年.）

Gómez, G.M.（2009）*Argentina's Parallel Currency: The Economy of the Poor*, London: Pickering & Chatto.

Gómez, G.M.（2018）"Why do people want currency? Institutions, habit, and bricolage in an Argentine marketplace," *Evolutionary and Institutional Economics Review* 15, pp.413-430, https://link.springer.com/content/pdf/10.1007%2Fs40844-018-0104-y.pdf, (accessed 2019-06-16).

Gómez, G.M. and Von Prittwitz, W.（2018）"The pervasiveness of monetary plurality in economic crisis and wars," In Gómez, G.M.（ed.）*Monetary Plurality in Local, Regional and Global Economies*, Routledge, pp.123-152.

Hayashi, M.（2012）"Japan's Fureai Kippu Time-banking in Elderly Care: Origins, Development, Challenges and Impact," *International Journal of Community Currency Research* 16, pp.30-44, https://ijccr.files.wordpress.com/2012/08/ijccr-

2012-hayashi.pdf, (accessed 2019-08-07).

Hayek, F.A. (1980) *Denationalization of Money, The Argument Refined: An Analysis of the Theory and Practice of Concurrent Currencies*, The Institute of Economic Affairs Third Edition. (西部忠訳「貨幣の脱国営化論――共存通貨の理論と実践の分析」池田幸弘・西部忠訳『貨幣論集』春秋社、2012年.)

Helleiner, E. (2000) "Globalization and Heute Finance-Déja Vu?," In McRobbie, K. and Polanyi, K. Levitt (eds.), *Karl Polanyi in Vienna: The Contemporary Significance of The Great Transformation*, Black Rose Books, pp.12-31.

Heyman, J. and Ariely, D. (2004) "Effort for Payment: A Tale of Two Markets," *Psychological Science*, Vol.15, Number11, pp.787-793.

Hopkins, R. (2008) *The Transition Handbook—From oil dependency to local resilience*, Green Books. (城川桂子訳『トランジション・ハンドブック――地域レジリエンスで脱石油社会へ』第三書館、2013年.)

Hutchinson, F. (1998) *What Everybody Really Wants to Know About Money*, Jon Carpenter Publishing.

Hutchinson, F. and Burkitt, B. (1997) *The Political Economy of Social Credit and Guild Socialism*, Routledge.

Hutchinson, F., Mellor, M. and Olson, W. (2002) *The Politics of Money*, Pluto Press.

Jacobs, J. (1984) *Cities and the Wealth of Nations: Principles of Economic Life*, Random House. (中村達也訳『発展する地域 衰退する地域――地域が自立するための経済学』筑摩書房、2012年.)

Kichiji, N. and Nishibe, M. (2008) "Network Analyses of the Circulation Flow of Community Currency," *Evolutionary and Institutional Economic Review*, vol.4, no.2, pp.267-300.

Kobayashi, S., Hashimoto, T., Kurita, K., & Nishibe, M. (2018) "Relationship between people's money consciousness and circulation of community currency," In Gómez, G.M. (ed.) *Monetary Plurality in Local, Regional and Global Economies*, Routledge, pp. 224-242.

Kurita, K., Miyazaki, Y. and Nishibe, M. (2012) "CC Coupon Circulation and Shopkeepers' Behaviour: A Case Study of the City of Musashino, Tokyo, Japan," *International Journal of Community Currency Research* 16, pp.136-145, https://ijccr.files.wordpress.com/2012/07/ijccr-2012-kurita-miyazaki-nishibe.pdf, (accessed 2019-06-16).

Kurita, K., Yoshida, M. and Miyazaki, Y. (2015) "What kinds of volunteers become more motivated by community currency? Influence of perceptions of reward on motivation," *International Journal of Community Currency Research* 19, pp.53-61, https://ijccr.files.wordpress.com/2015/03/ijccr-2015-kurita-et-al.pdf, (accessed 2019-06-16).

Kusago, T. and Nishibe, M. (2018) "Community dock: a new policy approach for altering institutions," *Evolutionary and Institutional Economics Review*, Vol.15, Issue 2,pp.431-459.

Lietaer, B. (1999) *Das Geld Der Zukunft*, Riemann Verlag. (小林一紀・福元初男訳『マネー崩壊──新しいコミュニティ通貨の誕生』日本経済評論社、2000 年 .)

Lietaer, B. (2004) "Complementary Currencies in Japan Today: History, Originality and Relevance," *International Journal of Community Currency Research* 8, pp.1-23, https://ijccr.files.wordpress.com/2012/05/ijccr-vol-8-2004-1-lietaer.pdf, (accessed 2019-08-07).

Lukas, S. A. (2008) *Theme Park*, Reaktion Books.

Macpherson, C. B.(1962)*Democracy in Alberta*, University of Toronto Press.(竹本徹訳『カナダ政治の階級分析』御茶の水書房、1990 年 .)

Malinowski, B. (1922) *Argonauts of the Western Pacific*, Routledge & Kegan Paul. (増田義郎訳『西太平洋の遠洋航海者』講談社学術文庫、2010 年 .)

Mark, J. (1938) *Where is the Money to come from?*, The C.W.Daniel Company LTD.

Mauss, M. (1925) "Essai sur le don: Forme et raison de l'échange dans les sociétés archaïques," in *Sociologie et anthropologie*, Paris: Universitaires de France, 1950.(吉田禎吾・江川純一訳『贈与論』ちくま学芸文庫、2009 年 .)

Miyazaki, Y. and Kurita, K. (2018a) "Community currency and sustainable development in hilly and mountainous areas: a case study of forest volunteer activities in Japan," In Gómez, G.M. (ed.) *Monetary Plurality in Local, Regional and Global Economies*, Routledge, pp.188-201.

Miyazaki, Y. and Kurita, K. (2018b) "The Diversity and Evolutionary Process of Modern Community Currencies in Japan," *International Journal of Community Currency Research* 22, pp.120-131.

Mollison, B. and Slay, R.M. (1991) *Introduction to Permaculture*, Tagari Publications.(田口恒夫・小祝慶子訳『パーマカルチャー──農的暮らしの永久デザイン』農山漁村文化協会、1993 年 .)

Myers, M. G.（1940）*Monetary Proposals for Social Reform*, New York: Columbia University Press.（結城剛志『社会改革のための貨幣上の諸提案 ゲゼル、ソディ、ダグラスの理論と実践』ぱる出版、2018 年 .）

Owen, R.（1821）*Report to the County of Lanark of a plan for relieving Public Distress and removing Discontent*, Glasgow.（永井義雄・鈴木幹久訳『ラナーク州への報告』未来社、1970 年 .）

PEACE COIN（2018）"CONCEPT PAPER". https://www.peace-coin.org/wp-content/uploads/2018/12/PEACE_COIN_Concept-Paper_JP_Ver1.4.pdf,（accessed 2019-07-23）.

Place, C., Calderon, A., Stodder, J., & Wallimann, I.（2018）"Swiss Currency Systems: Atlas, compendium and chronicle of legal aspects," *International Journal of Community Currency Research* 22, pp.85-104, https://ijccr.files.wordpress.com/2018/09/85_104-summer-2018-place-et-al.pdf,（accessed 2019-08-07）.

Polanyi, K.（1944）*The Great Transformation: The Political and Economic Origins of Our Time*, Beacon Press, 1957.（吉沢英成・野口建彦・長尾史郎・杉村芳美訳『大転換——市場社会の形成と崩壊』東洋経済新報社、1975 年 .）

Polanyi, K.（1957）"The Economy as Instituted Process," In K. Polanyi et al. (eds.)*Trade and Markets in the Early Empires*, The Free Press.（石井溥訳「制度化された過程としての経済」『経済の文明史』所収、1975 年 .）

Polanyi, K.（1977）*The Livelihood of Man*, Academic Press.（玉野井芳郎・栗本慎一郎・中野忠訳『人間の経済 I・II』岩波書店、1980 年 .）

Raworth, K.（2017）*Doughnut Economics: Seven Ways to Think Like a 21st-Century Economist*、Chelsea Green Pub Co..（黒輪篤嗣訳『ドーナツ経済学が世界を救う——人類と地球のためのパラダイムシフト』河出書房新社、2018 年 .）

Riegel, E. C.（1976）*The New Approach to Freedom—together with Essays on the Separation of Money and State—*, The Heather Foundation.

Riegel, E. C.（1978）*Flight From Inflation: The Monetary Alternative*, The Heather Foundation.

Robertson, D. H.（1948）*Money*, James Nisbet & Co.Ltd. London.（安井琢磨・熊谷尚夫訳『貨幣』岩波書店、1956 年 .）

Sahlins, M.（1972）*Stone Age Economics*, Aldine Publishing Co..（山内昶訳『石器時代の経済学』法政大学出版局、1984 年 .）

Scheer, H.（1999）*Solare Weltwirtschaft*, Verlag Antje Kunstmann.（今泉みね子訳『ソー

ラー地球経済』岩波書店、2001 年 .)

Schroeder, R., Miyazaki, Y., and Fare, M.（2011）"Community Currency Research: An analysis of the literature," *International Journal of Community Currency Research* 15, pp.31-41, https://ijccr.files.wordpress.com/2012/04/ijccr-2011-schroeder.pdf, （accessed 2019-09-26）.

Sehgal, K.（2015）*Coined—The Rich Life of Money and How Its History Has Shaped Us*—, Grand Central Publishing.（小坂恵理訳『貨幣の新世界史』早川書房、2016 年 .)

Shiva, V.（2002）*Water Wars: Privatization, Pollution and Profit*, South End Press.（神尾賢二訳『ウォーター・ウォーズ——水の私有化、汚染そして利益をめぐって』緑風出版、2003 年 .)

Skidelsky, R. and Skidelsky, E.（2012）*How Much is Enough? : Money and the Good Life*,Penguin Books.（村井章子訳『じゅうぶん豊かで、貧しい社会——理念なき資本主義の末路』筑摩書房、2014 年 .)

Stodder, J.（2009）"Complementary credit networks and macroeconomic stability: Switzerland's Wirtschaftsring," *Journal of Economic Behavior & Organization*, vol.72, pp.79-95.

Stoecker, R.（2005）*Research Methods for Community Change: A Project-Based Approach*, Sage Publishing.

Streeck, W.（2013）*Gekaufte Zeit. Die vertagte Krise des demokratischen Kapitalismus*, Suhrkamp Verlag, Berlin.（鈴木直訳『時間かせぎの資本主義——いつまで危機を先送りできるか』みすず書房、2016 年 .)

Streeck, W.（2016）*How Will Capitalism End?: Essays on a Falling System*, Verso.（村澤真保呂・信友建志訳『資本主義はどう終わるのか』河出書房新社、2017 年 .)

Swann, R.（1989）"Introduction," in Borsodi（1989）.

Szalavitz, M. and Perry, B. D.（2010）*Born For Love Why Empathy is Essential and Endangered*, Harper Collins.（戸根由紀恵訳『子どもの共感力を育てる』紀伊國屋書店、2012 年 .)

Thiel, C.（2012）"Moral Money—The action guiding Impact of Complementary Currencies: A Case Study at the Chiemgauer Regional money," *International Journal of Community Currency Research* 16, pp.91-96, https://ijccr.files.wordpress.com/2012/07/ijccr-2012-thiel.pdf,（accessed 2019-08-07）.

Timebanking UK（2017）"TIMEBANKING—A PROSPECTUS". https://docs.google.com/viewerng/viewer?url=http://www.timebanking.org/wordpress/wp-content/

uploads/2014/09/Prospectus-May-2017.pdf&hl=en_US,（accessed 2019-07-26）.

Trevithick, J. A.（1977）*Inflation: A Guide to the Crisis in Economics*, Penguin Books Ltd.（堀内昭義訳『インフレーション——現代経済学への挑戦』岩波書店、1978 年 .）

Yoshida, M. and Kobayashi, S.（2018）"Using Simulation and Gaming to Design a Community Currency System," *International Journal of Community Currency Research*, Vol. 22, pp. 132-144, https://ijccr.files.wordpress.com/2018/02/132_144_special-issue_ijccr_2018_winter_yoshida_final.pdf,（accessed 2019-08-08）.

Vohs, K.D., Mead, N.L. & Goode, M.R.（2006）"The Psychological Consequences of Money," *Science*, Vol.314, pp. 1154-1156.

Vohs, K.D., Mead, N.L. & Goode, M.R.（2008）"Merely Activating the Concept of Money Changes Personal and Interpersonal Behavior," *Current Directions in Psycholgical Science*, Vol.17, Number 3, pp.208-212.

Witt, S.（2017）*Democratizing Monetary Issue: Vision and Implementation in the Berkshire Region of the United States*, Schumacher Center for a New Economics.

Wolf, M.（2014）*The Shifts and The Shocks: What We've Learned - and Have Still to Learn from the Financial Crisis*, Penguin Books.（遠藤真美訳『シフト＆ショック——次なる金融危機をいかに防ぐか』早川書房、2015 年 .）

World Inequality Lab（2017）*World Inequality Report 2018*, https://wir2018.wid.world/files/download/wir2018 full-report-english.pdf,（accessed 2019-06-16）.

雑誌・パンフレット等

NPO 法人 土佐の森・救援隊『モリ券のススメ』.
暮らしのおへそ実用シリーズ『わが家のお金を、整える』（2017）主婦と生活社 .
クロワッサン No.966（2018）マガジンハウス .
スペクテイター Vol.28（2013）エディトリアル・デパートメント .
ソトコト『地域のお金の回し方』No.233（2018）木楽舎 .
TURNS Vol.26（2017）『お金の使い方、考え方、変わります 地方の経済入門』第一ブログレス .
藤野町（1989）『藤野町町勢要覧』.

参考 Web ページ

Bristol Pound. "About − Bristol Pound". https://bristolpound.org/about/, (accessed 2019-07-26).

Brixton Pound. "The Brixton Pound - Money that sticks to Brixton - B £". http://brixtonpound.org/, (accessed 2019-09-02).

Certified B Corporation. "About B corps".https://bcorporation.net/about-b-corps, (accessed 2020-02-05)

Patagonia. "1% for the Planet". https://www.patagonia.com/one-percent-for-the-planet.html, (accessed 2019-01-30).

The World Bank Data. "GDP growth(annual%)". updated 2018-11-14. https://data.worldbank.org/indicator/NY.GDP.MKTP.KD.ZG?view=chart, (accessed 2019-01-25).

World Inequality Database. "Data-WID-World Inequality Database". https://wid.world/data/, (accessed 2019-08-03).

学校法人シュタイナー学園. "シュタイナー学園の歩み". https://www.steiner.ed.jp/history/, (accessed 2019-10-23).

内閣府. "国民生活に関する世論調査". https://survey.gov-online.go.jp/h30/h30-life/index.html, (accessed 2019-06-16).

いの町. "いの町の概要". http//www.town.ino.kochi.jp/gaiyou.html, (accessed 2019-08-30).

総務省統計局. "国勢調査 平成 22 年国勢調査 人口等基本集計（男女・年齢・配偶関係，世帯の構成，住居の状態など）全国結果", https://www.e-stat.go.jp/stat-search/files?page=1&layout=datalist&toukei=00200521&tstat=000001039448&cycle=0&tclass1=000001045009&tclass2=000001046265, (accessed 2019-08-01).

総務省統計局. "国勢調査 平成 27 年国勢調査 人口等基本集計（男女・年齢・配偶関係，世帯の構成，住居の状態など）全国結果", https://www.e-stat.go.jp/stat-search/files?page=1&layout=datalist&toukei=00200521&tstat=000001080615&cycle=0&tclass1=000001089055&tclass2=000001089056, (accessed 2019-08-01).

戸田市. "戸田市の市民活動推進の概要". https://www.city.toda.saitama.jp/soshiki/192/community-shiminkatsudo-history.html, (accessed 2019-08-01).

農林水産省. "中山間地域とは". http://www.maff.go.jp/j/nousin/tyusan/siharai_seido/s_about/cyusan/, (accessed 2019-08-01).

飛騨信用組合．"電子地域通貨さるぼぼコインのご案内"．https://www.hidashin.co.jp/coin/，（accessed 2019-07-26）．

一般社団法人 相模原市観光協会．"藤野の雑木林と野外アート作品：自然・風景：自然・文化を観る"．https://www.e-sagamihara.com/nature/nature_scenery/0735/，（accessed 2019-08-01）．

まち・ひと・しごと創生本部．"地域経済循環図／グラフ－ RESAS 地域経済分析システム".https://resas.go.jp/regioncycle/#/map/13/13100/1/2013，（accessed 2019-06-21）．

ミニ・ミュンヘン研究会．"ミニ・ミュンヘン研究会"．http://www.mi-mue.com/，（accessed 2019-07-25）．

武蔵野市．"武蔵野市について"．http://www.city.musashino.lg.jp/shisei_joho/musashino_profile/1003288.html，（accessed 2019-06-20）．

よろづ屋．"藤野地域通貨「よろづ屋」"．https://fujinoyorozuya.jimdo.com/，（accessed 2019-08-01）．

よろづ屋．"地域通貨はこんな可能性のあるお金です！"．https://fujinoyorozuya.jimdo.com%E5%9C%B0%E5%9F%9F%E9%80%9A%E8%B2%A8%E3%81%A8%E3%81%AF/，（accessed 2019-08-01）．

よろづ屋．"よろづ屋の仕組み"．https://fujinoyorozuya.jimdo.com/%E3%82%88%E3%82%8D%E3%81%A5%E5%B1%8B%E3%81%AE%E4%BB%95%E7%B5%84%E3%81%BF/，（accessed 2019-08-01）．

索 引

本書の事例分析で取り上げた地域通貨の名称は頻出するため項目を立てていない。

286

栗田　健一（くりた・けんいち）

1976 年生まれ。横浜市立大学商学部卒業。北海道大学大学院経済学
研究科博士課程修了。千葉経済大学短期大学部講師。

主な著書に、"Community currency and sustainable development
in hilly and mountainous areas: A case study of forest volunteer
activities in Japan"（共著），In G. Gómez (Ed.) *Monetary Plurality in Local, Regional and Global Economies, Routledge*, 2018.
『地域通貨によるコミュニティ・ドック』（共著）専修大学出版局、
2018 年。

コミュニティ経済と地域通貨

2020 年 4 月 10 日　第 1 版第 1 刷
2022 年 3 月 23 日　第 1 版第 2 刷

著　者　栗田　健一
発行者　上原　伸二
発行所　専修大学出版局
　　　　〒 101-0051　東京都千代田区神田神保町 3-10-3
　　　　株式会社専大センチュリー内　電話　03-3263-4230
印　刷
製　本　モリモト印刷株式会社

◎専修大学出版局の本◎

地域通貨によるコミュニティ・ドック

西部　忠 編著　A5 判・320 頁　本体 2800 円

経済政策形成の論理と現実

野口　旭　A5 判・394 頁　本体 2800 円

原発と放射線被ばくの科学と倫理

島薗　進　A5 判・304 頁　本体 2800 円

大学経営の構造と作用

小藤康夫　A5 判・200 頁　本体 2400 円

〈社会科学研究叢書〉21

アクション・グループと地域・場所の連携

松尾容孝 編著　A5 判・356 頁　本体 3600 円

新・知のツールボックス
――新入生のための学び方サポートブック

専修大学出版企画委員会 編　四六判・318 頁　本体 800 円

キャリアデザインテキスト　第 3 版
――なりたい自分になるために

西本万映子 編著　B5 判・156 頁　本体 1236 円